［テーマ別］

重要特許判例解説

第3版

一般財団法人 **創英IPラボ**
［編著］

設樂隆一
［監修］

日本評論社

巻頭言

　私が実務未経験の弁理士として特許の仕事を始めたのは1982年である。当時、特許庁の審決の適否は東京高等裁判所（東京高裁）で争われたが、駆け出し弁理士として特許事務所で修業する私が、日々の明細書作成実務において東京高裁の判決例を意識することはなかった。

　1986年に先輩弁理士から「早すぎる」といわれながら独立開業したが、未熟な弁理士に仕事がくるはずもなく、電話がチンとも鳴らない日々が続いた。そんなある日、トライアルということで有名企業Ａ社から鑑定の仕事がきた。企業が新しい事務所を開拓するときは、代理権の残らない鑑定の仕事を出してくる（しかも、セカンドオピニオンとして出してくる）という業界の常識を知らない私は、憧れのＡ社から「出願よりも重要な鑑定の仕事がきた」と素直に喜んだ。

　実はこの時まで私は鑑定の仕事経験がなく、異議申立てや審判の経験もなかった。嘘にならない程度に"経験"を誤魔化し、「慎重に検討したいので……」という言い訳で納期を長めにしてもらい、初仕事を引き受けた。

　その日から、まさに寝食を忘れて東京高裁の判決例を勉強する日々が続いた。判例集や"その筋の書籍"を買い漁り、専門雑誌のバックナンバーを入手して判例解説を読み漁り、吉藤幸朔先生の『特許法概説』をベースにしてさまざまな判決例の傾向を分析し、自分なりに体系を作っていった。

　納期ギリギリで鑑定書を納品したところ、次の仕事がきた。またしても鑑定だったが、そのような仕事が３本ほど続き、大いに判決例の勉強をやり遂げたところで、代理権の付いた出願の仕事がきた。後日、Ａ社の特許担当の方から「あの時の先生の鑑定書は出色でした。よく検討されていて論点も明快で、現場（発明部門）からは出願の仕事でぜひ使いたい事務所だ、といわれたんですよ」と聞かされた。

　その後、私の個人事務所をベースにして仲間の弁理士と共同化事務所（創

英）を設立し、日々の仕事に追われる中で判決例の勉強から遠ざかる日々が続いた。再び判決例への意識が高まったのは、知的財産高等裁判所（知財高裁）の設立が準備されていた頃であり、進歩性に関する判決例は出願人・権利者に厳しくなり続けていた。高裁の判断が変われば特許庁審判の判断傾向も変わるから、判決例を可能な限りウォッチングする必要があった。

　しかし、事務所経営と弁理士としての実務の合間の限られた時間で、次々と発行される判決例をウォッチングするのは容易ではない。勉強しなければならないのに思うように勉強できないジレンマで、ストレスを感じる日々が続いた。最新の判決例のエッセンスや傾向を知ることのできるコンパクトな解説書があればよいのに、と思ったのは二度や三度ではなかった。

　知財高裁の判決例の傾向は、2008年になると、それまでとは逆方向に大きく変わった。その変化を印象づける判決例（平成20年（行ケ）10096審決取消訴訟事件「回路用接続部材事件」）が創英の代理したケースだったこともあり、判決例への私の意識が高まった。そして、特許の実務家が最近の判決例のエッセンスや傾向を学ぶことの大切さを再び認識した。

　そこで、創英の特許系の実務担当者全員を対象として、定例の所内セミナー「判決例の解説」を始めることにした。その講師として白羽の矢を立てたのは、特許庁出身で創英において弁理士実務に従事しつつ、創英の若き弁理士たちに指導や助言をしている3人の弁理士（阿部、池田、城戸）である。この創英所内セミナーはきわめて好評で、現在も継続している。

　本書の出版企画は、この創英所内セミナーの成果を書籍というカタチあるものに残そう、というところから出た。共同化事務所「創英」を設立して業務に邁進していた頃の私がそうであったように、特許の実務家で、最近の判決例のエッセンスや傾向を学ぶ必要性に駆られながら思うように学ぶ機会が得られない、という人は少なくない。そのような人たちのお役に立つことができればよい、というようなところが出版の動機である。

　本書の各論で判決例の解説を担当した3人の弁理士はこの創英所内セミナーの講師であり、本書で取り上げた判決例は所内セミナーで題材となったものの中から厳選している。総論をご執筆いただき、各論の監修までしていただいたのは、最近の判決例に最も通暁されている塚原朋一先生である。

　塚原先生は、今年 8 月まで知財高裁の所長兼裁判長として活躍されてきた斯界の第一人者であり、知財高裁所長を退官後の多忙を極める中で本書出版に絶大なるご助力を頂戴した（9 月にドイツで開かれた国際会議にパネラーとして出席するため訪欧された時には、現地のホテルや往復の機中でも各論の監修をされたとのことである）。

　まさしく、塚原先生のお力添えにより本書には魂が入ったというべきであり、心から感謝申し上げたい。

　本書の出版にあたり、判例解説をよりホットな状態で出版したいという当方からの要望に対して、快くタイトなスケジュールでの出版を叶えてくださった、日本評論社の武藤誠氏、高橋耕氏にもこの場を借りて御礼を申し上げたい。

2010年11月 9 日

創英知的財産研究所・長谷川芳樹

第3版の出版にあたって

　特許訴訟には大別すると二つのジャンルがある。一つは、発明の権利化と成立した特許の有効性を争う訴訟であり、もう一つは、権利者以外の者による発明の実施が特許権の侵害に該当するか否か、そして侵害となった場合の損害賠償額等について争う訴訟である。前者は、特許庁における審判を第一審とし、後者は、東京地方裁判所（東京地裁）または大阪地方裁判所（大阪地裁）を第一審とし、いずれも控訴審は知的財産高等裁判所（知財高裁）で争われる。

　本書が対象とする特許訴訟は主として前者、つまり特許庁審判を第一審とし、知的財産高等裁判所（知財高裁）を控訴審として争われたケースである。したがって本書は、特許事務所で特許実務に従事する弁理士の方々、企業で発明発掘や権利化、さらに権利活用に従事する知財部員の方々を主要な読者として想定している。

　特許の権利化実務の重要な指針が特許庁の審査基準であることは言うまでもないが、企業の知財活動は "審査基準に従って行えば必要かつ十分だ" というものではない。個別の企業の経営状況や事業方針、業界の諸事情や時々の経済環境に応じて、例えば出願戦略や権利化方針などは企業ごとに千差万別だから、その企業における知財活動は審査基準を考慮しながらも諸事情に応じてアレンジされた多彩な活動になる。

　そして、現場での知財活動においては、特許庁の審査基準を踏まえながらも、知財高裁から出された幾多の判決例からそのエッセンスを汲み取り、個別の企業における個々のケースに如何に対処していくのが望まれるかを、日常業務の中でアレンジすることが重要になる。知財高裁における判決例の特徴やエッセンスを把握し理解しておくことは、個別の企業における知財活動での最適解を見出していくための一つの足掛かりになる。

　本書は、初版から通算すると 2 名の弁護士と 6 名の弁理士が監修、編集および執筆に関与している。これら 2 名の弁護士は、いずれも知財高裁の元所長であって幾多の特許裁判の裁判長を務めてきた経験を有しており、知財高裁の判決例解説本の監修者としては最適の人物である。

　また、6 名の弁理士は、いずれも特許庁で審査、審判実務に従事してきた経験を有し、そのうち 5 名が東京地裁または大阪地裁で裁判所調査官を務めてきた経験を有しており、特許裁判の判決例解説の執筆者としては最適の人物である。さらに、本書の第 1 章から第10章までの編集等の全体的な調整は、特許庁における全部門（38部門）の審判実務を統括する立場の首席審判長を務めた経験を有し、創英国際特許法律事務所において特許訟務室の室長を務める弁理士が行った。

　付言すれば、本書の監修、編集および執筆に関与したメンバーは、特許庁および裁判所で培った経験と知識を活かし、創英国際特許法律事務所において現在進行形で特許実務に幅広く従事している。具体的には、権利化実務を担当する弁理士らに対して個別ケースごとに指導と助言を行い、また、特許無効審判および審決取消訴訟の代理人として実務を遂行し、さらに特許侵害訴訟の代理人または補佐人として訴訟実務に従事している。

　このように本書は、豊富な経験に培われた知識と知見を有しながら、現在も特許実務の第一線で活躍中の弁理士により執筆されているので、幾多の判決例から発明の権利化実務に有用なエッセンスを汲み取るためにご活用いただく書籍として、最適の内容になっていると考えている。

　末筆ながら、本書の第 3 版をタイトなスケジュールの中で引き受けてくださった高橋耕氏をはじめとする日本評論社の皆様には、この場を借りて、心からお礼申し上げたい。

2019年 8 月

一般財団法人創英 IP ラボ・長谷川芳樹

改訂（第2版）にあたって

　本書は、最高裁判所（最高裁）、知的財産高等裁判所（知財高裁）および東京高等裁判所（東京高裁）知財専門部から出された数多くの判決例の中から、特許に関する重要判決例をピックアップして解説したものである。判決例の選定に当たっては、弁理士・弁護士・企業の知財担当者の実務に欠かせない指針となり得るものを厳選し、特許庁の審査基準を踏まえて、その判決例の特徴点を分析・解説している。

　初版の発刊から2年以上が過ぎて、知財高裁からは新しい判決例が数多く出されており、新たに最高裁判決が出て判断が確定したものもある。これらの新しい判決例の中から、初版で解説した55本の判決例にはなかった内容の判決例28本を厳選し、追加することとした。このため、初版本に比べて1.5倍程度まで分厚くなってしまったが、実務家にとっての利用価値は大いに高まったのではないかと考えている。

　判決例の分析と特徴点の解説は、初版の執筆メンバーである阿部寛、池田正人および城戸博児の3名の弁理士の他に、新たに吉住和之弁理士が加わった執筆チームが行った。　監修および総論の執筆（改訂）は、初版と同様に塚原朋一弁護士（元・知財高裁所長）が行った。

　本書の改訂版をタイトなスケジュールの中で引き受けてくださった武藤誠氏、高橋耕氏には、この場を借りてお礼申し上げたい。

2013年5月

創英知的財産研究所・長谷川芳樹

第3版の上梓にあたって——読者へのメッセージ

　本書第2版が2013年6月に発行されてから、6年が経過した。私事で恐縮であるが、私が東京高裁通常部から知財高裁3部に異動したのが、2013年4月で、知財高裁所長になったのが2014年6月である。それから2017年1月に定年退官となり、その間、3年10月の期間が経過している。本書第3版では、この3年10月の間の知財高裁の裁判例、最高裁の判例と、その後の2年間の知財高裁の裁判例が新たに追加掲載されている。

　第3版で新たに追加掲載された裁判例は、25件である。いずれも注目すべき裁判例であり、大変興味深い。その中には、最高裁判決として、判決例1－3 PBPクレームの発明の要旨認定と、同7－2 特許権存続期間延長登録出願があり、知財高裁判決として数例を挙げれば、同1－17、1－18 医薬用用途発明の動機付け、同1－19、1－20 容易の容易（進歩性あり、なし）、同3－10 PBPクレームの該当性、などがある。

　最高裁の判決は、まさに判例であり、高裁も地裁も、その判示事項に拘束される。そのため、最高裁といえども、従前の最高裁判例を変更するときは大法廷でこれを審理判断する必要がある。

　また、知財高裁の大合議の裁判例は、最高裁がこれを特に変更しない限り、その後の裁判例が事実上これに従うことが多い。その意味では、知財高裁の大合議の裁判例は、最高裁がこれを変更しない限りは、その判示事項に関しては、実務上は、事実上の規範性があるものとして機能している。

　これに対し、知財高裁の裁判例は、大合議の裁判例を除くと、知財高裁の各部が独立に判断するものであり、いわゆる事例判断に分類される裁判例が多い。しかし、これらの裁判例は、事例判断であるけれども、実務家が、無効審判や審決取消訴訟あるいは特許権侵害訴訟における無効の抗弁などにおいて、さまざまな問題ないし争点に直面した際に、大変参考となる裁判例であり、準備書面や鑑定書などでも引用されることが多い。

　もっとも、このような裁判例は、事例判断であるがゆえに、その判示事項は、

その事例に則して読まなければならず、大合議の判決と比べても、その判示事項の事例判断性はより強くなると解される。そのため、その事例から離れて、その判示事項をどこまで一般論として読み込むことが可能であるかの判断は、容易ではない。

　本書は、判決要旨と本件（本願）発明、引用例及び審決等の判断、そして裁判所の判断を要約しながら紹介し、その上で、考察の欄において、審査基準との関係などを含めてコメントしているものが多い。

　審査基準は、行政庁である特許庁の審査実務の統一性、一体性を図るために、特許庁が作成したものである。したがって、裁判所は、特許庁の審査基準に拘束されるものではない。しかし、審査基準は、特許庁が、特許法の解釈、審査実務の基準として正しいものとなるように、これまでの裁判例を分析、検討した上で作成し、新たな裁判例の蓄積とともに、必要な範囲で改訂を重ねてきたものである。したがって、新たな裁判例の判示事項がどの点にあるかを適切に分析し、これが審査基準と整合し、新たな事例判断を追加し、審査基準の意味をより明確にしたものであるのか、審査基準とは整合しない判断を示したものか、あるいは、審査基準には記載されていない新たな判断を示したものであるかを分析することは、審査基準の改訂作業において重要であるのみならず、新たな裁判例の評価ひいては今後の裁判の方向性を分析するために、重要である。

　審決取消訴訟の裁判例の数は、膨大であり、しかも裁判例の１件１件が、本件発明や引用発明の技術を理解し、審決の判断を理解しなければ、各裁判例の判示事項を適切に把握することはできない。そのため、これらの膨大な数の裁判例の中から重要な裁判例を取捨選択し、それらを適切に要約し、その裁判例の判示事項の意味を審査基準等に照らして考察していくことは、特許実務や技術を理解している実務家が、膨大な時間をかけなければできない困難な仕事である。本書は、その執筆者がこの困難な仕事を請け負い、実にコンパクトな本に仕上げたものである。しかも、本書第３版は、最近の６年間の裁判例をさらに積み上げてアップデートしたものであり、知財事件を担当する弁護士、弁理士及び企業の知財部に所属する実務家にとって、貴重なものであり、実務家必携の書として大いに活用されることを望むところである。

2019年７月15日

設樂隆一

第2版の上梓を迎えて

　本書は、平成22年の暮れに、初版を世に送った。幸いにして、多数の読者に恵まれ、そのためか、思わぬ反響もあった。中には、資格試験の受験勉強などの補助教材としても、よく使われたという話も耳にした。初版を出した年は、知財高裁が誕生して5年という節目の年であり、なお、私事ではなはだ恐縮であるが、私が40年を超える裁判官人生を終えた節目の年でもあった。その5年間は、知財高裁の判決が、進歩性の判断基準が厳しすぎるという負の評価から、大きく脱却しつつあった激動の時代でもあった。

　それでは、その後の2年半、知財高裁はどうであったか。一口でいうと、進歩性の判断基準については、厳しすぎると感じるような判決がすっかり影をひそめたことは、何よりも喜ばしい限りだった。もっとも、これは私の個人的な感想にすぎないようであるが、そこまで進歩性を認めなくてもいいのではないかと感じる判決も、若干ながら、ないでもなかった。いずれにしても、進歩性の問題は、いまのところ、モデレートな水準で安定しつつあるということができるものの、当然のことながら、今後、絶えず変動していくということもできよう。特許訴訟に携わる関係者にとって、この問題は永遠のテーマであり、今後も引き続き高い関心をもって、注視する必要があるように思われる。

　初版発行の後これまでの間に、知財高裁から、新しい重要な判断を含む判決が引き続き多数出されており、しかも、最高裁からも、従来の実務を変更するような重要な判例も出されている。そうすると、本書が「これがわが国の特許訴訟に関する重要判例のすべて」と言い切るには、少なからず不遜に感じるような状況になっている。

　そこで、今般、本書に、初版後に出された最新の重要判例を加えることにし、作業を進めたところ、かなり多くの判例を紹介すべきであることになった。他方、われわれとしては、本書の体裁については、図面・図解は容量を食いすぎるという欠点はあるものの、分かりやすさを第一義として、従来どおりこれを

多用した。他方、「コンパクトな一冊」という本書の使命も最優先にしたいと考えた。このため、現在の時点で改めて紹介する判例のリストを真剣に見直し、この一冊で重要判例が分かる判例という選別基準に基づいて改めて検討し、いくつかの判例をリストから割愛することにし、その反対に、初版では紹介しなかったやや古い判例でも、現時点でなおも重要判例であるとされるものについては、これを紹介することとした。そのあらましについては、「序章 現今の特許訴訟の概要と趨勢」をご覧になっていただきたい。

　上述のような仕儀により、われわれとしては、第2版に対し、初版にまさる意気込みをもって取り組んだ。初版を大きく超える出来栄えではないかと自負している。初版と同様、弁理士やその補助事務に携わるスタッフ、企業の知財部で知財戦略に携わっておられる方々、大学やロースクールなどで特許法を学習している学生の参考書として、活用していただきたいと思っている。

2013年5月

塚原朋一

読者へのメッセージ

　平成17年4月1日、知財高裁は誕生した。そして、知財訴訟は変わった。その基本的な目的、性格等については、随分と議論があった。今は昔となったが、知財専門の裁判所を最高裁からも独立した特別な裁判所として作り、そこで、法律家である裁判官と法律のバックグラウンドのない理科系の専門家が合議体を構成し、特許庁のした審決に対する取消訴訟や特許権侵害訴訟を担当するという、いささか乱暴な意見をいう論者も現われた。結局は、それまでと同じように、法曹教育を受けた裁判官の中から知財担当の裁判官が選ばれ、知財高裁に配属された。知財高裁が設置される2年前から東京高裁の知財専門部で仕事をしていた私は、知財高裁ができても、正直のところ、看板が変わるだけで、その実質においてそう大きくは変わらないと内心は思っていた。

　ところが、知財高裁が誕生すると、さまざまなことが大きく変わった。折からの知財ブームもあったが、優秀な若手の裁判官がたくさん知財事件担当を希望するようになり、知財高裁に配属された裁判官は、みな意欲に満ちていた。そうした裁判官は、率先して知財訴訟の適正迅速化に取り組み、知財高裁の内外で頻繁に行われる研究会、シンポジウムに自発的に参加・出席し、弁護士、弁理士、企業の知財担当者と直接大いに議論もした。マスコミや雑誌等でも、知財高裁の特集を組んでくれ、初代の篠原所長、そして、所長の代わりを務めた私も、いろいろな会合で挨拶や講演などを依頼され、知財高裁の積極的な仕事ぶりを披露するのに大童であった。看板効果だけでみても、大きな作用効果を挙げたのである。

　さて、その中身であるが、知財高裁が誕生した前後に、知財高裁の進歩性判断が厳しすぎるという批判が荒波のように押し寄せていた。裁判所は、これに対し、進歩性の判断については、特にこれを進歩性なしと判断するときは、判決において、その論理を詳細かつ丁寧に説示するものとし、特許を否定された側が少しでも納得ができるようにしようと最大限の努力をした（この過程で結

論が変わることも少なくなかったであろう）。そうした甲斐もあって、結果的ではあるが、拒絶査定系の審決取消率が数パーセントから十数パーセント上昇し、当事者系の無効審判の審決も不成立審決の維持率が半数を超え、無効審決の取消率が半数を下回ることが普通になった。今年2月に開催された日弁連知的財産センターと知財高裁との意見交換会（『判例タイムズ』1324号22頁参照）の会場でも、知財高裁の進歩性判断について、知財弁護士から「一時は厳しすぎたが、このところ穏やかになった」という評価をいただいた。上述したのは知財高裁が果たしてきた責務の一端を紹介したにすぎないが、そのほかにも、知財高裁は、知財の創造、活用、保護というわが国の国策に司法作用としてできる限りの努力を尽くしたつもりである。

　特に、知財高裁は、重要な判断事項については、大合議事件にし、判決において、詳細な理由のもとに新しい判断を示して、世の関心を集めた。本書で扱った明細書等の記載要件（第3章）、補正・訂正の新規事項（第4章）に関しては、いずれも、知財高裁がした大合議事件の判決は、実務上の理論、実務の在り方などについて詳細な理由を付して新しい判断を世に送った。

　この8月まで知財高裁の所長や裁判長としてそうした判決に直接関与してきた者がこのようなことを申し上げるのは、あまりにも自画自賛に過ぎるが、この5年余りの間に知財高裁が訴訟当事者や世に問うた判決は、大合議事件に限らず、重要なものばかりであり、今後の特許庁の実務に大きな影響をもち続けるであろう。本書では、そのうち50件ほどをセレクトして、この時代に特許庁の審判官、裁判所調査官等として裁判や審判の現場にあって、そうした動きに肌で接してきた優れ者3名に執筆をお願いし、積極的な参加を得た。

　はじめに、私がこの5年余りの知財高裁の判決の大まかな流れを概観した（自分の関与した判決も少なからずあり、淡々と客観的に説明したつもりであるが、実は、誤って判決以上の内容を述べているのではないかとも心配もしている）。次に、各執筆者が、第1章から第8章の分野に分かれて、担当分野の判決について、まずは審査基準を念頭において基本的な説明をしたうえ、裁判所のした判断について中長期的な見地から大きな流れを紹介し、その中から流れの節目となった判決について、図解するなど分かりやすく事案の内容を説明している。そして、審決の判断を紹介したうえ、これに対し判決がどう判断したかをコンパクトに説明し、最後に審決がなぜ取り消されたのか、判決の判断のもつ意味などをコメントした。われわれの目標としたことは、この期間の判決例を単に網羅的に紹

介するということではない。特許出願事務等に携わる弁理士や企業の知財担当者などがこれからの実務を行ううえで参考となり、実務の指針となるような判決例を厳選し、その特徴点を析出したということである。

　もっとも、私も、そして、各執筆者も、本書を公にするについては、少々欲張りすぎたかもしれない。われわれは、通勤の途中でも読めるように、一冊の薄目の本とし、これさえ読めば最近の知財高裁の各分野における判断を動態的に理解し、上述したように現に抱えている事件の解決に参考となり、併せて、今後の大体の流れを見通せるようになることを目指したのである。そして、その目的はおおむね達成できたのではないかと自負しているが、まだまだ不十分な点もないではない。今後も、われわれは、知財高裁の判決例に関心をもち、個々の判決例が全体の流れの中でどのような位置を占め、どのような動きの前触れであるかなどについて、注意深く考察を続け、必要な時機には、本書を改訂するなど、俊敏な対応を図りたいと念じている。

　白状すると、実は、本書は私の創造物ではない。企画者は、創英国際特許法律事務所長の長谷川芳樹氏である。私は、退官直前に同氏の提案を耳にし、知財高裁の広報活動になると思い、賛成したが、予期したよりも中身の濃い仕事であり、途中、一再ならず挫折しそうになったが、そのたびに、本書のような実務性の高い有用な書物はない、是非、完遂しようと発破を掛けられ、短期間で公刊に漕ぎ着けた。本書が日の目を見るに至ったのは、企画から公刊まで同氏の発想と駆動力があったからにほかならない。

　本書が、特許出願事務等に携わる弁理士やその事務所員のほか、企業の知財担当者、大学の知財関係者など、広く知財戦略に携わっておられる方々の日常のお仕事の参考書として、少しでも役に立ち、知財訴訟全体の動きを感じとるよすがとなれば、監修者としてこれにまさる幸いはない。

2010年11月9日

　　　　　　　　　　　　　　　　　　　　　塚原朋一

目　次

【監修者・執筆者および編著者紹介】

[監修]
弁護士 **設樂隆一**　創英国際特許法律事務所　共同代表　会長
　　　　　　　　東京大学法学部卒業。2014年知的財産高等裁判所長に就任し、2017年1月に退官。弁護士登録し、2018年4月に創英に加入。同年7月より現職。

[編集・執筆] 五十音順
弁理士 **阿部　寛**　創英国際特許法律事務所　特許訟務室室長　文殊マイスター
　　　　　　　　岐阜大学工学部卒業。特許庁にて審査監理官、審査長、上席部門長（審判長）、首席審判長を歴任。元・東京地方裁判所調査官及び同室長。2009年創英に加入。同年弁理士登録。
弁理士 **小曳満昭**　創英国際特許法律事務所　特許訟務室　文殊マイスター
　　　　　　　　岡山大学大学院（電気工学）修了。特許庁にて上席総括審査官、審査長、審判長、審判部門長を歴任。元・東京地方裁判所調査官。2016年に創英に加入。同年弁理士登録。
弁理士 **田村明照**　創英国際特許法律事務所　特許訟務室　文殊マイスター
　　　　　　　　東京大学薬学部卒業。特許庁にて審査官、審判官、審査基準室長及び医薬品の期間延長に係る審議会等の事務局を歴任。元・大阪地方裁判所及び高等裁判所調査官。2018年に創英に加入。同年弁理士登録。
弁理士 **吉住和之**　創英国際特許法律事務所　特許訟務室　文殊マイスター
　　　　　　　　京都大学工学部卒業。特許庁にて審査官、審判官及び文部科学省研究振興局課長補佐（出向）を歴任。元・東京地方裁判所調査官。2013年に創英に加入。同年弁理士登録。

[本書第1版、第2版の監修、執筆及び協力者]
塚原朋一　創英国際特許法律事務所　上席弁護士（同所前会長）
　　　　　一橋大学経済学部卒業。2007年知的財産高等裁判所長に就任し、2010年8月に退官。弁護士登録し、2013年創英の会長に就任。2018年7月会長を勇退し現職。
池田正人　元弁理士
　　　　　京都工芸繊維大学大学院（工業化学）修了。特許庁にて審査官、上級審判官及び審判長を歴任。2007年4月創英に加入し弁理士登録。2017年創英を勇退し弁理士登録抹消。
城戸博兒　元弁理士
　　　　　九州大学大学院（鉱山）修了。特許庁にて、上席総括審査官、審査監理官、審判長及び審判部門長を歴任。元・東京地方裁判所調査官及び同室長。2005年創英に加入、弁理士登録。2018年創英を勇退し弁理士登録抹消。

[編著者等の紹介]

◆一般財団法人創英 IP ラボ

2015年2月設立。知的財産に関する国内外の制度、判例・審判決例、実務慣行等に関する情報の収集と調査・研究による体系化、ならびにその成果の公表（出版、講演等）を通じ、国際的に活躍できる知財実務家の養成に資すること等を事業目的とする。

〈主な出版物〉

『意匠の戦略的活用法』（創英知的財産研究所）、『テーマ別重要特許判例解説（第1版・第2版)』（日本評論社）、『早わかり意匠判例集（侵害編）』（日本評論社）、『外国意匠制度概説Ⅰ』（日本評論社）のほか、『特許出願のてびき』、『実用新案出願のてびき』、『意匠出願のてびき』、『商標出願のてびき』（いずれも発明推進協会）などがある（前身の創英知的財産研究所によるものを含む）。

〈講演会等〉

元裁判官、元審判官、大学教授、弁護士、ジャーナリスト、その他の有識者を講師に招き、知的財産権問題に関する講演会を開催。前身の創英知的財産研究所による開催を含め、2019年10月の講演会で通算25回目となる。

◆創英国際特許法律事務所

創英国際特許法律事務所のホームページ（https://www.soei.com/）を参照。

現今の特許訴訟の概要と趨勢

はじめに

第2版を公刊した以降に、新たに判決例が多数出されたことにより、本書第3版で紹介する判決例を追加したほか、第2版当時すでに出されていたものの紹介しなかった判決例でも、現在の時点で改めて検討すると、本書で重要判例として紹介すべきではないかと思われる判例がいくつかあったので、そうした判決例もいくつか追加して新しく構成し直した。

また、判決例を問題点ごとに分類整理する過程で、第10章として「その他」を新しく設けた。これは、新たに出された判決例のなかに、第1章から第9章に収まらない判決例があったためである。

1　第1章「進歩性」について

進歩性の判断は、特許訴訟の神髄である。知財高裁およびその前身の東京高裁知財専門部では、進歩性の判断基準において、平成10年ころからのおよそ10年の間に、大きな変動があった。初期の変動は、平成17年4月の知財高裁の発足前後に水面下で始まり、その翌年である平成18年6月29日の「紙葉類識別装置の光学検出部」発明の判決（判決例1-15）となって表面化した。篠原勝美初代所長が裁判長として出したこの判決について、私は、初版の本欄において、「さほどぴかっと光るような発明ではない事案において、進歩性を否定した審決を取り消したものであり、その進歩性の判断において、複数の相違点を複合的に捉えるべきであるとしたこと、引用発明に副引例記載の技術事項を付加適用することについて両者の技術思想上の連結を明示的に要求したものであり、裁判所は変革をしつつあるのだという烽火を上げた判決である」と評して、紹介した。その後、今日までの間に、地殻変動を伴うような大きな変動が続くとは、私は予想していなかったといってよい。

その後、具体的には平成21年以降であるが、相次いで、進歩性なしとした審決を取り消す判決が出るようになり、まるで原則と例外がひっくり返ったような状況になった。知財高裁は、進歩性なしとするには、示唆・動機づけを一貫して要求し続け、その結果、特許庁の審査・審判の実務が知財高裁の判断傾向を尊重するようになり、事態は沈静化に向かっていった。いまにして思えば、

その最中に、私自身が知財高裁所長を定年退官し、そして、ほぼ同じ時期に本書の初版を世に送り出したことになる。

　審決を取り消すタイプには、いくつかの類型がある。「放射線感光材料用樹脂の製造方法」発明の判決（判決例1-10）では、引用例1からは、審決が認定したような引用発明は認定することができないという取消類型であり、従来は、もっとも多くみられた類型である（実は認定問題であって想到の容易性という判断基準の問題ではない）。もうひとつ別な類型を挙げると、引用発明を用いる際、引用発明のもっとも重要な構成部分を取り去るなどと考えることは、阻害要因（容易性を否定する定型的な事由）があるという場合であり、「マルチデバイスに……実行される方法およびプログラム」発明の判決（判決例1-21）は、その類型である。これらが、時代を超えて存在するいわば従来型の取消類型である。

　しかしながら、何といっても、動機づけがないとして審決を取り消した判決が多数あり、そのすべてを紹介することはできないが、そのうち代表的なものとして、「回路用接続部材」発明の判決例1-14があり、これは、事案の内容を超えて、原則として動機づけを要求したものということができよう。

　第3版では、PBPクレーム発明の要旨認定に関する判決例1-3、公然知られた発明の認定に関する判決例1-4、公然実施された発明の認定に関する判決例1-5、特許図面からの引用発明の認定2に関する判決例1-7、再実験による引用発明の認定に関する判決例1-9、一般式が膨大な数の選択肢を有する場合の副引用発明の認定に関する判決例の1-11、医薬用途発明の動機付け（進歩性あり）（進歩性なし）に関する判決例1-17、1-18、容易の容易（進歩性あり）（進歩性なし）に関する判決例1-19、1-20、周知技術の適用と阻害要因に関する判決例1-21、1-22を新たに追加し大幅に構成し直した。

2　第2章「新規性等」について

　新規性の判断基準については、知財高裁は、進歩性判断においてしたように、いわば意図的に問題意識をもって取り組んだというわけではない。したがって、特定の方向づけや意識的な傾向が認められるということはない。

　紹介した判決を簡単にみると、判決例2-1は、「シワ形成抑制剤」の発明について、用途発明であるとして、新規性なしとした審決を取り消したものである。判決例2-4は、「車両の現在位置表示装置」の発明について、その走行軌跡を表示する構成が先願の出願時にすでに周知技術であったとしても、その走

行軌跡を表示する構成が引用発明に存したとはいえないとして、実質的に同一であるとした審決を取り消したものである。

　第3版では、実質同一2に関する判決例2−6を新たに追加した。

3　第3章「明細書等の記載要件」について

　記載要件については、第2版と同じく、何といっても判決例3−1の「偏光フィルムの製造法」の発明についての大合議判決を引き続き紹介することにした。もっとも、私の認識によれば、大合議事件は、大合議事件第1号の一太郎事件の判決を別にすれば（この判決は、地裁が特許権者の特許を有効と判断したうえで差止請求を認容したのに、控訴審では特許を無効として原判決を取り消したものであり、特許権者に対してきわめて厳しいという印象を与えた）、特許権者にフレンドリーな結論であったが、いまの時点でみると、この判決例3−1は、特許権者に対し、明細書等の記載について、かなり厳しいものを要求した、というのが、正直なところ、実感である。

　この大合議判決前までは、記載要件違反だけで特許性を否定する審決は少なく、進歩性の有無を軸にして判断する実務が普通であった。そうした実情に鑑み、この大合議判決では、記載要件を独立した要件として認知してはどうかという動機があったように思う。

　この大合議事件の積極的な意義については、クレームの範囲が広すぎ、明細書等によってカバーされていないときは、まずはこれを理由に拒絶理由通知がされれば、補正する機会がある。ところが、これをしないで、いきなり、広すぎるクレームの範囲内にある公知技術によって進歩性不存在の拒絶理由通知がされると、出願人は適切な対応ができないこともある。有名な最高裁平成3年3月8日のリパーゼ判決はこのような不幸な経緯をたどったのではないかと想像される。

　大合議判決のそうした所期の目的は達成されたものの、その後、特許庁および裁判所の実務では、記載要件違反のみを拒絶理由とする審決およびこれを是認する判決が増加し、内容的にも、大合議判決が拡張解釈されて用いられている感じも否めなかった。大合議判決が妥当すべき範囲について、個々の事例ごとに慎重に検討すべきであるように思われる。判決例3−3「性的障害の治療におけるフリバンセリンの使用」の判決は、記載要件違反であるとした審決を、そのような記載要件違反はないとして、取り消した判決であり、その意味で、

特筆すべき判決であるが、当該審判請求事件は、特許庁に差し戻された後に、ふたたび審判手続が行われ、同一の明細書の記載事項を基にして、今度は実施可能要件違反を理由に審判請求を不成立とする審決がされ、提訴されることなく、確定している。上記判決は、記載要件違反だけを咎めた判決であると理解することになろう。

　上記フリバンセリンの判決の後も、記載要件違反とした審決を、違反はないとして取り消した判決が目立っており、終息傾向はない。判決例3-4、3-5、がそうである。

　第3版では、官能試験が行われている場合のサポート要件の判断に関する判決例3-6、明細書の記載等を考慮しての明確性要件の判断2に関する判決例3-8、あいまいな表現がある場合の明確性要件の判断に関する判決例3-9、PBPクレームの該当性に関する判決例3-10、実施可能要件の判断2に関する判決例3-12を新たに追加し再構成した。

4　第4章「補正と訂正」について

　判決例4-7「自動食器洗浄機用粉末洗浄剤」は、いわゆるリパーゼ判例によって特許庁と裁判所の実務の一部に蔓延った「クレームは文言を機械的に読むもの。クレームの文言それ自体として意味が通れば、明細書は読まないでもいい。いや、そういう場合に、明細書を読むのはリパーゼ判例違反になる」という考え方に警鐘を鳴らしたものである。

　かねてから、知財高裁の裁判官の間では、平成6年改正以降の特許庁における補正、訂正の実務について、文言に拘泥して記載の有無だけで新規事項か否かの判断をする傾向が強すぎ、クレームや明細書等の文言に依拠するだけではなく、当該発明の技術思想にまで踏み込んで、もっと実質的に考察して、新規事項の有無を判断すべきではないかという思いがあった。そうした中で、「感光性熱硬化性樹脂組成物及びソルダーレジストパターン形成方法」の発明の大合議の判決例4-10が生まれた。この大合議判決は、その後の特許庁および裁判所の実務に大きな影響を与えている。

　第3版では、技術的に不明確な訂正事項が存在する場合の訂正要件の判断に関する判決例4-13を新たに追加した。

5　第5章「発明の成立性」について

　最近、欧米では、発明の成立性（対象性、elligibility）がよく問題になっている。わが国でも、法29条柱書違反の問題としてときおり議論されるが、欧米ほど活発ではない。これは、わが国では、発明の成立性がある意味では甘く、その甘い部分は進歩性の判断で厳しく対応して調整する、というところがあるからと推察される。

　「切り取り線付き薬袋の使用方法」の判決例5-2は、切り取り線付きの薬袋の使用方法について、審決は、①自然法則を用いた発明とはいえない、②仮に発明であるとしても、進歩性がないと判断し、審判請求を排斥した。これに対し、出願人が原告として審決取消訴訟を提起したものであるが、判決は上記①の判断と異なり、発明に当たるとしたうえ、②の判断を是認して審決を維持したものである。一般に、このような審決を維持する場合の判断は、審決を取り消す場合と異なり、詰めの甘いところもあるが、発明の成立性の限界事例として格好な議論材料となり、ときおり主張にも登場する判決例になっている。

　「双方向歯科治療ネットワーク」の判決例5-3は、むしろ審査基準をそのまま読むと、審決のとおり読めるような感じもするうえ、上記判決例5-2と異なり、審判官が、審査基準を頼りに発明性だけで勝負した事件であり、このため、知財高裁は、審査基準をその実質から解釈すれば、義歯を正確に作ることは人間の高度で困難な精神活動であるが、そうであるからこそ、その補助として精度の高いコンピューターソフトが必要になるとして、発明であることを認め、審決を取り消した。柱書違反の問題に関して裁判所が審決を破った事例として、アメリカの最高裁判所のビルスキー判例などの判例研究におけるわが国における比較法的分析でも、よく引き合いに出されるが、日本ではあまり異論を聞いたことはない。

　第3版では、人の手順を要素として含む場合の発明の成立性の判断に関する判決例5-5を新たに追加した。

6　第6章「分割出願」について

　分割要件が問題になることは、実務上、非常に多い。その議論の内容は、補正・訂正における新規事項と同様である。補正・訂正の場合と同様に、問題となる構成ないしその一部が原出願の当初明細書に記載されているかどうか、ここでも、文言そのもの、あるいは、その言語的な意味だけではなく、技術思想、

課題解決のための特徴などを含めて、総合的に認定することになる。

　第3版では、判決例6-4を新たに追加した。

7　第7章「特許権存続期間の延長登録出願」について

　特許権の期間延長請求については、後出の知財高裁の判決例7-4に対する上告事件で、最高裁が上告を棄却するとの判決例7-1を出し、更に、最高裁は、判決例7-2を出して、大きな展開を示した。

　知財高裁は、従来、各裁判体が、特許庁の実務を基本的にはやむをえないものであるとの判断を示してきた。これらの判決に対しては、上告受理の申立てのあった事件も多数あったが、いずれも不受理で終局を迎えていた。

　ところが、上述のように、最高裁は、判決例7-1、7-2によって、特許庁の運用を否定したため、特許庁は審査基準の改訂を行なった。

　第3版では、判決例7-2を新たに追加した。

8　第8章「共同出願、共同審判、冒認出願、国内優先権」について

　法132条3項の共有者全員が請求したのに、そのうち1人だけが請求人として記載されている場合に、補正命令なしで審判請求を却下した審決を取り消した判決例8-2、国内優先権に関する判決例8-4および8-5などの5件である。

　第3版では、追加した判決例はない。

9　第9章「選択発明」について

　選択発明は、特許判例の中で独立したジャンルを占めており、いまなお、選択発明であるがゆえの各種の問題について、議論が行われ、多数の判例があることに鑑み、選択発明を認める嚆矢となった古い時期の判決例9-1と比較的最近の判決例9-3を含む4件を取り上げた。

　なお、選択発明については、問題点として、他の章でも関連して登場してくるのが特色である（たとえば、判決例1-25、1-26、1-27などがそうである）。

　第3版では、追加した判決例はない。

10　第10章「その他」について

　第3版で新たに設けた項目である。一事不再理に関する判決例10-1、拒絶

査定不服審判請求と同時にする補正の却下に当たり、拒絶理由を通知しなかったことが手続違背であると判断された事例に関する判決例10-2、審決の予告をしなければならない場合に関する判決例10-3の3件である。

塚原朋一

第1章

進歩性（第29条第2項）

概　説

　特許法29条2項は、「特許出願前にその発明の属する技術の分野における通常の知識を有する者が前項各号に掲げる発明に基いて容易に発明をすることができたときは、その発明については、同項の規定にかかわらず、特許を受けることができない」と規定している。この規定は、通常の技術者が容易に発明をすることができたものについて特許権を付与することは、技術進歩に役立たないばかりでなく、かえってその妨げになるので、そのような発明を特許付与の対象から排除しようというものである。

1　進歩性判断の基本的な考え方

　特許庁の審査基準において定めている進歩性判断についての判断手法は以下のとおりである。

　進歩性の判断は、本願発明の属する技術分野における出願時の技術水準を的確に把握したうえで、当業者であればどのようにするかを常に考慮して、引用発明に基づいて当業者が請求項に係る発明に容易に想到できたことの論理づけができるか否かにより行う。

　具体的には、請求項に係る発明および引用発明（一または複数）を認定した後、論理づけにもっとも適した一の引用発明を選び、請求項に係る発明と引用発明を対比して、請求項に係る発明の発明特定事項と引用発明を特定するための事項との一致点・相違点を明らかにしたうえで、この引用発明や他の引用発明（周知・慣用技術も含む）の内容および技術常識から、請求項に係る発明に対して進歩性の存在を否定しうる論理の構築を試みる。論理づけは、種々の観点、広範な観点から行うことが可能である。たとえば、請求項に係る発明が、引用発明からの最適材料の選択あるいは設計変更や単なる寄せ集めに該当するかどうか検討したり、あるいは、引用発明の内容に動機づけとなりうるものがあるかどうかを検討する。また、引用発明と比較した有利な効果が明細書等の記載から明確に把握される場合には、進歩性の存在を肯定的に推認するのに役立つ事実として、これを参酌する。

　その結果、論理づけができた場合は請求項に係る発明の進歩性は否定され、論理づけができない場合は進歩性は否定されない。

　この進歩性の判断手法は、長年にわたって培われてきたものであり、裁判所

において、また、世間一般においても合理的な手法として認められている。

　しかし、請求項に係る発明の認定、論理づけ等個々の認定、論理づけについては時代時代で裁判所の考え方が変わり、審査基準はそのつど修正されてきた。

2　請求項に係る発明の認定

　リパーゼ判決（昭和62年（行ツ）第 3 号最高裁第二小法廷平成 3 年 3 月 8 日判決）においては、特許出願に係る発明の新規性および進歩性について審理するにあたっては、その前提としてされる特許出願に係る発明の要旨の認定は、特許請求の範囲の記載の技術的意義が一義的に明確に理解することができないとか、あるいは、一見してその記載が誤記であることが発明の詳細な説明の記載に照らして明らかであるなどの特段の事情がある場合に限って、発明の詳細な説明の記載を参酌することが許されるにすぎず、特段の事情のない限り、特許請求の範囲の記載に基づいてされるべきである、と判示している。

　したがって、このリパーゼ判決に従って、特許庁の審査基準では、請求項に係る発明の認定については以下のとおり定めている。

　請求項に係る発明の認定は、請求項の記載に基づいて行う。この場合においては、明細書および図面の記載ならびに出願時の技術常識を考慮して請求項に記載された発明を特定するための事項（用語）の意義を解釈する。

　請求項に係る発明の認定の具体的な運用は以下のとおり。

　(1)　請求項の記載が明確である場合は、請求項の記載どおりに請求項に係る発明を認定する。この場合、請求項の用語の意味は、その用語が有する通常の意味と解釈する。

　ただし、請求項の記載が明確であっても、請求項に記載された用語（発明特定事項）の意味内容が明細書および図面において定義または説明されている場合は、その用語を解釈するにあたってその定義または説明を考慮する。

　(2)　請求項の記載が明確でなく理解が困難であるが、明細書および図面の記載ならびに出願時の技術常識を考慮して請求項中の用語を解釈すれば請求項の記載が明確にされる場合は、その用語を解釈するにあたって、これらを考慮する。

　(3)　明細書および図面の記載ならびに出願時の技術常識を考慮しても請求項に係る発明が明確でない場合は、請求項に係る発明の認定は行わない。

　最近の知財高裁の判決においては、特許請求の範囲の記載、発明の詳細な説明の記載全体を参酌して、発明を認定するケースが増えている。これは、上記

11

リパーゼ判決に従って定めた特許庁の審査基準と一部齟齬をきたすようになってきている。もう一度、最高裁の判断が待たれるところである。

3　刊行物に記載された発明の認定

　特許庁の審査基準では、刊行物に記載された発明の認定については、次のとおり定めている。

(1)　「刊行物に記載された発明」とは、刊行物に記載されている事項及び刊行物に記載されているに等しい事項から把握される発明をいう。これらの事項から把握される発明を、刊行物に記載された発明として認定する。刊行物に記載されているに等しい事項とは、刊行物に記載されている事項から本願の出願時における技術常識を参酌することにより当業者が導き出せる事項をいう。

　　刊行物に記載されている事項及び記載されているに等しい事項から当業者が把握することができない発明を「引用発明」とすることができない。そのような発明は、「刊行物に記載された発明」とはいえないからである。

(2)　刊行物に記載されている事項及び記載されているに等しい事項から当業者が把握することができる発明であっても、以下の(i)又は(ii)の場合は、その刊行物に記載されたその発明を「引用発明」とすることができない。

(ⅰ)　物の発明については、刊行物の記載及び本願の出願時の技術常識に基づいて、当業者がその物を作れることが明らかでない場合

(ⅱ)　方法の発明については、刊行物の記載及び本願の出願時の技術常識に基づいて、当業者がその方法を使用できることが明らかでない場合

4　論理づけの具体例

　特許庁の審査基準では、引用発明に基づいて当業者が請求項に係る発明に容易に想到できたことの論理づけについて、以下の具体例が示されている。

(1)　最適材料の選択・設計変更、単なる寄せ集め

(2)　動機づけとなりうるもの

　　①技術分野の関連性

　　②課題の共通性

　　③作用、機能の共通性

　　④引用発明の内容中の示唆

　ただし、出願人が引用発明1と引用発明2の技術を結び付けることを妨げる事情を十分主張・立証したときは、引用発明からは本願発明の進歩性を否定で

きないとしている。

　また、実務上、引用発明を組み合わせることに阻害要因がないことも引用発明に基づいて当業者が請求項に係る発明に容易に想到できたことの論理づけとしていた。

　知財高裁は、平成20年度後半頃から、引用発明には、技術思想の示唆がない、本願発明を想到する契機ないし動機づけがない、解決課題、動機づけがない、解決課題、解決手段が相違する等の理由で進歩性を否定した審決を取り消すようになってきた。

　このことは、上記①「技術分野の関連性」のみでは請求項に係る発明に容易に想到できたことの「動機づけ」とはならず、また、引用発明を組み合わせることに阻害要因がないことも請求項に係る発明に容易に想到できたことの論理づけとはならず、請求項に係る発明に容易に想到できたとするためには、引用発明に、積極的な動機づけである上記②の「課題の共通性」、③の「作用、機能の共通性」、④の「引用発明の内容中の示唆」があることが必要であることを示している。

　無効審判において、本件特許発明は進歩性があるとして請求を棄却した権利有効審決の取消率は、平成20年度後半から極端に低下している。このことは、知財高裁が、請求項に係る発明に容易に想到できたとするためには、引用発明に、上記②、③、④の「動機づけ」が必要であるとしていることと関連があると考えられる。

　侵害訴訟の場でも、同じ論理で進歩性の判断がなされると考えられ、特許法104条の 3 の適用にも影響が出てくると考えられる。

判決紹介

判決例 1 - 1　発明の詳細な説明の記載を参酌しての本件発明の認定
平成20年（行ケ）第10188号「液体噴霧装置」（知財高裁平成20.12.24）（中野哲弘裁判長）
請求項に記載されている用語（崩壊可能）が日本語として一義的な意味を有するものではないとして、当該用語を、発明の詳細な説明の記載を参酌して限定

解釈し、審決は相違点を看過しているとして審決を取り消した事例。

◇本件発明

【請求項1】 液体タンク（12）と、基部（13A）および側壁（13B）を備え、前記液体タンク内に配置される取り外し可能かつ崩壊可能なライナー（13）と、前記ライナー（13）内の液体を分配するスプレーノズル（4）と、から構成される液体をスプレーするための装置であって、前記ライナー（13）は、前記装置の動作の間にライナー内の液体が排出される際に崩壊するものであり、前記ライナー（13）は、前記液体タンク内にピッタリと密着するよう、非崩壊状態において襞、波、継ぎ目、接合部またはガセットがなく、側壁と基部との内部接合部に溝を有しておらず、前記液体タンクの内部に対応した形状を有していることを特徴とする装置。

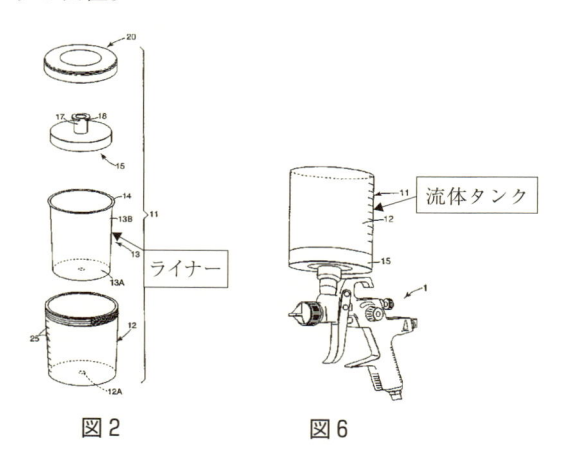

図2　　　　図6

◇審決の内容

審決は、相違点を「本願発明は、ライナーが『基部および側壁を備え』かつ、『液体タンク内にピッタリと密着するよう、非崩壊状態において襞、波、継ぎ目、接合部またはガセットがなく、側壁と基部との内部接合部に溝を有しておらず、前記液体タンクの内部に対応した形状を有している』のに対し、引用文献記載の発明の可撓性の袋は、形状等が不明な点」および「本願発明は、『ライナー内の液体が排出される際に崩壊するもの』であるのに対し、引用文献記載の発明では、『塗料が排出されると袋がつぶされるもの』である点」と認定した。

◇引用刊行物

引用発明（特開平7-289956号公報）

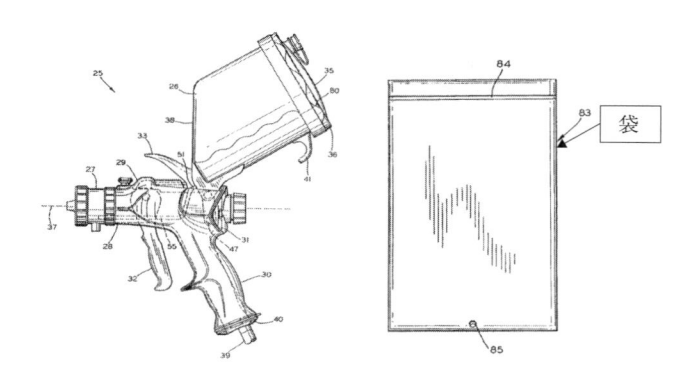

袋

◇裁判所の判断

　本願発明（請求項1）のライナーは、噴霧装置の液体タンク内に取り外し可能に配置される液体を収容可能な内袋であり、基部と側壁とを備え、かつ崩壊可能であって、非崩壊状態では襞等を有しないものである（請求項1、図2、図6等）。

　本願発明のライナーは、それ自身が収納容器としても使用可能であるとともに、噴霧装置の液体タンク内に配置される内袋としても使用可能で、非使用時の保管使用の際の取扱い及び内容液の充填も容易で廃棄の際には容易に崩壊できるものを提供することを目的とするものである。

　そのため本願発明のライナーは「崩壊可能」とされているところ（請求項1）、「崩壊可能」は日本語として一義的な意味を有するものではない。そして、本願明細書において、崩壊可能の用語を、ライナーの側壁に関し使用する場合には、手の圧力など、適度な圧力を加えることにより変形でき、基部に向かって押すことができるものの側壁が破壊しない状態を意味すると定義されている。またライナーは、支持しなくても延在して直立した状態で立つことができる旨が記載されている。そうすると、本願発明のライナーは、手の圧力などの人為的な圧力を加えない限り、側壁は変形せずに収納容器の形状を保つ性質を有するものであり、自立構造（自立性ないし保形性）を有するものといえる。この性質を有することにより、本願発明のライナーは、非使用時の保管・内容物の充填が容易であり、また内容物を充填したまま単なる収納容器として使用出来

ると共に、使用後に廃棄する必要があるときは、側壁が割れたり裂けるなどの破壊をすることなく、手で押しつぶして崩壊させ、廃棄に要する空間を少なくできる等の意義を有するものと認められる。

　以上の検討によれば、本願発明のライナーは、自立構造（自立性ないし保形性）を有するものであるのに対し、引用発明の袋は、内容物たる塗料がない状態では、自立性ないし保形性を有しないものであり、審決はこの相違点を看過している。

　そして、本願発明のライナーは、自立性ないし保形性を有することにより、ライナー自身を収納容器として使用することも可能で、非使用時の保管・内容物の充塡も容易となる等の作用効果を奏するものであるから、この相違点の看過が審決の結論に影響を及ぼすことは明らかである。

◇考　察

(1)　本件は、請求項に記載されている用語が日本語として一義的な意味を有するものではないとして、当該用語を、発明の詳細な説明の記載を参酌して限定解釈した事例である。

(2)　判決は、本願発明のライナーは「崩壊可能」とされているところ（請求項1）、「崩壊可能」は日本語として一義的な意味を有するものではないとして、発明の詳細な説明の記載を参酌して、本願発明のライナーは、手の圧力などの人為的な圧力を加えない限り、側壁は変形せずに収納容器の形状を保つ性質を有するものであり、自立構造（自立性ないし保形性）を有するものといえると認定している。

(3)　ところで、「崩壊可能」について、発明の詳細な説明では、「『崩壊可能』という用語は、本発明による収納容器／ライナーの側壁に関して本明細書で使用する場合、その側壁が、たとえば手の圧力など、適度な圧力を加えることにより変形することができ、したがって収納容器のリムを収納容器の基部に向かって押すことができるとともに側壁が破壊しない状態を意味する」と定義しているが、自立構造を有することは、発明を実施するための最良の形態の項で、ひとつの実施形態として記載されている。

(4)　特許庁の審査基準では、請求項の記載が明確であっても、請求項に記載された用語（発明特定事項）の意味内容が明細書および図面において定義または説明されている場合は、その用語を解釈するにあたってその定義または説

明を考慮するとされている。

(5)　本件における裁判所の認定は、一見リパーゼ判決に従った判断のようにみ
えるが、本願発明のライナーを、<u>自立構造（自立性ないし保形性）を有するも
のといえる</u>との認定は、ひとつの実施形態に限定して認定するものであり、
リパーゼ判決が予定していた以上に、また、審査基準の予定した以上にかな
り限定した認定のように思われる。

(6)　最近の知財高裁の判決は、審決取消訴訟において、請求項に記載されてい
る用語を、発明の詳細な説明の記載を参酌して限定解釈する傾向が続いてい
る。同様の判決としては、平成19年（行ケ）第10389号、平成20年（行ケ）
第10166号等がある。

判決例1-2　用語が広義にも狭義にも解釈できる場合の本件発明の認定
平成17年（行ケ）第10564号「1,4-シクロヘキサンジメタノールが共重合され
たポリエステル樹脂の製造方法」（知財高裁平成18.6.6）（佐藤久夫裁判長）
特許請求の範囲の用語が広義にも狭義にも解釈できる場合、新規性および進歩
性判断にあたっては広義に解釈すべきとしたうえで、本件発明についての進歩
性を否定した審決を維持した事例。

◇本件発明
　【請求項1】テレフタル酸に、エチレングリコールと全グリコール成分の
10～90モル％範囲の1,4-シクロヘキサンジメタノールを、……エステル化反
応させる段階と、前記エステル化反応の生成物に、触媒として<u>テトラプロピル
チタネート</u>、<u>テトラブチルチタネート</u>及び……から選ばれたチタニウム系化合
物を含有するチタニウムの重量が最終ポリマーの重量に対し5～100ppmとな
るように使用し、……を特徴とする1,4-シクロヘキサンジメタノールが共重
合されたポリエステル樹脂の製造方法。

◇審決（訂正審判の審決）の内容
　(1)　「プロピル」および「ブチル」の意味
　プロピルとの用語は、狭義にはn-プロピルを表わし、広義にはn-プロピル
とi-プロピル（イソプロピル）の上位概念を表わす。また、ブチルとの用語は、
狭義にはn-ブチルを表わし、広義にはn-ブチル、i-ブチル（イソブチル）、s-

ブチル、および、t-ブチルの上位概念を表わす。本件発明における、プロピル（テトラプロピルチタネートのプロピル）およびブチル（テトラブチルチタネートのブチル）については、明細書の記載を参照しても狭義とも広義とも確定することができない。

そこで、これらの用語を両者ともに狭義と仮定した本件発明（「狭義発明」という）について判断し、また、いずれか一方または両者を広義と仮定した本件発明（「広義発明」という）についても判断する。

(2) 狭義発明の進歩性

狭義発明と引用発明は、狭義発明における触媒はテトラプロピルチタネート、テトラブチルチタネートから選ばれたチタニウム化合物であるのに対して、引用発明では、そのような特定がなされていない点で相違する（相違点1）。しかし、引用発明における触媒は狭義発明のテトラプロピルチタネート、テトラブチルチタネートと類似の構造を有しており、そのような触媒の使用は容易である（相違点2、3については省略）。

したがって、狭義発明は、刊行物1、2に記載された発明に基づいて当業者が容易に発明をすることができたものと認められる。

(3) 広義発明の進歩性

広義発明は狭義発明を含んでおり、狭義発明が刊行物1、2に記載された発明に基づいて当業者が容易に発明をすることができたものと認められる以上、広義発明も、刊行物1、2に記載された発明に基づいて当業者が容易に発明をすることができたものと認められる。

◆**裁判所の判断**

(1) 用語の意味

①明細書の発明の詳細な説明の記載を参酌しても、本件発明における「テトラプロピルチタネート」、「テトラブチルチタネート」に係る「プロピル」、「ブチル」については、狭義とも広義とも確定することができない。

②特許請求の範囲に記載された用語の技術的意義が、発明の詳細な説明の記載を参酌しても、一義的に明確に理解することができず、広義にも狭義にも解しうる場合には、当該発明の新規性及び進歩性について判断するに当たっては、用語を広義に解釈して判断するのが相当である。広義に解した場合の発明について、新規性及び進歩性が肯定されれば、狭義に解した場合には当然にこれらが肯定されるし、逆に、広義に解した場合の発明につ

18

いて、新規性又は進歩性が否定されるならば、もはや狭義に解した場合にそれらが肯定されるかどうかを検討するまでもなく、当該発明の新規性又は進歩性を認める余地はないからである。仮に狭義に解した場合に新規性及び進歩性が認められるとしても、それが広義にも解しうるものである以上、狭義に解した場合のみを前提に当該発明の特許性を肯定することができないことはいうまでもない。

③そうすると、本件発明における「テトラプロピルチタネート」、「テトラブチルチタネート」に係る「プロピル」、「ブチル」は、それぞれ、「n-プロピルとi-プロピルの上位概念」、「n-ブチル、i-ブチル、s-ブチル、及び、t-ブチルの上位概念」と解するべきである。

(2)　狭義発明についての進歩性判断について

狭義発明についての審決の判断に誤りがあるという原告の主張は、本件発明の要旨を狭義発明としてとらえることを前提にするものであるから、その前提を欠き、採用することができない。

(3)　広義発明についての進歩性判断について

①相違点1：本件発明における「テトラプロピルチタネート」、「テトラブチルチタネート」は、（広義に解釈すると）引用発明における触媒である「テトライソプロピルチタネート」、「テトライソブチルチタネート」を包含するものであるから、本件審決が狭義発明と引用発明との相違点の一つとした相違点1は、本件発明と引用発明との相違点とはならない。

②相違点2、3：省略

③以上から、本件審決の広義発明についての判断の誤りをいう原告の主張は理由がない。

◇考　察

(1)　本件においては、本件発明の用語が狭義にも広義にも解することができることでは、審決も判決も一致している。

しかし、進歩性の判断について、審決では、狭義に解釈しても進歩性が認められないから広義の場合も同様に進歩性が認められないと、両方について判断をしているのに対して、判決では、新規性・進歩性の判断においては広義に解釈して判断をすればよいと明確に断定し、広義の解釈に基づいて本件発明と引用発明との一致点、相違点の検討をして審決を維持した。

(2) 特許庁の審査基準においては、請求項の記載が明確でないが、明細書等の記載や技術常識によれば明確となる場合はそれらを考慮し、考慮しても請求項の記載が明確でないときは発明の認定は行わないとしている。これからすると、本件の場合、請求項の記載が明確でないから発明の認定を行わない場合に該当し、明細書の記載要件が問題となるともいえる。

　しかし、本件では、同じ用語がすでに訂正前の請求項5に記載されて特許されており、訂正によって請求項が不明確になったわけではなく、また、進歩性欠如によって独立特許要件を否定できることから、審決では、進歩性のみを判断したと考えられる。その際に、請求項の記載が広義に解釈できるのであれば、判決が判示するように、広義に解釈して新規性・進歩性を判断するのが通常の実務と考えられるが、本件の審決では慎重のために狭義の解釈での検討も行ったと考えられる。

　審査基準では、請求項の記載が広義にも狭義にも解される場合に、広義に解釈するとの記載はない。しかし、たとえば、請求項の記載が選択肢を含む場合であれば、その選択肢のひとつでも新規性または進歩性を欠く場合は、請求項に係る発明全体が新規性または進歩性を否定されることは審査基準に明記されている。本件の場合は、判決の判示のとおり、請求項の記載が広義にも解されるということは、その中に広義の場合と狭義の場合が含まれることであるから、広義の解釈で進歩性が否定されると、たとえ狭義に解釈すると進歩性があるとしても請求項に係る発明は進歩性が否定される。このことは、審査基準における選択肢についての考え方と一致しているといえる。

判決例1-3　PBPクレームの発明の要旨認定

平成24年（受）第2658号「プラバスタチンラクトン及びエピプラバスタチンを実質的に含まないプラバスタチンナトリウム、並びにそれを含む組成物」（最高裁第二小法廷平成27.6.5）（千葉勝美裁判長）
物の発明についての特許に係る特許請求の範囲にその物の製造方法が記載されている場合であっても、その発明の要旨は、当該製造方法により製造された物と構造、特性等が同一である物として認定されるものと解するのが相当であるとして、原判決を破棄した事例。

◇本件発明

【請求項1】　次の段階：

a)　プラバスタチンの濃縮有機溶液を形成し、

b)　そのアンモニウム塩としてプラバスタチンを沈殿し、

c)　再結晶化によって当該アンモニウム塩を精製し、

d)　当該アンモニウム塩をプラバスタチンナトリウムに置き換え、そして

e)　プラバスタチンナトリウムを単離すること、

を含んで成る方法によって製造される、プラバスタチンラクトンの混入量が0.5重量％未満であり、エピプラバの混入量が0.2重量％未満であるプラバスタチンナトリウム。

◇原判決（平成23年（ネ）第10057号大合議判決）の内容

　特許法104条の3は、「特許権又は専用実施権の侵害に係る訴訟において、当該特許が特許無効審判により無効にされるべきものと認められるときは、特許権者又は専用実施権者は、相手方に対しその権利を行使することができない。」と規定するが、同条に係る抗弁の成否を判断する前提になる発明の要旨は、特許無効審判請求手続において、特許庁（審判体）が、無効の有無を判断する前提とする発明の要旨と同様に認定されるべきである。

　そして、本件のように、「物の発明」であり、かつ、その特許請求の範囲にその物の「製造方法」が記載されている場合における「発明の要旨」についても、前述した特許権侵害訴訟における特許発明の技術的範囲の認定と同様に認定されるべきである。すなわち、①発明の対象となる物の構成を、製造方法によることなく、物の構造又は特性により直接的に特定することが出願時において不可能又は困難であるとの事情が存在するときは、特許請求の範囲に記載された製造方法に限定されることなく、「物」一般に及ぶと認定されるべきであるが、②上記①のような事情が存在するといえないときは、その発明の要旨は、記載された製造方法により製造された物に限定して認定されるべきである。

　この場合において、上記①のような事情が存在することを認めるに足りないときは、これを上記②の「特許請求の範囲に記載された方法により製造された物」に限定したものとして、当該発明の要旨を認定するのが相当である。

　そこで、本件発明において、上記「物の特定を直接的にその構造又は特性によることが出願時において不可能又は困難であるとの事情」が存在するか否かについて検討する。

……。

したがって、特許請求の範囲請求項1に記載された「プラバスタチンラクトンの混入量が0.5重量％未満であり、エピプラバの混入量が0.2重量％未満であるプラバスタチンナトリウム」には、その製造方法によらない限り、物を特定することが不可能又は困難な事情は存在しないと認められる。

以上のとおりであるから、本件発明の要旨は、特許請求の範囲の記載どおり、製法により製造された物に限定され、次のとおりとなる。……。

◇裁判所（最高裁判所）の判断

(1) 特許発明の要旨

願書に添付した特許請求の範囲の記載は、これに基づいて、……、同法29条等所定の特許の要件について審査する前提となる特許出願に係る発明の要旨が認定される（最高裁昭和62年（行ツ）第3号平成3年3月8日第二小法廷判決・民集第45巻3号123頁参照）という役割を有しているものである。そして、特許は、物の発明、方法の発明又は物を生産する方法の発明についてされるところ、特許が物の発明についてされている場合には、その特許権の効力は、当該物と構造、特性等が同一である物であれば、その製造方法にかかわらず及ぶこととなる。

したがって、物の発明についての特許に係る特許請求の範囲にその物の製造方法が記載されている場合であっても、その発明の要旨は、当該製造方法により製造された物と構造、特性等が同一である物として認定されるものと解するのが相当である。

(2) 特許発明の明確性

特許法36条6項2号によれば、特許請求の範囲の記載は、「発明が明確であること」という要件に適合するものでなければならない。特許制度は、発明を公開した者に独占的な権利である特許権を付与することによって、特許権者についてはその発明を保護し、一方で第三者については特許に係る発明の内容を把握させることにより、その発明の利用を図ることを通じて、発明を奨励し、もって産業の発達に寄与することを目的とするものであるところ（特許法1条参照）、同法36条6項2号が特許請求の範囲の記載において発明の明確性を要求しているのは、この目的を踏まえたものであると解することができる。

この観点からみると、物の発明についての特許に係る特許請求の範囲にその物の製造方法が記載されているあらゆる場合に、その特許権の効力が当該製造

方法により製造された物と構造、特性等が同一である物に及ぶものとして発明の要旨を認定するとするならば、これにより、第三者の利益が不当に害されることが生じかねず、問題がある。すなわち、物の発明についての特許に係る特許請求の範囲において、その製造方法が記載されていると、一般的には、当該製造方法が当該物のどのような構造若しくは特性を表しているのか、又は物の発明であってもその発明の要旨を当該製造方法により製造された物に限定しているのかが不明であり、特許請求の範囲等の記載を読む者において、当該発明の内容を明確に理解することができず、権利者がどの範囲において独占権を有するのかについて予測可能性を奪うことになり、適当ではない。

　他方、物の発明についての特許に係る特許請求の範囲においては、通常、当該物についてその構造又は特性を明記して直接特定することになるが、その具体的内容、性質等によっては、出願時において当該物の構造又は特性を解析することが技術的に不可能であったり、特許出願の性質上、迅速性等を必要とすることに鑑みて、特定する作業を行うことに著しく過大な経済的支出や時間を要するなど、出願人にこのような特定を要求することがおよそ実際的でない場合もあり得るところである。そうすると、物の発明についての特許に係る特許請求の範囲にその物の製造方法を記載することを一切認めないとすべきではなく、上記のような事情がある場合には、当該製造方法により製造された物と構造、特性等が同一である物として発明の要旨を認定しても、第三者の利益を不当に害することがないというべきである。

　以上によれば、物の発明についての特許に係る特許請求の範囲にその物の製造方法が記載されている場合において、当該特許請求の範囲の記載が特許法36条6項2号にいう「発明が明確であること」という要件に適合するといえるのは、出願時において当該物をその構造又は特性により直接特定することが不可能であるか、又はおよそ実際的でないという事情が存在するときに限られると解するのが相当である……。

（3）　原判決について

　物の発明についての特許に係る特許請求の範囲にその物の製造方法が記載されている場合において、そのような特許請求の範囲の記載を一般的に許容しつつ、その発明の要旨は、原則として、特許請求の範囲に記載された製造方法により製造された物に限定して認定されるべきものとした原審の判断には、判決に影響を及ぼすことが明らかな法令の違反がある。論旨は理由があり、原判決

は破棄を免れない。そして、本判決の示すところに従い、本件発明の要旨を認定し、更に本件特許請求の範囲の記載が上記4(2)の事情が存在するものとして「発明が明確であること」という要件に適合し認められるものであるか否か等について審理を尽くさせるため、本件を原審に差し戻すこととする。

◇考　察

(1)　原判決は、発明の要旨認定についてはいわゆる製法限定説をとったが、最高裁判決は、「物の発明についての特許に係る特許請求の範囲にその物の製造方法が記載されている場合、その発明の要旨は、当該製造方法により製造された物と構造、特性等が同一である物として認定されるものと解するのが相当である」として、いわゆる物同一説をとった。

(2)　最高裁判決は、「物の発明についての特許に係る特許請求の範囲において、その製造方法が記載されていると、一般的には、当該製造方法が当該物のどのような構造若しくは特性を表しているのか、又は物の発明であってもその発明の要旨を当該製造方法により製造された物に限定しているのかが不明」として、「物の発明についての特許に係る特許請求の範囲にその物の製造方法が記載されている場合において、当該特許請求の範囲の記載が特許法36条6項2号にいう『発明が明確であること』という要件に適合するといえるのは、出願時において当該物をその構造又は特性により直接特定することが不可能であるか、又はおよそ実際的でないという事情が存在するときに限られると解するのが相当である」としている。逆にいえば、「物のどのような構造若しくは特性を表しているのか」が技術常識を有する当業者に明確に理解できるのであれば、「物の発明についての特許に係る特許請求の範囲にその物の製造方法が記載されている場合」にはそもそも当たらないということになる。特許・実用新案ハンドブック第Ⅱ部第2章2204の3.の類型(2)「単に状態を示すことにより構造又は特性を特定しているにすぎない場合」はこれに当たる。

(3)　「出願時において当該物をその構造又は特性により直接特定することが不可能であるか、又はおよそ実際的でないという事情」が存在し、「特許請求の範囲の記載が特許法36条6項2号にいう『発明が明確であること』という要件に適合する」とされた場合の要旨認定を実際どのようにするかについては、事案によっては今後問題となることがあるのではないか。

判決例1-4　公然知られた発明の認定

平成30年（行ケ）第10023号「研磨用クッション材」（知財高裁平成31.3.14）
（大鷹一郎裁判長）

公然知られた発明の認定に誤りがあるとして、特許取消決定を取消した事例。

◇本件発明

【請求項3】発泡シートと合成樹脂非発泡シートとが積層一体化されてなる
積層シートと、前記積層シートの一方の面に積層一体化されてなる粘着剤層と
を有する研磨用クッション材であって、

　前記積層シート（中央部を含む領域に貫通孔を有する積層シートを除く）は、
厚みが0.3〜3.0mmであり、密度が450〜600kg/m^{3}であり、引張強さが
1.0〜2.0MPaであり、伸びが140〜160％であり、ショアA硬度が25〜40であ
り、及び25％圧縮応力が0.30〜0.50MPaであることを特徴とする研磨用クッ
ション材。

◇審決の内容

　上記商品名「ニッパレイEXT」は、同じN社製の高機能薄物ポリウレタン
シートである商品名「ニッパレイEXG」とともに、CMP用研磨パッドのバッ
ククッション材として用いられるポリウレタンシートであって、例えば、引用
文献4の商品名「ニッパレイ」のカタログで確認すると、上記「ニッパレイ
EXT」が上記「ニッパレイEXG」と並んで示されており、これがガラスおよ
びCMP用研磨パッドのクッション材として最適なものであることも記載され
ていることから、本件特許の出願日前に少なくとも日本国内で公然知られた
（特許法29条2項の「前項各号に掲げる発明」のうち同法同条1項1号に該当）
ものである。

　そして、上記公知発明の「ニッパレイEXT」は、本件特許発明でも研磨用
クッション材の発泡シートの実施例2として用いられ、本件特許明細書の
【0106】で「非発泡のポリエチレンテレフタレート（PET）シート（厚さ50μ
m）上にポリウレタン系樹脂発泡シートが積層一体化されてなる積層シート」
と説明されているところ、引用文献4の「ニッパレイ」のカタログの作成元で
あるN社に問い合わせると、ニッパレイEXTは上記「ニッパレイEXG」に
PETフィルム（シート）を合わせて2層構造としたものであることが確認で

きた。また、引用文献5の商品名「NIPPALAY」のカタログには、「ニッパレイ EXG」がウレタンフォームで構成されマイクロセル構造で表面に緻密なスキン層を有することが示されており、ニッパレイ EXG が発泡ポリウレタンシートであることも裏付けられている。

……。

そして、引用文献4のカタログでは、ニッパレイ EXT の物性値につき、「引張強さ」、「伸び」及び「A 硬度」の項目について数値が記載されていない。しかし、引用文献4のカタログには、上記ニッパレイ EXG の物性値として、……、引張強さが1.5MPa、伸びが150%、ショア A 硬度が32、及び……が記載されており、ニッパレイ EXT は、上記のとおりニッパレイ EXG に単に50 μm 厚の PET フィルムを沿わせて構成しただけのものであるから、上記数値の記載されていない項目については、ニッパレイ EXG と同じく、引張強さが1.5MPa、伸びが150%、ショア A 硬度が32とみて差し支えないものと認められる。このことは、本件特許明細書の【0120】【表1】で実施例1及び2がほぼ同じ数値を有していることからも明らかである。

そうすると、上記公知発明は、以下のとおり認定することができる。

「発泡ポリウレタンシートと PET フィルムとが積層一体化されてなる積層シートであって、前記積層シートは、厚みが0.8mm 又は1.0mm であり、密度が550kg/m^{3}であり、引張強さが1.5MPa であり、伸びが150%であり、ショア A 硬度が32であり、及び25%圧縮応力が0.4MPa である CMP 用研磨パッドのバッククッション材として用いられる積層シート」。

◇裁判所の判断

(1) カタログの記載事項

……、①N 社製のニッパレイ EXT 及びニッパレイ EXG は本件出願前（出願日平成23年10月7日）から、製造販売されていたこと、②ニッパレイ EXT 及びニッパレイ EXG は、CMP 用研磨のクッション材として使用できること、③ニッパレイ EXG は、「ウレタンフォーム」から構成されていること、④ニッパレイ EXT の物性値は、「厚み」が「0.8/1.0」mm、「密度」が「550」kg/m^{3}及び「引張強さ」が「0.4」MPa であることが認められる。

一方で、甲4及び甲5のカタログには、ニッパレイ EXT の具体的な構造の記載はなく、ニッパレイ EXT とニッパレイ EXG との構造上の関係についての記載もない。もっとも、……、甲5のカタログにニッパレイ EXT 及びニッ

パレイ EXG のサンプルが貼付されていた事実は認められるが、サンプルの具体的な構造については、甲 4 及び甲 5 のカタログから認定することはできない。

　(2)　被告（特許庁）の主張について

ア．構造について

　被告は、本件決定は、本件明細書の「実施例 2 」記載のニッパレイ EXT が「非発泡のポリエチレンテレフタレート（PET）シート（厚さ50μm）上にポリウレタン系樹脂発泡シートが積層一体化されてなる積層シート」【0106】という構造を有していることを、甲 5 のカタログを参照し、N 社に問い合わせて確認して認定したものであり、本件決定の認定に誤りはない旨主張する。

　しかしながら、当業者は、本件出願前に、本件出願後に公開された本件明細書に接することはできないから、ニッパレイ EXT が本件明細書の記載のとおりの構造を有しているかどうかを確認することはできない。

　また、本件においては、本件決定の合議体が、本件決定をするに当たり、N 社に対してどのような方法で問合せをし、どのような回答が得られたのか、その問合せ方法が、行政庁等の公的機関とは異なる一般の第三者でも採り得る通常の方法であることを認めるに足りる証拠はない。もっとも、被告が本件訴訟提起後に N 社にした問合せに対する同社の回答を記載した本件回答書（乙 2 の 1 ）には、ニッパレイ EXT は、「PET の上に EXG を一体発泡させたものが EXT です。（厚さは違いますが）」との記載がある。この記載によれば、ニッパレイ EXT は、上記構造を有しているものと認められるが、本件回答書の記載事項は被告が本件出願後に取得した情報であって、一般の第三者が本件出願前に知り得た情報であるとは直ちにはいえない。

　加えて、……、甲 5 のカタログには、ニッパレイ EXT や貼付されたサンプルの具体的な構造についての記載がないのみならず、当業者が、貼付されたサンプルを視認し、又は自ら測定することにより、ニッパレイ EXT の上記構造を知り得たことを認めるに足りる証拠はなく、ましてやニッパレイ EXT が、PET フィルム上にニッパレイ EXG が積層一体化されてなる積層シートであることを知り得たことを認めるに足りる証拠はない。

　以上によれば、被告主張の本件決定における上記認定手法は相当とはいえず、本件においては、ニッパレイ EXT が「非発泡のポリエチレンテレフタレート（PET）シート（厚さ50μm）上にポリウレタン系樹脂発泡シートが積層一体化されてなる積層シート」という構造を有していることが本件出願前に公然知

られ得る状態にあったことを認めるに足りる証拠はない。

イ．物性値について

　被告は、本件決定は、ニッパレイ EXT の物性値のうち、「引張強さ」、「伸び」及び「ショア A 硬度」については、甲5のカタログに記載がないが、ニッパレイ EXT は、ニッパレイ EXG の片面に50 μm 厚の PET フィルムを沿わせて構成しただけのものと認められるので、甲5のカタログ記載のニッパレイ EXG の「引張強さ」、「伸び」及び「ショア A 硬度」と同じであるとみて差し支えないと考え、ニッパレイ EXG の各数値に基づいて、本件明細書の「表1」記載のとおりであることを確認して認定したものであり、本件決定の認定に誤りはない旨主張する。

　しかしながら、……、当業者が、本件出願前にニッパレイ EXT が、PET フィルム上にニッパレイ EXG が積層一体化されてなる積層シートであることを知り得たことを認めるに足りる証拠はない。

　また、仮に被告が主張するように当業者がニッパレイ EXT の上記構造を知り得たとしても、……、当業者は、本件出願前に、本件出願後に公開された本件明細書に接することはできないから、ニッパレイ EXT が本件明細書の記載のとおりの物性値を有していることを確認することはできない。

　かえって、甲5のカタログに接した当業者においては、ニッパレイ EXG については6項目の物性値の全てについて記載があるのに、ニッパレイ EXT については、6項目のうち、「引張強さ」、「伸び」及び「A 硬度　Shore-A」が空欄となっているのは、これらの物性値は測定できないか、あるいはニッパレイ EXG の物性値とは異なるものであると認識するというべきである。また、ニッパレイ EXG のようなポリウレタン系樹脂発泡シートはスポンジ状で柔軟な性質を有するのに対し、PET フィルムは結晶性樹脂であるため強靱性を有し、各種ベースフィルムとして用いられること、異なる物性の材料を積層した積層体は、その構成部材の性質や状態によって全体としての物性が変化し得るものであることは、本件出願当時の技術常識であったものと認められる（甲26）。かかる技術常識を踏まえると、甲5のカタログに接した当業者においては、ニッパレイ EXT の「引張強さ」、「伸び」及び「ショア A 硬度」については、ポリウレタン系樹脂発泡シートであるニッパレイ EXG の各数値と同じ値であることを理解するものとはいえない。

　以上によれば、本件決定におけるニッパレイ EXT の物性値の「引張強さ」、

「伸び」及び「ショアA硬度」の各数値の上記認定手法は相当とはいえず、これらの各数値が、甲5のカタログ記載のニッパレイEXGの値と同じ値であることが、本件出願時に公然知られ得る事項であったと認めることはできない。

ウ．まとめ

　以上のとおり、ニッパレイEXTが「非発泡のポリエチレンテレフタレート（PET）シート（厚さ50μm）上にポリウレタン系樹脂発泡シートが積層一体化されてなる積層シート」という構造を有していることが本件出願前に公然知られ得る状態にあったことを認めることはできない。また、仮にニッパレイEXTの上記構造が公然知られ得る状態にあったとしても、ニッパレイEXTの物性値のうち、「引張強さ」、「伸び」及び「ショアA硬度」が、甲5のカタログ記載のニッパレイEXGの値と同じ値であることが、本件出願前に公然知られ得る状態にあったものと認めることはできない。

　したがって、本件決定認定の本件公知発明のうち、少なくとも「引張強さ」、「伸び」及び「ショアA硬度」の認定に誤りがあるというべきであるから、本件決定における本件公知発明の認定は誤りである。

◇考　察

(1)　判決は、従来からの「公然知られた発明」（「不特定の者に秘密でないものとしてその内容が知られた発明」〔特許・実用新案審査基準第Ⅲ部第2章第3節3.1.3〕）の認定の仕方を変更するものではないと思われる。

(2)　この事例の特徴は、異議決定の合議体自身が「N社に問い合わせて確認して」公知発明を認定したものの、その認定手法が裁判所に妥当でないとされた点にある。裁判所は、「本件決定の合議体が、本件決定をするに当たり、N社に対してどのような方法で問合せをし、どのような回答が得られたのか、その問合せ方法が、行政庁等の公的機関とは異なる一般の第三者でも採り得る通常の方法であることを認めるに足りる証拠はない」、N社への問合せに対する回答は異議決定の合議体が「本件出願後に取得した情報であって、一般の第三者が本件出願前に知り得た情報であるとは直ちにはいえない」、「被告主張の本件決定における上記認定手法は相当とはいえず」として、異議決定の合議体の手法を排斥した。裁判所が最終的にどう判断するかはともかく、少なくとも異議決定の合議体は「本件出願前の当業者が知り得た」といえるようにしておくべきであったとはいえるであろう。

判決例1-5　公然実施された発明の認定

平成27年（行ケ）第10069号「棒状ライト」（知財高裁平成28.1.14）（設樂隆一裁判長）

外部からわからなくても、分解、分析することによって知ることができる場合も公然実施となると判断された事例。

◇本件発明

　【請求項1】……前記胴体部と連結し、側面に孔部を備える手でつかむための保持部と、……前記保持部の内部であって、前記孔部に隣り合うように設けられた、前記発光部が発する熱を散熱する散熱部とを有し……棒状ライト。

◇審決の内容

　無効審判請求人（原告）によって、本件特許の出願前に販売されたとする本件特許の特許権者自身が製造販売した製品（本件製品）が提出された。

　審決は、その製品が本件特許出願前に販売されていたことを認定し、さらに、分解しなければ分からない上記下線部の構成（構成F）についても、本件製品の購入者に対して分解を禁止したり守秘義務を生じさせないとして、本件製品についての公然実施を認め、本件特許を無効とした。

◇原告の主張

　原告は、本件特許の出願日前に、本件製品を販売していた。

　しかし、本件製品の構成Fは本件製品を破壊しなければ知ることができない。本件製品のパッケージ裏面には「意図的に分解・改造したりしないでください。破損、故障の原因となります。」との記載があり、これにより、本件製品の分解が禁じられていた。

　購入者は、社会通念上、この禁止事項を守るべきであり、警告を無視する悪意の人物を想定し、本件製品の破壊により分解しなければ知ることができない構成Fについて「知られるおそれがある」と判断することは特許権者である原告に酷である。

◇裁判所の判断

　特許法29条1項2号にいう「公然実施」とは、発明の内容を不特定多数の者が知り得る状況でその発明が実施されることをいうものである。

　本件のような物の発明の場合には、商品が不特定多数の者に販売され、かつ、

当業者がその商品を外部から観察しただけで発明の内容を知り得る場合はもちろん、外部からはわからなくても、当業者がその商品を通常の方法で分解、分析することによって知ることができる場合も公然実施となる。

本件製品の構成Fについても、本件製品の保持部分を分解することにより知ることができるものと認められる。

そして、本件製品が販売されるに当たり、その購入者に対し、本件製品の構成を秘密として保護すべき義務又は社会通念上あるいは商慣習上秘密を保つべき関係が発生するような事情を認めるに足りる証拠はない。

本件製品のパッケージ裏面の記載は、その記載内容等に照らすと、意図的な分解・改造が本件製品の破損、故障の原因となることについて購入者の注意を喚起するためのものにすぎないといえる。

本件製品のパッケージ裏面の意図的な分解・改造が破損、故障の原因となる旨の記載により、この記載を看取した購入者がそれでもなお意図して本件製品を分解し、本件製品を破損・故障させるなどした場合については、販売者等に対し苦情を申し立てることができないということはあるとしても、この記載を看取した購入者に本件製品の構成を秘密として保護すべき義務を負わせるものとは認められず、そのような法的拘束力を認めることはできない。また、上記記載があるからといって、社会通念上あるいは商慣習上、本件製品を分解することが禁止されているとまでいうことはできず、秘密を保つべき関係が発生するようなものともいえない。

◇考　察

(1)　「公然実施をされた発明」とは、その内容が公然知られる状況又は公然知られるおそれのある状況で実施をされた発明をいい、「公然実施をされた発明」は、通常、機械、装置、システム等を用いて実施されたものであることが多い。そして、発明が機械、装置の内部構造に関するものである場合、機械、装置の使用によっても内部構造を知ることができない場合ならば、その発明が公然と実施されたとはいえないが、本件のように、機械、装置を通常の方法で分解することによって知ることができる場合は、その発明は公然と実施された発明であるということができる。

(2)　本件における公然実施された発明の認定については、審決及び判決の考え方が妥当であるといえる。

判決例1−6　特許図面からの引用発明の認定1

平成21年（行ケ）第10002号「外径1.6mm の灌流スリーブ」（知財高裁平成21.6.24）（塚原朋一裁判長）

特許出願に際して願書に添付された図面は設計図ではなく、特許を受けようとする発明の内容を明らかにするための説明図にとどまり、これによって当該部分の寸法や角度等が特定されるものではないとして、図面から灌流スリーブの外形寸法を認定した審決を取り消した事例。

◇本件発明

【請求項1】　外形寸法（図面）が1.40mm 以上1.72mm 以下の灌流スリーブ。

本願発明

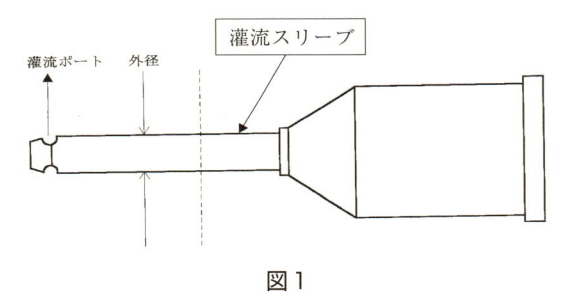

図1

◇審決の内容

　引用例には、寸法について単位が明記されていないが、ダブルクォート（"）を付して記載されているから、インチであると認められる。そして、1インチ＝25.4mm であるから、引用発明の各寸法を mm に換算すると、灌流スリーブの内径寸法は1.524mm、ステントの外径寸法は1.651mm である。

　そうすると、引用発明におけるスリーブの末端部分の外径寸法は、当然内径寸法よりも大きいから1.524mm 以上であり、ステントの外径寸法よりも小さいから1.651mm 以下の範囲にあることになり、本願発明の灌流スリーブの外径寸法である1.40mm 以上1.72mm 以下に含まれることは明らかである。……

　本願発明の用語を用いて表現すると、両者は「外径寸法が1.40mm 以上1.72mm 以下である灌流スリーブ」である点で一致し、相違点はない。

◇引用刊行物

引用文献（国際公開98/16155号）

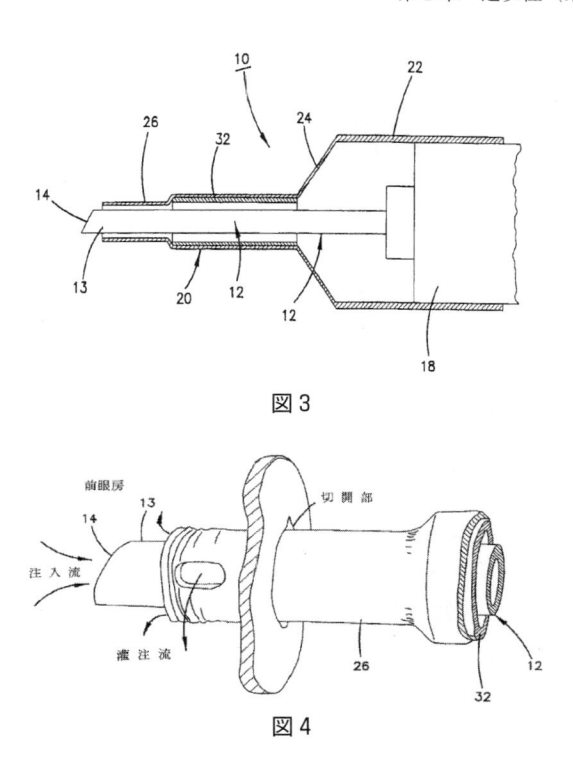

図3

図4

　スリーブ20、ステント32（ステントの肉厚は0.001ないし0.020の範囲、典型的には0.005〔インチ〕）

　ステントの内径は、典型的な数字から計算すると、1.397mm となる。

◇裁判所の判断

　特許出願に際して願書に添付された図面は設計図ではなく、特許を受けようとする発明の内容を明らかにするための説明図にとどまり、同図上に、当業者に理解され得る程度に技術内容が明示されていれば足り、これによって当該部分の寸法や角度等が特定されるものではない。

　本件では、ステントの内径寸法は、通常、スリーブの末端部分の内径寸法より小さい1.397mm となるべきところ、引用例の図3では、ステントの内径がスリーブの末端部分の内径よりも大きく図示されている。以上を前提とすると、引用例上の図面が、部材の大小関係を正確に踏まえて作成されたか否かは不明といわざるを得ず、このような図面のみに基づいて、引用例における部材の大小関係を認定することは適切ではない。

特許法第29条1項3号所定の「刊行物に記載された」というためには、当業者がその刊行物を見れば、特別の思考を要することなく実施し得る程度にその内容が開示されている必要がある。

◇**考　察**

(1)　本件は、引用発明の部材の寸法を図面のみから認定した審決が取り消された事例である。

(2)　本件判決のように、特許出願に際して願書に添付された図面は設計図ではなく、特許を受けようとする発明の内容を明らかにするための説明図にとどまり、同図上に、当業者に理解されうる程度に技術内容が明示されていれば足り、これによって当該部分の寸法や角度等が特定されるものではないとの考え方は、裁判所において通常認められている考え方である。

(3)　このような判決例は他に、平成18年（行ケ）第10342号「一般に、特許出願や実用新案登録出願の願書に添付される図面は、明細書を補完し、特許（実用新案登録）を受けようとする発明（考案）に係る技術内容を当業者に理解させるための説明図にとどまるものであって、設計図と異なり、当該図面に表示された寸法や角度、曲率などは、必ずしも正確でなくても足り、もとより、当該部分の寸法や角度、曲率などがこれによって特定されるものではないというべきである」、平成12年（行ケ）第323号「特許明細書の図面は、発明の理解を補助するために模式的に記載されるものであり、必ずしも実寸法に比例して記載されるとも限らないものであるから、図面の記載のみから寸法の大小を比較することはできないというべきである」、平成8年（行ケ）第42号「特許図面は、説明のために記載されるもので、設計図面とは相違して、寸法や角度は確定できない」がある。

判決例1-7　特許図面からの引用発明の認定2
平成22年（行ケ）第10381号「エレベータおよびエレベータのトラクションシーブ」（知財高裁平成23.7.25）（中野哲弘裁判長）
技術常識を参酌して、特許図面からでも大小関係を認定することができると判断された事例。

◇本件発明

【請求項9】実質的に円形の断面を有する複数の巻上ロープ用に設計されたエレベータのトラクションシーブは、該巻上ロープに対するコーティングを有し、該コーティングは該トラクションシーブに直接接着されていて綱溝を構成し、該コーティングは、該綱溝の底部において該綱溝を走行するロープの太さの半分より実質的に小さい厚さを有するトラクションシーブにおいて、前記コーティングは、約100shoreA より小さく約60shoreA より大きい硬さと前記該綱溝の底部において最小で約0.5mm、最大で約2 mm の厚さとを有することを特徴とするエレベータのトラクションシーブ。

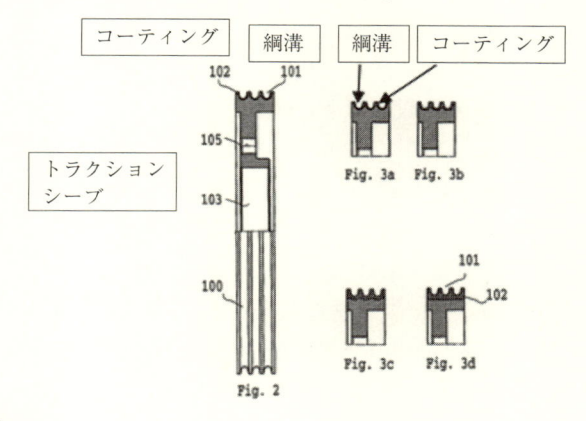

Fig. 2

◇審決の内容

審決における引用発明の認定

「……コーティングは、綱溝の底部において該綱溝を走行するロープの太さの半分より実質的に小さい厚さを有するトラクションシーブ」。

◇引用刊行物

従来例

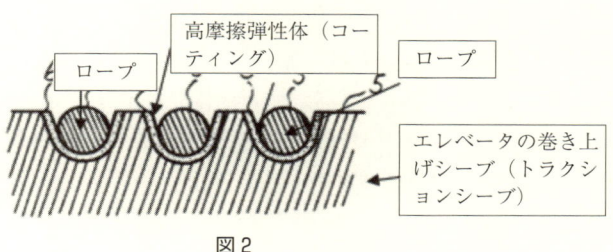

図2

課題を解決した考案

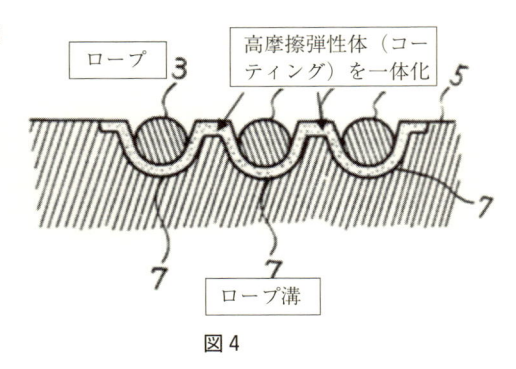

図4

◇争　点

　引用刊行物記載の第2図、第4図をもって、引用発明のコーティングは、「ロープの太さの半分より実質的に小さい厚さを有する」と認定できるか否か。

◇裁判所の判断

　原告は、審決が、引用例の第2図、第4図の記載に基づいて、引用発明のコーティングが「吊ロープ3の太さの半分より実質的に小さい厚さを有する」と認定したことが誤りである旨主張する。

　確かに、引用例において、「高摩擦弾性体6」又は「高摩擦弾性体8」が「吊ロープ3」の太さの半分より実質的に小さいか否かについては、特段の記載がない。

　そして、特許出願に係る図面は、設計図面のように具体的な寸法などが正確に描かれるものではないので、審決が、引用例の第2図、第4図の記載のみから、引用発明におけるコーティングが「吊ロープ3の太さの半分より実質的に小さい厚さを有する」といった具体的な定量的事項を認定したことは妥当でない。

　もっとも、特許出願に係る図面も、技術文献の図面である以上、概略的かつ定性的な事項については大きな誤りはなく記載されているというべきであって、単なる大小関係等については十分に読み取ることができるところ、引用例の第2図、第4図からすれば、「高摩擦弾性体」が十分に薄いことが読み取れる。

　また、引用例の「高摩擦弾性体6」は巻上シーブ5の溝にコーティングされるものであって、表面を処理するという「コーティング」の性質上、「吊ロープ3の太さの半分」との大小関係はともかく、十分に薄いものというべきである。

　そして、本願発明における「ロープの太さの半分より実質的に小さい厚さ」を有するとの事項は、コーティングが十分に薄いこと、すなわち薄さの程度を概略的に規定したものにすぎない。

　そうすると、審決の認定は、引用発明において「高摩擦弾性体6」又は「高摩擦弾性体8」が「吊ロープ3」の太さに比べ十分に薄いものであるとする限度において、誤りはない。

◇考　察

(1)　判決は、従来からの考え方に従って、特許出願に係る図面は、設計図面のように具体的な寸法などが正確に描かれるものではないので、審決が、引用例の第2図、第4図の記載のみから、具体的な定量的事項を認定したことは妥当でないとしたが、コーティング層が薄いものであることが技術常識であるから、図面に示されたコーティング層はロープ太さの半分より薄いことは認定できると判示した。

(2)　特許図面は、特許を受けようとする発明を説明するためのものであるから、正確な寸法で記載されたものではないというのは、判決では定着してきているが、事案の図面内容によっては、相対的な大小関係が認められる場合はあり得るのであり、この判決は、その一例を判示したものである。

判決例1-8　実験による裏付けがない場合の引用発明の認定

平成17年（行ケ）第10605号「甲殻類養殖飼料用添加物」（知財高裁平成18.6.7）（塚原朋一裁判長）
引用例に記載の事項を認定するためには実験による裏付けがなされなければならないものではないとして、魚の餌の補充剤に関する引用発明に基づいて本件発明の進歩性を否定した審決を維持した事例。

◇本件発明

(1)　特許請求の範囲
【請求項1】　アスコルビン酸活性を示す有効成分としてL-アスコルビン酸-2-リン酸エステルの塩類を含有することを特徴とする甲殻類養殖用ペレット飼料用添加物。

　甲殻類の養殖用飼料に必要なアスコルビン酸について、飼料の製造工程やその後の保存において安定に保つことができ、かつ水産甲殻類に対してアスコルビン酸活性（注：ビタミンＣ活性）を十分に発現できるようにした甲殻類養殖飼料用添加物を提供する。

◇審決の内容

　(1)　引用発明の認定

　引用例には「有効成分としてＬ-アスコルビン酸-２-リン酸エステルの塩類を含有する、アスコルビン酸活性を有する魚の餌の補充剤」（「引用発明」）が実質的に記載されている。

　(2)　相違点

相違点１：水産養殖の対象が、本件発明では甲殻類の養殖であるのに対して、引用発明では魚の養殖である点。

　(3)　相違点１についての判断

　甲殻類の養殖と魚類の養殖は近接した関係にあり、飼料の共用や転用が広く行われている（甲６、８、11、12、13）。また、エビ類の飼料にはビタミンＣを添加することが必要である（甲10、15）。そうすると、引用例に接した当業者は、甲殻類の養殖において、引用発明の塩類を餌の補充剤として用いれば、甲殻類に不足するビタミンＣ、すなわちＬ-アスコルビン酸を補えるであろうことを予測するものであり、また実際にその効き目を試すものといえるから、相違点１の構成に格別の困難性はない。

　(4)　結　論

　本件発明は、引用発明および周知技術に基づいて当業者が容易に想到しえたものである。

◇争　点

　原告が主張した主な争点は、次のとおりである。

　(1)　審決の引用発明の認定が誤りか否か

　引用例には、「Ｌ-アスコルビン酸の２-ホスフェート及び２-サルフェート誘導体類は動物中でビタミン活性を示し、動物によって有用な安定なビタミンＣ誘導体とされ、このものは例えば魚の餌の補充剤として用いられることが知られている」と記載されており、原告は、この記載から「Ｌ-アスコルビン酸-２-リン酸エステルの塩類を含有する魚の餌の補充剤が実質的に記載されている」

と認定したのは誤りであると主張した。また、引用例（特許出願公開公報）の出願以前にL-アスコルビン酸の2-ホスフェートを魚の餌に使用した実例や実験の報告はないことから、魚の餌の補充剤として用いられることが知られているとの引用例の記載は事実ではないとも主張した。

(2)　審決の相違点1の判断が誤りか否か

引用例には、モルモットの実験例しか記載されておらず、原告は、モルモットの例から類推されたにすぎない魚の餌の補充剤に関する記載を根拠として、さらに甲殻類に対する類推を行うべきでないと主張した。

◇裁判所の判断

(1)　引用発明の認定

①引用例の「魚の餌の補充剤として用いられることが知られている」との記載は、L-アスコルビン酸-2-リン酸エステルの塩類を魚の餌の補充剤として用いることができることを前提とし、さらにそのことが当業者の間で知られていることを意味する記載であり、同記載に基づいて、引用例には「有効成分としてL-アスコルビン酸-2-リン酸エステルの塩類を含有する、アスコルビン酸活性を有する魚の餌の補充剤」が記載されているとした審決の認定に誤りはない。

②引用例に記載された事項を認定するためには、その事項について引用例の中で実験による裏付けがなされなければならないものではなく、他の刊行物等に同様の実例や裏付けとなる実験が記載されていることを要するものでもない。また、引用例の記載が、事実に反し、又は明らかに不合理であると認めるに足る証拠もない。

(2)　相違点1の判断

①引用例には、ⅰ）L-アスコルビン酸-2-リン酸エステルの塩類が、動物中でビタミン活性を示し、動物によって有用かつ安定したビタミンC誘導体とされること、ⅱ）L-アスコルビン酸-2-リン酸エステルの塩類は、ホスフェートエステル基を開裂する酵素が動物の消化系に存在することから、ほとんど全ての動物中でビタミン活性を示すと考えられること、ⅲ）L-アスコルビン酸の2-ホスフェート及び2-サルフェート誘導体類の有用な用途として、魚の餌の補充剤が当業者に知られていることが記載されている。

引用例にいう「動物」の意義は、特に限定されていない以上、甲殻類も

含まれることは明らかである。そうすると、引用例には、L-アスコルビン酸-2-リン酸エステルの塩類が、甲殻類にとっても有用かつ安定的なビタミン誘導体となり、その体内においてビタミン活性を示すことが示唆されているというべきである。

②引用例には、L-アスコルビン酸-2-リン酸エステルの塩類がほとんどすべての動物中で活性を示すことが示唆されているのであるから、引用例に接した当業者は、引用例に甲殻類又は甲殻類と動物系統上の位置が近接した動物に対する実験例が記載されていないとしても、L-アスコルビン酸-2-リン酸エステルの塩類を甲殻類の養殖飼料として使用し得ることを合理的に理解し得るというべきである。

③甲殻類の養殖用飼料と魚の養殖用飼料とは極めて近接した関係にあることに照らすと、L-アスコルビン酸-2-リン酸エステルの塩類を魚の餌の補充剤として使用し得る旨の引用例の記載に接した当業者は、この塩類を甲殻類の餌の補充剤として使用することを容易に発想し得るというべきである。

◆考　察

特許庁の審査基準においては、刊行物に記載された発明（引用発明）とは、刊行物に記載されている事項および記載されているに等しい事項（本願出願時の技術常識を参酌することで導き出せる事項）から、当業者が把握できる発明をいうとしている。

また、刊行物が、多数の組み合わせとなる選択形式であるマーカッシュ形式の記載であるときは、選択肢中のいずれかひとつを特定した発明を当業者が把握することができるかを検討する必要があるとしており、多数の組み合わせが形式的に記載されているだけでは、刊行物に記載されている事項とも記載されているに等しい事項ともいえないことを示唆している。さらに、記載されているに等しい事項としない例として、昭和55年（行ケ）第12号判決を摘記している。この判決においては、引用例に記載されている「フェノール樹脂」について、実施例のひとつからの類推と該当する技術分野の普通の使用からみて、引用例には溶媒に不溶なフェノール樹脂を使用することが示されているに止まり、溶媒に可溶なものを選定すべきことを示す記載があるとすることはできないとしている。

本件は、引用発明として認定できる場合を示した参考になる判決といえる。

判決例1-9　再実験による引用発明の認定

平成24年（行ケ）第10221号「洗浄剤組成物」（知財高裁平成25.2.27）（飯村敏明裁判長）

再現実験によって引用発明のpHは本件発明のpHと一致すると認めた事例。

◇本件発明

【請求項1】　①アスパラギン酸二酢酸塩類及び／またはグルタミン酸二酢酸塩類、②グリコール酸塩、及び③陰イオン界面活性剤及び／又は非イオン界面活性剤を主成分とし、③陰イオン界面活性剤及び／または非イオン界面活性剤1重量部に対してアスパラギン酸二酢酸塩類及び／またはグルタミン酸二酢酸塩類が0.01〜1重量部、かつアスパラギン酸二酢酸塩類及び／またはグルタミン酸二酢酸塩類1重量部に対してグリコール酸塩が0.01〜0.5重量部含有され、pHが10〜13であることを特徴とする洗浄剤組成物。

（本件発明の作用効果）

本件発明の洗浄剤組成物は、pH10〜13において、EDTAと同程度のキレート能を発揮し、かつ、EDTAに欠けている生分解性にも優れている。

◇審決の内容

実験報告書は引用発明1を正確に再現したものであるとはいえず、また、引用発明1の物質として記載された成分の範囲内にある物質であればいずれを用いても、その洗浄剤混合物のpHは本件実験報告書の結果に等しいとはいえない。したがって、本件実験報告書の結果を参酌して、引用発明1の洗浄剤混合物のpHが10.3又は10.2であるとは認められず、本件発明1と引用発明1が相違点2において相違しないということはできない。

◇引用発明

引用発明1は、甲第1号証の実施例5の処方4及び5に基づく。

（本件実験報告書）

甲第1号証の実施例5の処方4及び5（引用発明1）の組成物についてのpHを測定した原告による再現実験の報告書であり、pH10.2〜10.3が結果として示されている。

◇裁判所の判断

引用発明1自体には、本件発明1のpH値の開示はないが、本件実験報告書

の結果によれば、引用発明1の洗浄剤混合物はpH10〜13か、少なくともこれに近い数値となる場合があることが確認できる。そして、引用発明1の洗浄剤混合物のpHが、結果的に本件発明1のpH値又はこれに近い値になることがあるのであれば、引用発明1の洗浄剤混合物は本件発明1の洗浄剤組成物が有する効果、又はこれに近い効果を有する場合があるといえる。引用発明1の効果が後に確認されているとしても、これをもって、本件発明1が容易想到ではないということはできない。

本件実験は、甲1文献における実施例5の処方4及び5に記載された成分に該当する物質を用いて実施された。そして、上記実験結果におけるpH10.3又は10.2か、少なくともこれに近い数値となる場合があると認められれば、引用発明1の洗浄剤混合物は、本件発明1と同等か、少なくともこれに近い効果を内在しているということができる。

なお、本件実験では、コプラ石鹸の代わりにラウリン酸ナトリウムを用い、乾燥したOS1を水に溶解する代わりに、これを乾燥させないで用いているが、これらによって、pH値が大きく変わると認めることはできない。

◇考　察

引用発明の再現実験である本件実験報告書について、実験条件が引用発明の条件と完全には一致していないことから、審決は引用発明を正確に再現したものでないとした。

しかし、判決は、実験に用いた成分は甲第1号証に記載されたものに含まれることや、それらの違いによってpH値が影響されるものでないとの原告の主張を認めて、実験報告書を参酌し、本件発明の進歩性を否定した。

なお、実験報告書は甲1発明の再現実験ではないとして審決を取り消した判決としては、平成25年（行ケ）10324号「誘電体磁器及びこれを用いた誘電体共振器」（知財高裁平成26.9.25）（設樂隆一裁判長）「刊行物記載の実施例の再現実験ではない場合、例えば、刊行物記載の実施例を参考として、その組成配合割合を変えるなど、一部異なる条件で実験をしたときに、初めて本件発明の特定の構成を確認し得るような場合は、本件発明に導かれて当該実験をしたと解さざるを得ず、このような場合については、この刊行物記載の実施例と、上記実験により、その発明の構成のすべてを知り得る場合に当たるとはいうことはできず、同号の『刊行物に記載された発明』に該当するものと解することはでき

ない。」がある。

判決例 1 -10　マーカッシュ形式化合物に基づく引用発明認定の要件

平成18年（行ケ）第10346号「放射線感光材料用樹脂の製造方法」（知財高裁平成20.1.31）（飯村敏明裁判長）

(1) 「審決が認定した特定の単量体を共重合させて得られる特定の共重合体は具体的に示されていないし、実施例に記載されたものは化学構造が異なる」

(2) 「刊行物 1 の……一般式(2)で示されるビニル基含有重合体は、無数の高分子化合物を包含する上位概念であり、審決が認定した特定の単量体を共重合させて得られる特定の共重合体は、その 1 つにすぎない」

(3) 「置換基その他について、より好ましいとされ、又はより具体化された態様に限られるとしても、刊行物 1 における開示内容は……選択できるという程度の限定がされたにすぎず、具体的な開示がされたとはいえないことから、刊行物 1 には、そのような特定された共重合体の記載はないと解すべきである」

と判示し、マーカッシュ形式で記載された引用刊行物から特定構造の引用化合物を認定した審決が取り消された事例。

◇刊行物 1 の記載内容

【請求項 2 】　一般式(2)で示されるビニル基含有重合体。

【化 2 】

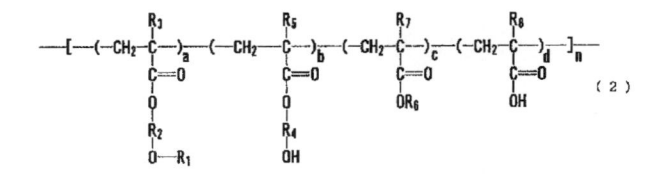

（上式において、R_1 および R_6 は水素原子、ターシャル-ブトキシカルボニル基、テトラヒドロピラン- 2 -イル基、テトラヒドロフラン- 2 -イル基、 4 -メトキシテトラヒドロピラニル基、 1 -エトキシエチル基、 1 -ブトキシエチル基、あるいは 1 -プロポキシメチル基、R_2 および R_4 は有橋環式炭化水素基を有する炭素数 7 ないし12の炭化水素残基、R_3、R_5、R_7 および R_8 は水素原子あるいはメチル基、$a+b+c+d=1$、a と b は同時に 0 であることはなく、a は 0 ないし0.9、b は 0 ないし0.9、c は 0 ないし0.7、d は 0 ないし0.5、n は10〜500の整数を表す）

◇裁判所の判断

　刊行物1には、〔1〕審決が認定した特定の単量体を共重合させて得られる特定の共重合体は具体的に示されていないし、実施例に記載されたものは化学構造が異なること、〔2〕刊行物1……に記載された一般式（2）で示されるビニル基含有重合体は、無数の高分子化合物を包含する上位概念であり、審決が認定した特定の単量体を共重合させて得られる特定の共重合体は、その1つにすぎないこと、〔3〕仮に、上記〔1〕の一般式（2）の重合体について、置換基その他について、より好ましいとされ、又はより具体化された態様に限られるとしても、刊行物1における開示内容は、式中 R_2 及び R_4 で示される「有橋環式炭化水素基を有する炭素数7ないし12の炭化水素残基」を、表1に記載の「トリシクロ［5.2.1.0$^{2.6}$］デカンジメチレン基」、「トリシクロ［5.2.1.0$^{2.6}$］デカンジイル基」、「ノルボルナンジイル基」、「ノルボルナンジメチレン基」又は「アダマンタンジイル基」から選択できるという程度の限定がされたにすぎず、具体的な開示がされたとはいえないことから、刊行物1には、そのような特定された共重合体の記載はないと解すべきである。

◇考　察

(1)　引用刊行物にマーカッシュ形式で記載された化合物の一般式の各要素を選択し、組み合わせることにより審決が認定した特定の引用化合物は、引用刊行物に記載がないとして、当該引用化合物を容易性の基礎とした審決が取り消された事例である。

(2)　特許庁の審査基準では、マーカッシュ形式で記載された一般式化合物の取扱いについては、新規事項（第Ⅲ部第1節）の「マーカッシュ形式のクレーム」欄に、

①「当初明細書等に化学物質が多数の選択肢群の組み合わせの形で記載されている場合に、当初明細書等に記載された多数の選択肢の範囲で特定の選択肢の組み合わせを請求項に追加するとき、あるいは選択肢を削除した結果として特定の選択肢の組み合わせが請求項に残るときに、その特定の選択肢の組み合わせが当初明細書等に記載されていたとは認められない場合がある」

②「とりわけ、補正の結果、出願当初に複数の選択肢を有していた置換基について選択肢が唯一となり、選択の余地がなくなる場合には、そのような

44

　　特定の選択肢の組み合わせを採用することが当初明細書等に記載されている場合（下記(c)の例を参照）を除き、選択肢としての当初記載は特定の選択肢の採用を意味していたとは認められないので、その補正は許されない」

と記載されて、マーカッシュ形式の一般式から特定構造の化合物への補正は、実施例等の具体的な記載がない限り、基本的に許されないとの立場をとっている。

　本判決の判示によれば、新規性や進歩性の判断において、マーカッシュ形式の一般式化合物を拒絶理由や無効理由として引用する場合にも、審査基準の補正の取扱いと同様に、引用刊行物中に具体的な特定化合物の記載が必要とされる場合があると考えられる。

判決例１-11　一般式が膨大な数の選択肢を有する場合の副引用発明の認定
平成28年（行ケ）第10182号「ピリミジン誘導体」（知財高裁平成30. 4. 13）
（清水節裁判長）
副引用発明が「刊行物に記載された発明」であって、当該刊行物に化合物が一般式の形式で記載され、当該一般式が膨大な数の選択肢を有する場合には、特定の選択肢に係る具体的な技術的思想を積極的あるいは優先的に選択すべき事情がない限り、当該特定の選択肢に係る具体的な技術的思想を抽出することはできず、これを副引用発明と認定することはできないと認めるのが相当であるとして、審決を維持した事例。

◇**本件発明**
【請求項１】
　式（Ｉ）：
【化１】

（式中、R^1 は低級アルキル、R^2 はハロゲンにより置換されたフェニル、R^3 は低級アルキル、R^4 は水素またはヘミカルシウム塩を形成するカルシウムイオン、X はアルキルスルホニル基により置換されたイミノ基、破線は２重結合の有無を、それぞれ表す）で示される化合物またはその閉環ラクトン体である化合物。

◇審決の内容

（1）　甲１発明の認定

　甲第１号証には、

「

（M ＝ Na）の化合物」の発明（以下「甲１発明」という。）が記載されているといえる。

（2）　相違点の認定

（1－ⅰ）　X が、本件発明１では、アルキルスルホニル基により置換されたイミノ基であるのに対し、甲１発明では、メチル基により置換されたイミノ基である点。

（1－ⅱ）（略）

（3）　相違点（1－ⅰ）について

　甲第２号証の一般式（Ⅰ）の化合物も、HMG-CoA 還元酵素阻害剤を提供するものであって、甲第１号証の式Ⅰの化合物と同様、ピリミジン環を基本骨格とし、そのピリミジン環の２、４、６位に置換基を有する化合物である点で共通するものであって、選択する置換基によっては、両者に含まれる化合物が一部重複することもあるが、甲第１号証の式Ⅰの化合物と甲第２号証の一般式（Ⅰ）の化合物は、上記ピリミジン環の置換基の選択範囲がすべて一致しているわけではなく、それぞれ、別個の化学構造式を有する化合物として特定され、その化学構造式の化合物であることを前提に HMG-CoA 還元酵素阻害剤となり得ることが記載されているものといえる。

　そして、化合物の構造が異なれば、その HMG-CoA 還元酵素阻害作用が同

46

じになるとはいえないから、甲 1 発明のジメチルアミノ基の上位概念として、甲第 2 号証の一般式の「R^3」の「$-NR^4R^5$」が対応するとしても、甲 1 発明のジメチルアミノ基を甲第 1 号証に開示のない置換基に、甲第 2 号証の記載に基いて置換する動機付けがそもそもあるとはいえない。

　加えて、甲第 2 号証の一般式（ I ）の化合物における「R^1」、「R^2」、「R^3」は、それぞれきわめて多数の選択肢があるところ、少なくとも「X」と「A」が甲 1 発明と同じ構造として具体的に実施例として記載されているのは、……のみであって、「R^3」として「$-NR^4R^5$」を選択したものは一つも記載されていない。さらに、「$-NR^4R^5$」が置換した化合物については、その製造方法も HMG-CoA 還元酵素阻害活性の薬理試験も記載されておらず、「$-NR^4R^5$」において、「R^4」、「R^5」として「メチル」と「メチルスルホニル」という特定の組み合わせを選択することの記載もない。

　そうすると、甲第 2 号証に記載される一般式（ I ）の「R^3」として、きわめて多数の選択肢の中から可能性として考え得る置換基というだけの「$-NR^4R^5$」で、「R^4」、「R^5」として「メチル」と「メチルスルホニル（SO_2CH_3）」を選択した化合物が、そもそも技術的な裏付けをもって記載されているともいえず、この記載に基づいて、甲 1 発明の「ジメチルアミノ基」を、「$-N(CH_3)(SO_2CH_3)$」に置き換える動機付けがあるとはいえない。

◆裁判所の判断

(1)　副引用発明の認定について

　特許法29条 1 項は、「産業上利用することができる発明をした者は、次に掲げる発明を除き、その発明について特許を受けることができる。」と定め、同項 3 号として、「特許出願前に日本国内又は外国において」「頒布された刊行物に記載された発明」を挙げている。同条 2 項は、特許出願前に当業者が同条 1 項各号に定める発明に基づいて容易に発明をすることができたときは、その発明については、特許を受けることができない旨を規定し、いわゆる進歩性を有していない発明は特許を受けることができないことを定めている。

　上記進歩性に係る要件が認められるかどうかは、特許請求の範囲に基づいて特許出願に係る発明（以下「本願発明」という。）を認定した上で、同条 1 項各号所定の発明と対比し、一致する点及び相違する点を認定し、相違する点が存する場合には、当業者が、出願時（又は優先権主張日。……）の技術水準に基づいて、当該相違点に対応する本願発明を容易に想到することができたかど

うかを判断することとなる。

　このような進歩性の判断に際し、本願発明と対比すべき同条1項各号所定の発明（以下「主引用発明」といい、後記「副引用発明」と併せて「引用発明」という。）は、通常、本願発明と技術分野が関連し、当該技術分野における当業者が検討対象とする範囲内のものから選択されるところ、同条1項3号の「刊行物に記載された発明」については、当業者が、出願時の技術水準に基づいて本願発明を容易に発明をすることができたかどうかを判断する基礎となるべきものであるから、当該刊行物の記載から抽出し得る具体的な技術的思想でなければならない。そして、当該刊行物に化合物が一般式の形式で記載され、当該一般式が膨大な数の選択肢を有する場合には、当業者は、特定の選択肢に係る具体的な技術的思想を積極的あるいは優先的に選択すべき事情がない限り、当該刊行物の記載から当該特定の選択肢に係る具体的な技術的思想を抽出することはできない。

　したがって、引用発明として主張された発明が「刊行物に記載された発明」であって、当該刊行物に化合物が一般式の形式で記載され、当該一般式が膨大な数の選択肢を有する場合には、特定の選択肢に係る技術的思想を積極的あるいは優先的に選択すべき事情がない限り、当該特定の選択肢に係る具体的な技術的思想を抽出することはできず、これを引用発明と認定することはできないと認めるのが相当である。

　この理は、本願発明と主引用発明との間の相違点に対応する他の同条1項3号所定の「刊行物に記載された発明」（以下「副引用発明」という。）があり、主引用発明に副引用発明を適用することにより本願発明を容易に発明をすることができたかどうかを判断する場合において、刊行物から副引用発明を認定するときも、同様である。したがって、<u>副引用発明が「刊行物に記載された発明」であって、当該刊行物に化合物が一般式の形式で記載され、当該一般式が膨大な数の選択肢を有する場合には、特定の選択肢に係る具体的な技術的思想を積極的あるいは優先的に選択すべき事情がない限り、当該特定の選択肢に係る具体的な技術的思想を抽出することはできず、これを副引用発明と認定することはできないと認めるのが相当である。</u>

　そして、上記のとおり、主引用発明に副引用発明を適用することにより本願発明を容易に発明をすることができたかどうかを判断する場合には、①主引用発明又は副引用発明の内容中の示唆、技術分野の関連性、課題や作用・機能の

共通性等を総合的に考慮して、主引用発明に副引用発明を適用して本願発明に至る動機付けがあるかどうかを判断するとともに、②適用を阻害する要因の有無、予測できない顕著な効果の有無等を併せ考慮して判断することとなる。特許無効審判の審決に対する取消訴訟においては、上記①については、特許の無効を主張する者（特許拒絶査定不服審判の審決に対する取消訴訟及び特許異議の申立てに係る取消決定に対する取消訴訟においては、特許庁長官）が、上記②については、特許権者（特許拒絶査定不服審判の審決に対する取消訴訟においては、特許出願人）が、それぞれそれらがあることを基礎付ける事実を主張、立証する必要があるものということができる。

(2)　相違点（1-i）について

甲2に記載された「殊に好ましい化合物」における R^3 の選択肢は、極めて多数であり、その数が、少なくとも2000万通り以上あることにつき、原告らは特に争っていないところ、R^3 として、「$-NR^4R^5$」であって R^4 及び R^5 を「メチル」及び「アルキルスルホニル」とすることは、2000万通り以上の選択肢のうちの一つになる。

また、甲2には、「殊に好ましい化合物」だけではなく、「殊に極めて好ましい化合物」が記載されているところ、その R^3 の選択肢として「$-NR^4R^5$」は記載されていない。

さらに、甲2には、甲2の一般式（I）の X と A が甲1発明と同じ構造を有する化合物の実施例として、実施例8（R^3 はメチル）、実施例15（R^3 はフェニル）及び実施例23（R^3 はフェニル）が記載されているところ、R^3 として「$-NR^4R^5$」を選択したものは記載されていない。

そうすると、甲2にアルキルスルホニル基が記載されているとしても、甲2の記載からは、当業者が、甲2の一般式（I）の R^3 として「$-NR^4R^5$」を積極的あるいは優先的に選択すべき事情を見いだすことはできず、「$-NR^4R^5$」を選択した上で、更に R^4 及び R^5 として「メチル」及び「アルキルスルホニル」を選択すべき事情を見いだすことは困難である。

したがって、甲2から、ピリミジン環の2位の基を「$-N(CH_3)(SO_2R')$」とするという技術的思想を抽出し得ると評価することはできないのであって、甲2には、相違点（1-i）に係る構成が記載されているとはいえず、甲1発明に甲2発明を組み合わせることにより、本件発明の相違点（1-i）に係る構成とすることはできない。

◇考　察

(1)　裁判所は、副引用例の「殊に好ましい化合物」における R^3 の選択肢は、極めて多数であり、副引用例から、ピリミジン環の2位の基を「－N(CH$_3$)(SO$_2$R′)」とするという技術的思想を抽出し得ると評価することはできないので、副引用例には相違点に係る構成が記載されているとはいえないとした。判決における副引用発明の認定手法自体は、引用発明の認定手法と変わるところはないようである。

　　この判決を踏まえるならば、審査手続、審判手続、訴訟手続などにおいては、引用例はもちろん、副引用例についても、記載されているといえる範囲はどこまでなのかを慎重に検討する必要がある。

(2)　もっとも、「甲2から、ピリミジン環の2位の基を『－N(CH$_3$)(SO$_2$R′)』とするという技術的思想を抽出し得ると評価することはできないのであって、甲2には、相違点（1-i）に係る構成が記載されているとはいえ」ないとしても、「本件発明の相違点（1-i）に係る構成とすることはできない」とは直ちにいえないようにも思われる。本件発明1が進歩性を有するのは、甲2発明を組み合わせることができたとしても、「甲2の記載からは、当業者が、甲2の一般式（I）の R^3 として『－NR^{4}R^5』を積極的あるいは優先的に選択すべき事情を見いだすことはできず、『－NR^{4}R^5』を選択した上で、更に R^4 及び R^5 として『メチル』及び『アルキルスルホニル』を選択すべき事情を見いだすことは困難である」からというのが自然ではなかろうか。

判決例1-12　化学物質の製造方法等を見出すことができない場合の引用発明の認定

平成21年（行ケ）第10180号「4-アミノ-1-ヒドロキシブチリデン-1，1-ビスホスホン酸又はその塩の製造方法及び前記酸の特定の塩」（知財高裁平成22.6.15）（塚原朋一裁判長）

引用例の記載に接した当業者が、思考や試行錯誤等の創作能力を発揮するまでもなく、特許出願時の技術常識に基づいて本件発明の有効成分である化学物質の製造方法その他の入手方法を見いだすことができず、引用例には当該化学物質に係る発明が記載されているとはいえないとして審決を取り消した事例。

◇**本件発明**

【請求項6】　4-アミノ-1-ヒドロキシブチリデン-1、1-ビスホスホン酸モノナトリウム塩トリハイドレートを有効成分として含む、骨吸収を伴う疾病の治療及び予防のための固体状医薬組成物。

◇**審決の内容**

甲第7号証は、……、4-アミノ-1-ヒドロキシブタン-1、1-ジホスホン酸モノナトリウム塩トリハイドレート……が当該分野の試験・研究を行う者にとって、新しい骨吸収剤として知られたものであることを当然の前提とした論文である。

甲第5号証は、薬理活性を有するビスホスホン酸（バイホスホネート）およびその製造方法に関する文献であり、……、実施例3として、……、「4-アミノ-1-ヒドロキシブタン-1、1-バイホスホン酸」……の製造方法が記載されている。……、当業者は、実施例3の記載は、……、即ち4-アミノ-1-ヒドロキシブタン-1、1-バイホスホン酸モノナトリウム塩が生成していることを示すものと理解するものといえる。さらに、実施例5……において、……5-アミノ-1-ヒドロキシペンタン-1、1-バイホスホン酸の一ナトリウム塩が製造できている。

更に、甲第5号証では、ビスホスホン酸のナトリウム塩は、……、水溶液から晶出する結晶状の固体として得ている（実施例5参照）。そして、水和物の製法としては、水溶液から晶出することが一般的であり、結晶水は、加熱あるいは乾燥により離脱し、加熱あるいは乾燥の条件を強くすることにより、順次離脱することは周知である（甲第12～14号証）。

してみれば、4-アミノ-1-ヒドロキシブタン-1、1-ジホスホン酸モノナトリウム塩の3水和物が存在することは甲第7号証に記載されているのであるから、当業者は、4-アミノ-1-ヒドロキシブタン-1、1-ジホスホン酸モノナトリウム塩を水溶液から晶出させることにより、3水和物が得られると、そして、もし……水和数が3を超えていれば、適宜条件を選択し、加熱、乾燥することにより水和数を減ずることにより、容易に、3水和物（トリハイドレート）を得ることができると考えるのが自然である。

◇**引用例**

(1)　甲第7号証（甲7文献）

新規な骨吸収阻害剤である4-アミノ-1-ヒドロキシブタン-1、1-ジホス

ホン酸モノナトリウム塩トリハイドレート（MK0217）の測定のための高速で感度の優れた特別な高速液体クロマトグラフィー（HPLC）法が報告される。

(2) 甲第5号証（甲5文献。特開昭58-189193号公報）

実施例3（4-アミノ-1-ヒドロキシブタン-1、1-バイホスホン酸の製造）

えられた目的化合物203mg を水75cc に溶解した溶液に0.1 NNaOH 水溶液を加えて電位差滴定曲線を作成した。該滴定曲線は、0.1 NNaOH をそれぞれ7.5cc および15.2cc 加えた pH4.4および pH 9の2点にみられる明白な滴定の終点によって特徴づけられるものであった。

実施例5（5-アミノ-1-ヒドロキシ-ペンタン-1、1-バイホスホン酸の一ナトリウム塩の製造）

えられた結晶状の固体をろ過し、少量の冷水ついでメタノールで洗浄し、110℃で乾燥して目的の一ナトリウム塩199g をえた。

(3) 甲第12-14号証（甲12-14文献）

結晶水［……］　結晶中に一定の化合比で含まれている水。結晶内で一定の位置をしめ、結晶格子の安定化に寄与している。一定の温度範囲で一定の水蒸気圧を示し、熱すればある温度で段階的に脱水され、それに伴って結晶構造が変化する（甲12文献）。

2-ケト-D-グルカル酸ジカルシウム塩の三水和物、プラゾシン塩酸塩の多水和物が加熱・乾燥によって結晶水を減らすことが記載されている（甲13、14文献）。

◇裁判所の判断

(1)　特許法29条1項は、同項3号の「特許出願前に……頒布された刊行物に記載された発明」については特許を受けることができないと規定するものであるところ、上記「刊行物」に「物の発明」が記載されているというためには、同刊行物に当該物の構成が開示されていることを要することはいうまでもないが、発明が技術的思想の創作であること（同法2条1項参照）にかんがみれば、当該刊行物に接した当業者が、思考や試行錯誤等の創作能力を発揮するまでもなく、特許出願時の技術常識に基づいてその技術的思想を実施し得る程度に、当該発明の技術的思想が開示されていることを要するものというべきである。

特に、当該物が、新規の化学物質である場合には、新規の化学物質は製造方法その他の入手方法を見出すことが困難であることが少なくないから、刊行物にその技術的思想が開示されているというためには、一般に、当該物質の構成

が開示されていることに止まらず、その製造方法を理解し得る程度の記載があることを要するというべきである。そして、刊行物に製造方法を理解し得る程度の記載がない場合には、当該刊行物に接した当業者が、思考や試行錯誤等の創作能力を発揮するまでもなく、特許出願時の技術常識に基づいてその製造方法その他の入手方法を見いだすことができることが必要であるというべきである。

　本件については、……、甲7文献には、本件3水和物と同等の有機化合物の化学式が記載されているものの、その製造方法について記載も示唆もされていないところ、……、甲7文献には製造方法を理解し得る程度の記載があるとはいえないから、……、甲7文献が特許法29条1項3号の「刊行物」に該当するというためには、甲7文献に接した当業者が、思考や試行錯誤等の創作能力を発揮するまでもなく、特許出願時の技術常識に基づいて本件3水和物の製造方法その他の入手方法を見いだすことができることが必要であるということになる。

　(2)　甲5文献は、一般的な化学辞典であるなど、その記載内容が当業者の技術常識であることをうかがわせるものでないことを考慮すれば、「4－アミノ－1－ヒドロキシブタン－1、1－バイホスホン酸モノナトリウム塩の水溶液とその製造方法」や「5－アミノ－1－ヒドロキシペンタン－1、1－バイホスホン酸の一ナトリウム塩の結晶状の固体とその製造方法」が、公知の技術事項であるといえても、本件優先日当時の技術常識に属する事項であるとすることはできないというべきである。

　甲12ないし甲14の各文献を精査しても、これらの文献に審決のいう「周知技術」が記載されているとは認められず、少なくとも、有機化合物の水和塩結晶について、「順次離脱」が本件出願当時の技術常識であると認めるに足りる根拠はないというべきである。

◇考　察

　判決が、「刊行物にその技術的思想が開示されているというためには、一般に、当該物質の構成が開示されていることに止まらず、その製造方法を理解し得る程度の記載があることを要するというべきである。そして、刊行物に製造方法を理解し得る程度の記載がない場合には、当該刊行物に接した当業者が、特許出願時の技術常識に基づいてその製造方法その他の入手方法を見いだすこ

とができることが必要であるというべきである」と判示したことは、特許庁の審査基準やこれまでの判例と異なる判断をしたものではない。

判決が、「思考や試行錯誤等の創作能力を発揮するまでもなく」と念を押しているのは、本件のように、当業者が（たとえ通常行うことであったとしても）思考や試行錯誤等の創作能力を発揮しないと、甲7文献記載の化学物質の製造方法に到達できない場合は、引用例に化学物質の発明が記載されている場合にあたらないことを確認したものと解される。

「当該刊行物に接した当業者が、思考や試行錯誤等の創作能力を発揮するまでもなく、特許出願時の技術常識に基づいてその製造方法その他の入手方法を見いだすことができる」場合には、たとえば、引用例の化学物質の記載と技術常識から、当該化学物質の具体的な製造方法その他の入手方法が直ちに推論できるような場合があると考えられる。

判決例1-13　引用例に記載された細胞系が入手不可能な場合の引用発明の認定
平成22年（行ケ）第10029号「抗ガングリオシド抗体を産生するヒトのBリンパ芽腫細胞系」（知財高裁平成22.9.30）（中野哲弘裁判長）
引用例に記載された細胞系は、第三者にとって入手可能でなく、引用例にはその細胞系の発明は記載されていないとして審決を取り消した事例。

◇本件発明
【請求項1】　L612として同定され、アメリカン・タイプ・カルチャー・コレクション（American Type Culture Collection）にATCC受入番号CRL 10724として寄託されているヒトのBリンパ芽腫細胞系。

◇審決の内容
アカデミアにおいては、「情報及び試料の自由流通という思想」が万国共通のものとしてあり、研究材料に関する明文の法律の規定による強制がなくても、アカデミアに関係する人々の間で、投稿論文に使用した材料の要請があった場合は、その分譲に応じることが反復して行われ、人々を規律する様になり、アカデミア社会におけるルールとしての認識を持たれるにいたったものである。

引用例1、2に記載されるL612細胞系は、第三者から分譲を請求された場

合には、分譲され得る状態にあったものと推定することができ、このことは本願の優先日の前後において変わるものでない。

◇引用例1および2

引用例1および2の著者の一人がA博士であり、これらの引用例にはL612細胞系が記載されている。

◇裁判所の判断

（1）　細胞系のような生物学的研究材料について論文等で発表した著者は、希望する研究者に対し、同材料を提供することが学術研究の社会における慣習であることが認められる。

ただし、こうした学術研究の社会における慣習についても、論文等で発表した著者に対し、第三者による生物学的研究材料の分譲の要求に応じることを強制するものとまでは認められない。

そうすると、論文等で発表した著者が上記の慣習に従うか否かは、基本的に各著者の意思に依存するものというほかはない。

（2）　本願優先日前、A博士（及び共同研究者）は、L612細胞系につき、第三者から分譲を要求されても、同要求に応じる意思はなかったものと認められ、その結果、L612細胞系は、第三者にとって入手可能ではなかったことになり、「引用例1、2に記載されるL612細胞系は、第三者から分譲を請求された場合には、分譲され得る状態にあったものと推定することができる」とした審決の認定判断は誤りであって、同誤りが審決の結論に影響を及ぼすおそれがあることは明らかである。

◇考　察

この事例では、審決が、「引用例1、2に記載されるL612細胞系は、第三者から分譲を請求された場合には、分譲され得る状態にあったものと推定することができる」と認定判断したことの是非が争点となり、第三者が何者なのか、その者が入手可能なのかは問題にならなかった。

しかし、刊行物に物の発明が記載されているというには、当業者が技術常識に基づいてその技術的思想を実施し得る程度に、技術的思想が開示されていることが必要であるから、本来ならば、当業者のL612細胞系の入手可能性が論じられるべきと思われる（もっとも、著者に分譲の意思がないとされたこの事例では結論は同じとなる）。

アカデミアの慣習に従い研究材料や研究成果物の所有者からそれらを入手可能な者は、その能力・所属・利用目的（研究利用、商業利用）、研究材料や研究成果物の種類、所有者と研究資金交付元との契約内容、等に応じて千差万別であり、当業者が入手可能な者であったか否かも事案によって異なってこよう。

判決例1-14　特許法第29条第2項が定める要件の充足性の判断——発明の課題把握の必要性

平成20年（行ケ）第10096号「回路用接続部材」（知財高裁平成21.1.28）（飯村敏明裁判長）

発明が容易想到であると判断するためには、先行技術の内容の検討にあたっても、当該発明の特徴点に到達できる試みをしたであろうという推測が成り立つのみでは十分ではなく、当該発明の特徴点に到達するためにしたはずであるという示唆等が存在することが必要であるとして、進歩性を否定した審決を取り消した事例。

◇本件発明

(1)　特許請求の範囲

「下記(1)～(3)の成分を必須とする接着剤組成物と、含有量が接着剤組成物100体積に対して、0.1～10体積％である導電性粒子よりなる、形状がフィルム状である回路用接続部材。

(1)　ビスフェノールF型フェノキシ樹脂

(2)　ビスフェノール型エポキシ樹脂

(3)　潜在性硬化剤」。

(2)　本件発明の解決課題

接続部の信頼性が高く、かつ汎用溶剤により短時間で容易に補修可能な回路用接続部材を提供する。

◇審決の内容

引用例に記載された発明の「分子量が10000以上の高分子量エポキシ樹脂」であるフェノキシ樹脂として、相溶性、接着性がより一層よくなるように、ビスフェノールF型フェノキシ樹脂を用いてみようとすることは、当業者が容易に推考し得たことである。

◆主な争点

引用例に記載されたビスフェノールＡ型フェノキシ樹脂に代えて、相溶性、接着性がさらに向上するように、ビスフェノールＦ型フェノキシ樹脂を用いることの容易想到性。

◆裁判所の判断

（1）　特許法29条2項が定める要件の充足性、すなわち、当業者が、先行技術に基づいて出願に係る発明を容易に想到することができたか否かは、先行技術から出発して、出願に係る発明の先行技術に対する特徴点（先行技術と相違する構成）に到達することが容易であったか否かを基準として判断される。

ところで、出願に係る発明の特徴点（先行技術と相違する構成）は、当該発明が目的とした課題を解決するためのものであるから、容易想到性の有無を客観的に判断するためには、当該発明の特徴点を的確に把握すること、すなわち、当該発明が目的とする課題を的確に把握することが必要不可欠である。

そして、容易想到性の判断の過程においては、事後分析的かつ非論理的思考は排除されなければならないが、そのためには、当該発明が目的とする「課題」の把握に当たって、その中に無意識的に「解決手段」ないし「解決結果」の要素が入り込むことがないよう留意することが必要となる。

さらに、当該発明が容易想到であると判断するためには、先行技術の内容の検討に当たっても、当該発明の特徴点に到達できる試みをしたであろうという推測が成り立つのみでは十分ではなく、当該発明の特徴点に到達するためにしたはずであるという示唆等が存在することが必要であるというべきであるのは当然である。

（2）　検討すべき考慮要素としては耐熱性、絶縁性、剛性、粘度等々の他の要素も存在するのであるから、（引用例には）相溶性及び接着性の更なる向上のみに着目してビスフェノールＦ型フェノキシ樹脂を用いることの示唆等がされていると認めることはできない。

（3）　以上の事実を総合考慮すれば、引用例に記載された発明のフェノキシ樹脂についてビスフェノールＦ型フェノキシ樹脂を用いることが当業者にとって容易想到であるということはできず、本願補正発明が特許法29条2項の規定により特許出願の際独立して特許を受けることができないものであるとした審決の判断には誤りがあり、その誤りは審決の結論に影響を及ぼすものといえる。

◇考　察

(1)　本判決は、「特許法29条2項が定める要件の充足性」を判断するにおいて、当該発明が目的とする課題を把握することが必要不可欠であるとして、発明の進歩性判断の一般的な指針を知財高裁が示した点で意義深いと考えられる。

(2)　特許庁の審査基準との関係

　　課題の相違にかかわらず請求項に係る発明の進歩性を否定しうる、とした特許庁の審査基準の取扱いに対し、課題の把握が必要不可欠と判示した判決である。

　　審査基準は、課題の相違にかかわらず進歩性を否定することができるとする根拠として具体的には USPQ（米国特許審判決集）を挙げている（第Ⅱ部第2章2.「進歩性」）。しかし他国の運用を挙げずとも、同様な判断手法は日本の下記判決例でもみられる。

　　判決例（平成12年（行ケ）第483号）：「本件発明と引用発明における炉体又はプリヒータを移動とする理由が異なるとしても、そのこと自体は、引用発明を出発点として本件発明の構成に至ることを困難とする要素とはなりえない。異なる目的（技術的課題）の下に同じ構成に至ることは、十分にありうることだからである」。

　　これに対し、本判決は、容易想到性の判断過程において「課題を的確に把握することが必要不可欠である」として、発明の課題を重視した判決であり、審査基準とは距離を置いた判断を示したものといえる。

　　本判決は、本発明と引用発明との課題が相違する場合において、特許庁および裁判所等における進歩性主張の重要な拠り所となると考えられる。

(3)　本判決以降、本判決を直接または間接に引用した以下の判決が続いた。

　①平成20年（行ケ）第10261号（上気道状態を治療するためのキシリトール調合物）（知財高裁平成21.3.25）（本判決を引用）

　　「当該発明が容易想到であると判断するためには、先行技術の内容の検討に当たっても、当該発明の特徴点に到達できる試みをしたであろうという推測が成り立つのみでは十分ではなく、当該発明の特徴点に到達するためにしたはずであるという示唆等の存在することが必要であるというべきである（知財高等裁判所平成20年（行ケ）第10096号審決取消請求事件・平成21年1月28日判決参照）」と判示して、拒絶審決を取り消し。

　②平成20年（行ケ）第10153号（任意の側縁箇所から横裂き容易なエァセルラー緩

衝シート）（知財高裁平成21.3.25）（本判決を引用）

　「特許発明が容易想到であると判断するためには、主たる引用発明、従たる引用発明、技術常識ないし周知技術の各内容の検討に当たっても、特許発明の特徴点に到達できる試みをしたであろうという推測が成り立つのみでは十分ではなく、特許発明の特徴点に到達するためにしたはずであるという示唆等が存在することが必要であると解するのが相当である（知的財産高等裁判所平成20年（行ケ）第10096号事件平成21年1月28日判決参照）」と判示して、無効審決を取り消し。

③平成20年（行ケ）第10121号（切替弁及びその結合体：上記①判決を引用）（知財高裁平成21.4.27）（本判決を引用した判決を再引用）

　「審決が、当該発明の構成に至ることが容易に想到し得たとの判断をする場合においては、そのような判断をするに至った論理過程の中に、無意識的に、事後分析的な判断、証拠や論理に基づかない判断等が入り込む危険性が有り得るため、そのような判断を回避することが必要となる（知財高等裁判所平成20年（行ケ）第10261号審決取消請求事件・平成21年3月25日判決参照）」と判示して、拒絶審決を取り消し。

判決例1-15　動機づけ

平成17年（行ケ）第10490号「紙葉類識別装置の光学検出部」（知財高裁平成18.6.29）（篠原勝美裁判長）
引用発明が近接した技術分野であるにしても、本件発明の装置に置き換えるのが容易であるというためには、それなりの動機づけを必要とするとして、進歩性を否定した審決を取り消した事例。

◇本件発明

（1）　特許請求の範囲

【請求項1】　所定方向に搬送される紙葉類の一部に照射する照射光を発光する発光素子と、前記照射光が前記紙葉類の一部を透過した透過光を前記所定方向とは交叉する方向で該紙葉類の一部とは異なる他部に照射されるように光学的に結合する導光部材と、前記紙葉類の他部を透過した透過光を受光する受光素子とを含み、……搬送通路近傍の異なる位置に配置されて成ることを特徴と

する<u>紙葉類識別装置</u>の光学検出部。

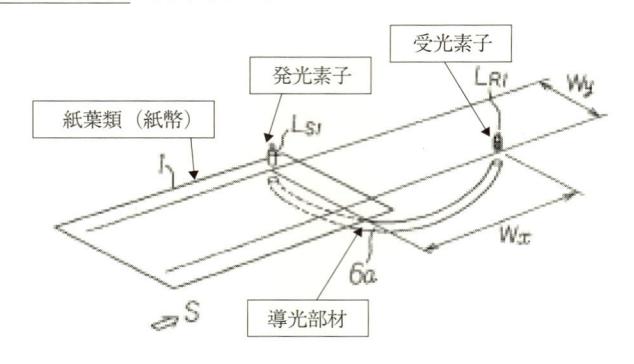

(2) 課題と作用

　自動販売機等での紙幣等の紙葉類を識別する装置において、小規模な構成で紙葉類から効率よく光学的データをサンプリングすることを課題として、発光素子及び受光素子の間を搬送方向と交叉する方向で光学的に結合し、搬送中の紙葉類に対して照射光が2箇所以上透過した透過光量のデータを受光素子で検出するようにした。

◇審決の内容

(1) 本願発明と引用発明の相違点

①相違点1：本願発明が、紙葉類の一部を透過した透過光を搬送方向とは交叉する方向で紙葉類の一部とは異なる他部に照射される事項を有しているのに対し、引用発明では、紙葉類の一部を透過した測定光を紙葉類の一部とは異なる他部に照射されるものの、透過光を搬送方向とは交叉する方向で異なる他部に照射される事項については明示されていない点。

②相違点3：光学検出部が、本願発明では「紙葉類識別装置用」なのに対し、引用発明では「紙葉類の積層状態検知用」である点。

(2) 進歩性の判断

①相違点1：引用発明において、紙葉類の一部を透過した透過光を紙葉類の一部とは異なる他部に照射されるようにする際に、<u>搬送方向とは交叉する方向で紙葉類の一部とは異なる他部に照射されるようにすることは、単なる設計変更である</u>。

②相違点3：紙葉類識別装置の光学検出部は、周知な技術事項であり、引用発明も紙葉類を扱うものであり、発光素子、受光素子により紙葉類の透過

光を検出するものであるから、引用発明を周知事項に適用して紙葉類識別装置の光学検出部とすることは、当業者が必要に応じ容易になしうることと認められる。

③したがって、本願発明は、引用発明および周知事項に基づいて容易に発明をすることができたものである。

◇引用発明

自動販売機等において、紙葉類（紙幣）が積層状態となっていないかを検知する装置であり、 1 枚の状態と積層状態とでの光量の差を大きくするために、測定光が紙葉類を複数回透過するようにしている。

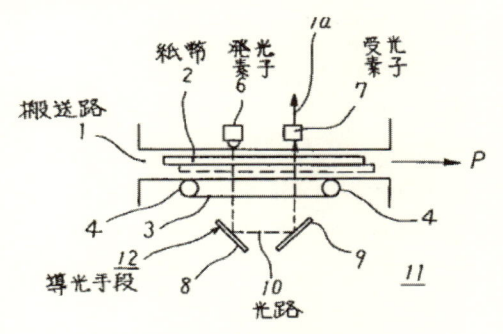

◇審決取消訴訟において被告から提出された周知例

特開昭60-191378号公報（乙 1 ）、特開昭52-42194号公報（乙 2 ）とも、紙幣等の識別装置であり、複数組の発光・受光素子を備え、複数ラインで個別に測定する装置である。

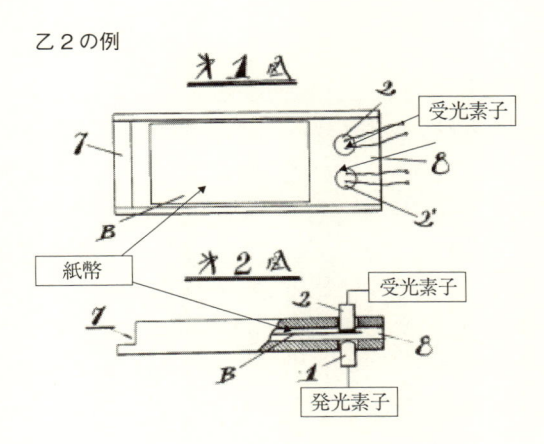

◇裁判所の判断

(1) 本願発明は「紙葉類識別装置」に係る発明であるのに対し、引用発明は、紙葉類の積層状態検知用装置に係る技術であって、発明の課題及び目的が相違しており、相違点1、2は、この装置の相違に関する相違点3を前提としている。したがって、相違点1、2と相違点3とを分説するのはよいとしても、相違点1ないし3の相互の関係を考慮しながら、本願発明の進歩性について検討しなければならない。

(2) 引用発明は、発光手段から出射されて光路を進行する測定光が複数回紙葉類を透過する結果、紙葉類がたとえば1枚である場合とこの紙葉類が複数枚重なっている場合との受光手段で受光される測定光量の差が、測定光が1回だけ紙葉類を透過するように構成された従来の検知装置の場合よりも大きくなるので、紙葉類の積層状態を容易に検知することができるというものであり、紙葉類のいずれの場所を検出箇所にしてもかまわないのであるから、複数本の検出ラインの技術的思想はない。

(3) 相違点1及び3に係る本願発明の構成は、引用発明にも、本件周知装置にも存在しない新規の技術事項であり、一対の発光・受光素子により、検出ラインごとに異なった複数の検出箇所に照射され、互いに異なる印刷模様、色彩等のある検出箇所を透過した透過光を得て、当該検出箇所に固有の印刷模様、色彩等の情報を含んだ透過光を分析し、基準値と比較することにより、紙葉類の識別を行うという機能を有するもの、すなわち、紙葉類識別装置において、複数本の検出ラインの技術的思想の下で、一対の発光・受光素子によって一括して検出を行うというものである。

(相違点1および3についての) 審決の判断は、おそらく紙葉類の積層状態検知装置と紙葉類識別装置を共通あるいは密接に関連した技術分野のものであるとの考えを前提にするものと思われる。しかし、紙葉類の積層状態検知装置及び紙葉類識別装置は、近接した技術分野であるとしても、その差異を無視し得るようなものではなく、構成において、紙葉類の積層状態検知装置を紙葉類識別装置に置き換えるのが容易であるというためには、それなりの動機付けを必要とするものであって、単なる設計変更であるということで済ませられるものではない。しかも、本件においては、複数本の検出ラインの技術的思想が、紙葉類の積層状態検知装置にとって不要であるのに、紙葉類識別装置においては重要な技術的意義を有することになるのであるから、なおさら、紙葉類の積層状

態検知装置と紙葉類識別装置とは同視できないものというべきである。

　以上のとおり、複数本の検出ラインの技術的思想のない引用発明について、その技術的思想を前提とする相違点1及び3に係る本願発明の構成を付加することが単なる設計変更であるとした審決の判断は、誤りである。

◇考　察

(1)　最近、発明の課題および引用例における動機づけの観点からの検討を十分にしないままに進歩性を否定した審決を取り消す判決が目立つが、本判決は、その先駆的な判決ともいえる。

　本願発明と引用発明とは、ともに、発光素子が発光した光を紙幣等の紙葉類に対して複数回透過させて受光素子によって受光して光量を測定するもので、発光素子、導光部材、受光素子からなる装置の構造に関してはほぼ同様である。そのためか、審決は、透過する複数の箇所が搬送方向に交叉する方向に異なっていること、すなわち、検出ラインが複数あることを意味する相違点1については単なる設計変更と判断し、装置が紙葉類の識別装置か積層状態検知装置であるかの相違点3については、周知事項を適用したにすぎないと判断した。

　しかし、複数の検出ラインの光量を合成することで、異なる2箇所における識別（偽造紙幣か否か等）を同時になすことは、識別装置であるから意味のあることであり、判決が判示するように、相違点1と相違点3とは、互いに関係づけて進歩性を判断されなければならないと考えられる。そして、判決は、紙葉類の積層状態検知装置を紙葉類識別装置に置き換えるのが容易であるというためには、それなりの動機づけを必要とすると判示している。

(2)　特許庁の審査基準では、進歩性判断における動機づけとしては、「技術分野の関連性」「課題の共通性」「作用、機能の共通性」「引用発明の内容中の示唆」を挙げている。しかし、本判決等でいう「動機付け」としては、「技術分野の関連性」があれば動機づけがあるというようなものではなく、「課題の共通性」「作用、機能の共通性」「引用発明の内容中の示唆」のような積極的な理由が必要と考えられる。

　本判決で注目されることは、そのような技術分野について、近接した技術分野であるから置換えが容易というものではなく、置換えが容易というには動機づけが必要としていることである。

審査基準においては、「技術分野の関連性」の例のひとつとして、「カメラ」と「オートストロボ」について、常に一緒に使用されるもので密接に関連するとした判決を挙げている。この事件では、カメラに設けられた測光回路の入射制御素子をオートストロボの測光回路に適用することが容易想到であるとされたものである。すなわち、相違点に関する部分が測光回路という同一機能であることを前提として、カメラのものを関連技術分野であるオートストロボのものに適用することができるとされたもので、技術分野が関連していれば、発明の課題や相違点についての機能を考慮することなく、適用が容易というものでないことでは、この事件の判決も本件紙葉類識別装置の判決と特に相違しない。

(3) 本件に関しては、審決取消訴訟において提示された乙1や乙2の紙葉類識別装置に関する発明が、本来、主引用例とされるべきであったと考えられ、実際に、訴訟段階ではそれに近い主張を被告がしているが、判決では、訴訟段階で主引用例を差し替えるような主張は許されないとも判示している。乙1や乙2の発明が主引用例であれば、本願発明との間での技術分野についての相違点3は生じないが、導光部材等についての新たな相違点に関して、元の主引用例である積層状態検知装置の引用例を乙1や乙2の発明に適用することが必要になる。そのため、その適用の容易性判断の段階で、やはり、技術分野の異同の問題が生じることになると考えられる。

判決例1-16　進歩性判断における動機づけ

平成20年（行ケ）第10194号「フライ食品用の具材」（知財高裁平成20.12.11）（塚原朋一裁判長）

「常温における保存性に優れるとされるエビにつき『冷凍フライ食品』とするために、このエビに衣を付けた上、更に冷凍保存しようとするための動機付けを、甲4が当業者に与えるものとはいえない」と判示し、証拠の適用には動機づけがなく容易想到とはいえないとして、進歩性を認めた審決を支持した事例。

◇本件発明

(1)　特許請求の範囲

冷凍フライ食品用の具材に対し、架橋澱粉または乳酸 Na を添加してなり、

該フライ食品には具材部分と表皮部分とが存在することを特徴とする冷凍フライ食品用の具材。

(2)　本件発明の作用・効果

プレフライして冷凍保存した後に電子レンジで再加熱し、又は冷凍保存した後にフライした場合、クリスピーな食感のフライ食品が得られる。

◆引用例の記載事実

(1)　エビを、塩類の水溶液に浸漬させた後に、アミノ酸並びに有機酸及び／又は有機酸塩からなる水溶液に浸漬させることを特徴とするエビの処理方法。

(2)　このような2段階浸漬処理を施したエビは、そのまま調理に付しても良く、また、冷凍処理して流通過程にのせても良い。本発明方法で得られるエビをてんぷら、フライ類に使用すると、加熱しても食感が良く、しかも保存性に富むてんぷら、フライ類を作ることが可能である。

(3)　本発明の方法により処理したエビを用いて調製したてんぷら、フライ等は味、食感とも優れ、かつ常温で長期保存可能という優れた特徴を有する。

◆原告の主張

(1)　衣を付けた後に冷凍してもそれで特許性が認められるべきものではない。

(2)　甲4には、「食感」の向上ということが明示されており、これを主目的とした場合に、そのフライを冷凍にすることも当たり前である。

(3)　甲4には冷凍することを禁止する記載もなく、さらに保存性を高めるために冷凍しようと考えることも自然である。

(4)　本件発明1の効果は、大した働きをするものではない。

これが、仮に、具を入れると、冷凍したときのサクサク感について、けた違いに顕著な効果があって、絶対にへなへなにならない、とでもいうものであるならば、特許が認められてもよいかもしれないが、実際には、少しは効果がある場合もあるという程度である。

◆裁判所の判断

(1)　甲4発明は、味、食感及び常温における保存性に優れるエビを提供するために、グリシン等のアミノ酸からなる微生物増殖抑制成分と、乳酸ナトリウム等の有機酸及び／又は有機酸塩を併用するものであると認められ、この常温における保存性に優れるとされるエビにつき、「冷凍フライ食品」とするために、このエビに衣を付けた上、更に冷凍保存しようとするための<u>動機付けを、甲4が当業者に与えるものとはいえない。</u>

(2)　本件発明1は……プレフライして冷凍保存した後に電子レンジで再加熱した場合、又は冷凍保存した後にフライした場合、クリスピーな食感のフライ食品が得られるという効果を奏し得るものであり、このような効果は、エビ自体の味、食感や常温における保存性を目的とする甲4発明からは予測できない格別なものというべきである。

◇考　察

(1)　本事案では、本件発明と甲4発明とは、ともに冷凍食品である点で技術分野は共通しており、少くとも、審査基準（第Ⅱ部第2章2.5「動機づけとなり得るもの」）の類型①（技術分野の関連性）に該当しているといえる。

　　しかし、判決は、本件発明の課題について、「常温における保存性に優れるとされるエビにつき、『冷凍フライ食品』とするために、このエビに衣を付けた上、更に冷凍保存しようとするための動機付けを、甲4が当業者に与えるものとはいえない」と判示した。

(2)　本判決では、クリスピーな食感のフライ食品が得られるという本件発明の効果は、甲第4号証からは予測できないと判示し、効果の点で、さらに、容易想到性を否定している。

(3)　本判決のように、

　①構成上の動機づけがない

　②しかも、その構成により、特段の効果を奏する

　との二段階の論理は、①または②のみで容易想到性を否定するよりも、有力な根拠となる。

　　容易想到性の有無の判断は原則として発明の構成に基づきなされるが、効果がとくに顕著である場合には、進歩性を有することの根拠として扱われる場合がある。

判決例1-17　医薬用途発明の動機付け（進歩性あり）

平成26年（行ケ）第10045号「ゾレドロン酸」（知財高裁平成26.12.24）（富田善範裁判長）

ゾレドロン酸を有効成分とする骨吸収抑制剤の「用法・用量」に特徴を有する医薬用途発明に関して、引用発明の投与時間を延長する動機付けは存在しない

として、進歩性を否定した審決を取り消した事例。

◇本件発明

　【請求項 1 】2-（イミダゾル-1-イル）-1-ヒドロキシエタン-1、1-ジホスホン酸（ゾレドロン酸）又はその薬学的に許容される塩を有効成分として含む処置剤であって、ビスホスホネート処置を必要とする患者に 4 mgのゾレドロン酸を15分間かけて静脈内投与することを特徴とする処置剤。

◇本件発明と引用発明の対比

　（一致点）

　2-（イミダゾル-1-イル）-1-ヒドロキシエタン-1、1-ジホスホン酸（ゾレドロン酸）又はその薬学的に許容される塩を有効成分として含む処置剤であって、ビスホスホネート処置を必要とする患者に 4 mgのゾレドロン酸を「分単位の一定時間」をかけて静脈内投与することを特徴とする処置剤。

　（相違点）

　「分単位の一定時間」が、引用発明では「 5 分間」であるのに対し、本件発明では「15分間」である点。

◇審決の内容

　引用例 1 は、ゾレドロン酸の第Ⅱ相試験に関する文献であり、これに続く第Ⅲ相試験において、第Ⅱ相試験では出なかった副作用が出ることはあり得るし、それを避けるべく、用法・用量を設定することは当業者が通常行うことであるとの前提に立った上で、引用例 3 には、ビスホスホネートの急速な点滴が腎不全を招くので大量の液体でゆっくりと点滴することが好ましいとの記載があり、引用例 2 にはゾレドロン酸が 5 －30分の点滴で投与され、20分の点滴で血清カルシウムレベルの低下効果があったことが記載されていることから、引用発明の 5 分間という点滴の時間をゆっくりとしたものにするに当たり、15分間という時間に到達することは、実験的に適宜なし得ることである。

◇裁判所の判断

　乙 5 ～ 7 の記載によれば、エチドロネート及びクロドロネートは、初期の臨床試験に用いられていた第一世代のビスホスホネートであり、至適投与方法が確立されていなかった初期の頃に、エチドロネートの短時間投与で腎障害による死亡例が報告されたことが発端となって、その後開発された種々のビスホスホネートに関しても緩徐な投与が推奨されることとなったものであるが、エチ

ドロネートの100倍ないし1000倍の骨吸収抑制作用の薬効を有するパミドロン酸、インカドロン酸及びアレンドロン酸といった第二世代、第三世代のビスホスホネートは使用量が少量で足りることもあり、患者の利便性との兼ね合いで急速投与が検討され、……急速投与で安全性が確認されただけでなく、これら3つの製剤については逆に腎機能障害の改善効果の報告もあることが認められる。

　このような本願優先日当時の第二世代及び第三世代のビスホスホネートの開発の経緯及び急速投与の実績からすれば、当業者としても、引用例3に記載された第一世代のビスホスホネートの急速投与による腎臓への有害事象に関する知見は、第三世代のビスホスホネートであるゾレドロン酸に直ちに当てはまるものではないと理解されるものと認められる。

　そうすると、……ゾレドロン酸はパミドロン酸よりも100ないし850倍も活性が高いビスホスホネートであって、インカドロン酸及びアレンドロン酸よりもさらに骨吸収抑制作用が高く少量投与で足りることも考慮すれば、患者の利便性や負担軽減の観点からも、引用例1及び2において安全性が確認されたゾレドロン酸4 mgの5分間投与という投与時間を、更に延長する動機付けがあると認めることは困難である。

◆考　察

　「用法・用量」に特徴を有する医薬用途発明に関しては、効果の予測される範囲において用法・用量を設定することは当業者が通常行う創意工夫であるとの前提にたつものの、本件のように副作用が想定されない等の「特段の事情」が認められる場合には、そもそも用法・用量を変更する動機付けがなかったと判断され、進歩性が認められる。

判決例1-18　医薬用途発明の動機付け（進歩性なし）
平成29年（行ケ）第10165号「ハーセプチン」（知財高裁平成30.10.11）（髙部眞規子裁判長）
ハーセプチンを有効成分とする乳癌治療剤の「用法・用量」に特徴を有する医薬用途発明に関して、当業者の通常の創作能力を発揮すれば本件発明の投与計

画に至ることは容易として、進歩性を認めた審決を取り消した事例。

◇本件発明

【請求項6】抗 ErbB2抗体 huMab4D5-8を含有し、8 mg/kg の初期投与量と6 mg/kg 量の複数回のその後の投与量で前記抗体を各投与を互いに3週間の間隔をおいて静脈投与することにより、HER2の過剰発現によって特徴付けられる乳癌を治療するための医薬組成物。

◇本件発明と引用発明の対比

（一致点）

抗 ErbB2抗体 huMab4D5-8を含有し、静脈投与することにより、HER2の過剰発現によって特徴付けられる乳癌を治療するための医薬組成物。

（相違点）

「抗 ErbB2抗体 huMab4D5-8」の「静脈投与」を、本件発明では「8 mg/kg の初期投与量と6 mg/kg 量の複数回のその後の投与量で前記抗体を各投与を互いに3週間の間隔をおいて」行うのに対し（8/6/3投与計画）、引用発明では、4 mg/kg の初期投与量と2 mg/kg 量の複数回のその後の投与量で前記抗体を各投与を互いに1週間の間隔をおいて、行う（4/2/1投与計画）という点。

◇裁判所の判断

ア　構成について

……引用例2には、本件抗体の薬物動態を観察するに当たり、本件抗体が週1回10〜500mg の短持続期間の静脈注入が行われた旨記載されている。ここで、週1回10〜500mg の投与は、患者の体重が60kg の場合は0.167〜8.33mg/kg、70kg の場合は0.143〜7.14mg/kg に相当する。そうすると、引用例2には、本件抗体を週1回8 mg/kg 程度までの投与量で投与できることは、示唆されているといえる。……引用発明2-1のとおり本件抗体を4/2/1投与計画によって投与するだけではなく、本件抗体の投与量と投与間隔を、その効能と副作用を観察しながら調整しつつ、本件抗体の投与期間について、費用効率、利便性の観点から、併用される化学療法剤の投与期間に併せて3週間とすることや、本件抗体の投与量について、8 mg/kg 程度までの範囲内で適宜増大させることは容易に試みるというべきである。そして、当業者が、このように通常の創作能力を発揮すれば、本件抗体を8/6/3投与計画によって投与するに至るのは容易である。

……Ａ博士の宣誓書（乙８）には、がん専門臨床医は、未試験の投与レジメンを実験することは患者の生命をリスクにさらすことになるから、本件抗体を8/6/3投与計画で投与することを動機付けられないなどと記載されているが、臨床医が薬剤の新たな用法用量を臨床的に試みる動機付けがないことをもって、薬剤の新たな用法用量の開発を試みる動機付けを否定するものにはならない。

　イ　効果について

　本件明細書には、本件抗体を8/6/3投与計画で投与した場合における、病勢進行の期間の長期化や生存率に関する具体的な記載はないから、本件発明６の治療効果は不明であって、引用発明２−１と同等の治療効果を有するとは直ちにはいえない。

◆考　察

　「用法・用量」に特徴を有する医薬用途発明に関しては、本件のように、当初明細書に「用法・用量」の変更に伴う効果を確認する臨床試験が存在しない場合には、当業者が通常の創作能力を発揮したにすぎないとして進歩性が否定される。

　また、臨床医が薬剤の新たな用法・用量を臨床的に試みる動機付けがないことをもって、薬剤の新たな用法・用量の開発を試みる動機付けを否定するものにはならない。

判決例１-19　容易の容易（進歩性あり）

平成27年（行ケ）第10149号「平底幅広浚渫用グラブバケット」（知財高裁平成28.8.10）（髙部眞規子裁判長）

審決の判断は「容易の容易」に当たるから、相違点は容易ではないとして、進歩性欠如により特許無効とした審決を取り消した事例。

◆本件発明

　【請求項１】……シェルの上部にシェルカバーを密接配置するとともに、前記シェルカバーの一部に空気抜き孔を形成し、該空気抜き孔に、シェルを左右に広げたまま水中を降下する際には上方に開いて水が上方に抜けるとともに、シェルが掴み物を所定容量以上に掴んだ場合にも内圧の上昇に伴って上方に開

き、グラブバケットの水中での移動時には、外圧によって閉じられる<u>開閉式の</u><u>ゴム蓋を有する蓋体を取り付け</u>……平底幅広浚渫用グラブバケット。

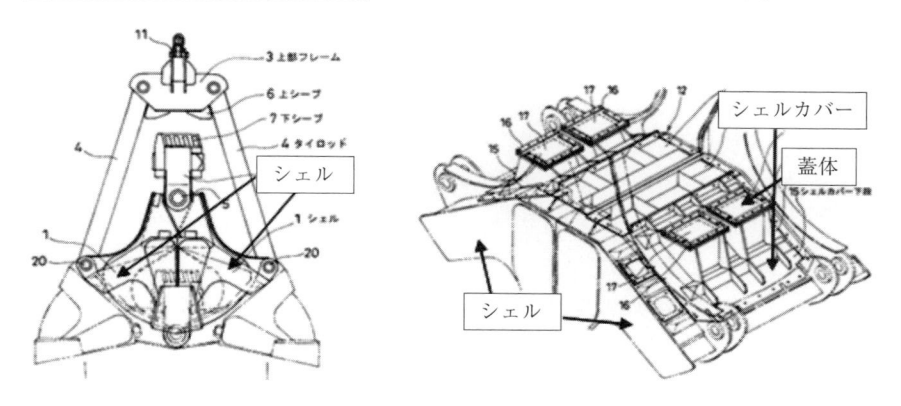

◇引用刊行物

(1)　引用発明1　（主引例）

本件発明の前提の構成と一致するが、シェル上部の具体的構造の記載はない。

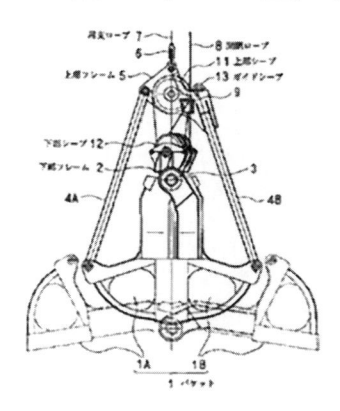

(2)　周知例2

「周知例2」については、審決は「シェルの上部にシェルカバーを密接配置すること」の周知例として引用したが、判決は、周知であることを否定したため、周知技術を意味せず、「甲26記載事項」とでもいうべきもので、次の記載がある。

「シェルの上部開口部に開口カバー（シェルカバー）を装着すること」

(3)　周知技術3

「浚渫用グラブバケットにおいて、シェルの上部に空気抜き孔を形成すること」は周知。

ただし、この周知技術3は、シェルの上部が密閉されていることを前提としていることを判決は認定。

◇相違点

相違点2：

本件発明においては、「シェルの上部にシェルカバーを密接配置するとともに、前記シェルカバーの一部に空気抜き孔を形成し、該空気抜き孔に、シェルを左右に広げたまま水中を降下する際には上方に開いて水が上方に抜けるとともに、シェルが掴み物を所定容量以上に掴んだ場合にも内圧の上昇に伴って上方に開き、グラブバケットの水中での移動時には、外圧によって閉じられる開閉式のゴム蓋を有する蓋体を取り付け」るのに対して、引用発明1においては、そのように構成されているか否か不明である点。

◇裁判所の判断

本件特許出願の当時、浚渫用グラブバケットにおいて、シェルで掴んだ土砂や濁水等の流出を防止することは、自明の課題であったということができる。

当業者は、引用発明1において、上記課題を解決する手段として、周知例2に開示された「シェルが掴んだヘドロ等の流動物質の流出を防ぐために、相対向するシェル11、11の上部開口部12、12に上部開口カバー13、13をシェル11、11の内幅いっぱいに固着するか、又は、取り外し可能に装着することによって、上部開口部12、12を上部開口カバー13、13でふさぎ、シェル11、11を密閉する」構成を適用し、相違点2に係る本件発明の構成のうち、「シェルの上部にシェルカバーを密接配置する」構成については容易に想到し得たものと認められる。

しかしながら、（更に適用すべき）シェルの上部に空気抜き孔を形成するという周知技術3は、シェルの上部が密閉されていることを前提として、そのような状態においてはシェル内部にたまった水や空気を排出する必要があり、この課題を解決するための手段である。

引用例1には、シェルの上部が密閉されていることは開示されておらず、よって、当業者が引用発明1自体について上記課題を認識することは考え難い。

当業者は、前記のとおり引用発明1に周知例2に開示された構成を適用して「シェルの上部にシェルカバーを密接配置する」という構成を想到し、同構成

について上記課題（注：シェル上部が密閉されている場合に、内部の空気を排出するという課題）を認識し、周知技術 3 の適用を考えるものということができるが、これはいわゆる「容易の容易」に当たるから、周知技術 3 の適用をもって相違点 2 に係る本件発明の構成のうち、「前記シェルカバーの一部に空気抜き孔を形成」する構成の容易想到性を認めることはできない。

◇**考　察**

　判決によると、引用発明 1 に周知例 2 の構成を適用することは容易想到であるが、本件発明の構成とするには、この周知例 2 を適用したうえで更に周知技術 3 を適用する必要がある。

　ここで、周知技術 3 は、シェルが密閉されていることが前提で、それに伴って空気を排出するという課題を解決するためのものである。

　引用発明 1 に周知例 2 を適用すると、シェルは密閉されることになるので、さらに周知技術 3 を適用する課題が新たに生じ、判決によると、この段階も容易想到といえる。

　しかし、主引例である引用発明 1 では、シェルを密閉することは開示されていないことから、引用発明 1 から出発すると、周知例 2 を適用して、更に適用後の構成に周知技術 3 を適用しなければ本件発明の構成に至らず、それは、いわゆる「容易の容易」という 2 段階の容易想到性が必要で、これは容易ではないという判示である。

　審査基準では、「審査官は、論理付けのために引用発明として用いたり、設計変更等の根拠として用いたりする周知技術について、周知技術であるという理由だけで、論理付けができるか否かの検討（その周知技術の適用に阻害要因がないか等の検討）を省略してはならない。」（第Ⅲ部第 2 章第 2 節「進歩性」3.3「進歩性の判断における留意事項(3)」）としており、上記判断と整合しているともいえる。

　なお、この「容易の容易」は容易でないと判断した判決例は他に、平成28年（行ケ）第10186号「摩擦熱変色性筆記具及びそれを用いた摩擦熱変色セット」（知財高裁平成29.3.21）（髙部眞規子裁判長）「引用発明 1 に引用発明 2 を組み合わせて『エラストマー又はプラスチック発泡体から選ばれ、摩擦熱により筆記時の有色のインキの筆跡を消色させる摩擦体』を筆記具と共に提供することを想到した上で、これを基準に摩擦体（摩擦具 9 ）の提供の手段として摩擦体を筆

記具自体又はキャップに装着することを想到し、相違点5に係る本件発明1の構成に至ることとなる。このように、引用発明1に基づき、2つの段階を経て相違点5に係る本件発明1の構成に至ることは、格別な努力を要するものといえ、当業者にとって容易であったということはできない。」、平成26年（行ケ）第10079号「窒化ガリウム系発光素子」(知財高裁平成26.11.26)(清水節裁判長)、平成27年（行ケ）第10094号「ロータリ作業機のシールドカバー」(知財高裁平成28.3.30)(高部眞規子裁判長)がある。

判決例1-20　容易の容易（進歩性なし）

平成20年（行ケ）第10049号「クリップ」(知財高裁平成20.12.22)(田中信義裁判長)

刊行物1発明に刊行物2のものを適用するに当たり、本件発明の構成とすることは困難もなく試行し得た範囲の事項であるとして、本件発明の進歩性を否定した審決を支持した事例。

◇本件発明

【請求項1】　リブを有する被取付け部材を、取付け孔を有する取付け板に装着するために使用されるクリップであって、……樹脂材によって一体成形されたクリップ本体は、挿入部と、<u>挿入部の内側から垂下する一対の挟持部と</u>……を有し、……両挟持部は互いに平行に対向する平坦な挟持面と、これらの挟持面に形成された係合突部とを有し……<u>両係合突部はクリップ本体が被取付け部材のリブに取り付けられたときに該リブに形成されている係合孔に、挟持面と直角な面で係合する</u>ように設定されていることを特徴とするクリップ。

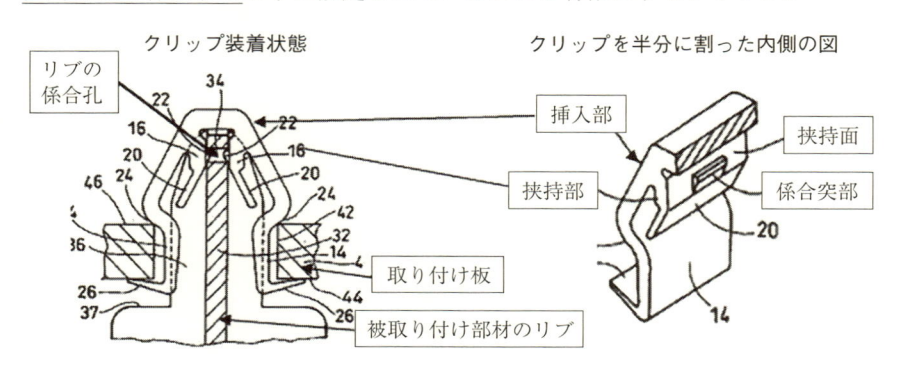

◇引用刊行物

刊行物1のクリップ

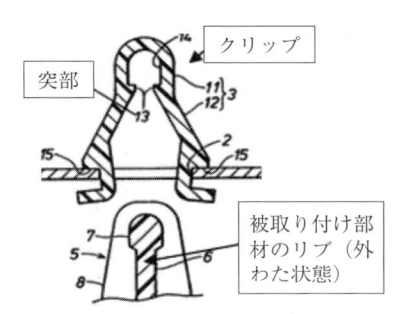

刊行物2のクリップ

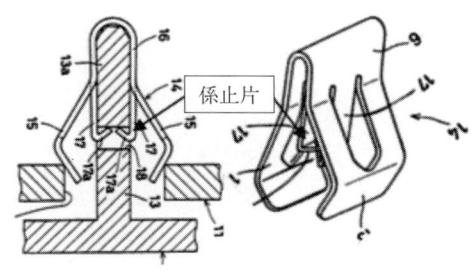

◇状況の説明

　本件発明と主引例である刊行物1の発明とは、本願の請求項1に下線を付けた箇所が相違点である。

　すなわち、本件発明では、クリップ上部の挿入部（取り付け板の穴に挿入される部分）の内側から一対の挟持部が垂下しており、挿入部と挟持部で二重構造になっている。その挟持部の内側面に係合突部が形成されていて、被取り付け部材のリブの係合孔に挟持面と直角な面で係合する。それに対して、刊行物1の発明では、挿入部の内側から垂下する挟持部は存在せず、挿入部の内面に形成された突部が、被取り付け部材のリブの段部に係合する。

　この相違点について、副引用例として引用された刊行物2は、図のとおり、1枚の板に切れ目を入れて切り起こしたクリップであることから、挟持部が挿入部の内側から垂下する構造ではない。そのため、刊行物2の事項を刊行物1の発明に適用しても、本件発明の構成にはならない。

◇裁判所の判断

　刊行物2の係止片の形状、機能、クリップ本体における位置、取付用突起との関係等の技術事項に照らして見れば、合成樹脂材で一体成形される刊行物1記載の発明において、刊行物2の係止片を適用するに当たり、これを挿入部に相当する頭部の内側から垂下する一対の挟持部として構成することは、当業者がさしたる困難もなく試行し得た範囲の事項であると認められるから、相違点に係る本件発明の構成は当業者が容易に想到し得たものと認められる。

　審決は、本件発明と刊行物1記載の発明との相違点について、刊行物1記載の発明に刊行物2記載の技術事項を適用して容易想到であると判断しているの

であるから、刊行物2記載の技術事項を適用した結果として、相違点に係る本件発明の構成を容易に想到することができたかどうかが問題なのであり、必ずしも刊行物2において、相違点に係る本件発明の構成と全く同一の構成が記載されている必要はないというべきである。

◇考　察

この件では、刊行物2のような1枚の板を切り起こして形成する技術では、刊行物1に適用しても本件発明の構成にはなり得ないが、判決及び審決の判断は、このような刊行物2に記載されたクリップにおける係止片だけの部分に限って、それを刊行物1のような樹脂で一体成形されたものに適用する際には、本件発明のような構成にすることは何の困難もないという考え方である。

主引例に副引例を適用する際に、更なる変更を行わないと本件発明の構成にならないが、その変更について、単なる設計変更だという趣旨の認定をして進歩性を否定した判決は、その変更が確かに通常の創作能力の範囲内に過ぎないようなものから、そのような認定には無理があると思われるものまで、相当数の判決がある。

このような判決例は他に、平成28年（行ケ）第10120号「ワイパモータ」（知財高裁平成29.5.17）（鶴岡稔彦裁判長）「甲1発明に甲2に開示の上記技術を適用して6個のブラシを3個に減らすに際し、……高速ブラシを低速ブラシと共通接地ブラシとの間に形成される空間のうち広角側の空間に低速ブラシ及び共通接地ブラシと対向するように配置し、3個のブラシを整流子を三方から押圧する位置に配置すること（すなわち、相違点5に係る本件発明1の構成とすること）は、当業者が適宜行うべき設計的事項の範囲内のことにすぎないものといえる。」がある。

判決例1-21　周知技術の適用と阻害要因1

平成27年（行ケ）第10018号「マルチデバイスに対応したシステムにおいて用いられる装置、その装置において実行される方法およびプログラム」（知財高裁平成27.12.17）（高部眞規子裁判長）

引用発明に周知技術Aを適用すれば、引用発明の課題を解決することができなくなるから、周知技術Aの適用については阻害要因があると判断された事

例。

◇本件発明

【請求項1】マルチデバイスに対応したシステムにおいて用いられる装置であって、／前記装置は、ネットワークを介して、前記マルチデバイスとしての複数の端末のうちの少なくとも1つの端末に接続されるように構成され、前記装置は、プロセッサ部とメモリ部とを含み、前記メモリ部には、少なくとも1つのスタイルシートが予め格納されており、前記少なくとも1つのスタイルシートのそれぞれは、コンテンツの表示形式を定義するものであり、前記少なくとも1つのスタイルシートのそれぞれは、前記少なくとも1つの端末のうちの1つに対応し、／前記プロセッサ部は、／要求端末からの要求を前記ネットワークを介して受信することであって、前記要求端末は、前記少なくとも1つの端末のうちの1つである、ことと、／前記要求端末のユーザ・エージェント情報を認識することにより前記要求端末のタイプを判定し、前記要求端末のタイプに応じたスクリプトを、前記ネットワークを介して、前記要求端末に送信し、前記送信されたスクリプトを前記要求端末が実行することによって前記要求端末において取得された前記要求端末の画面サイズを示す情報を、前記ネットワークを介して、前記要求端末から受信することによって、前記要求端末の画面サイズを示す情報を取得することと、／前記要求端末の画面サイズを示す情報に少なくとも基づいて、前記少なくとも1つのスタイルシートのうちのスタイルシートを選択することと、／前記選択されたスタイルシートに基づく情報を前記ネットワークを介して前記要求端末に提供することと／を行うように構成されている、装置。

◇審決の内容

本件発明は、その出願前に日本国内において頒布された刊行物である引用例に記載された発明（引用発明）及び周知例1から4に記載された周知技術Aに基づいて、当業者が容易に発明をすることができたものであるから、特許法29条2項の規定により特許を受けることができない。

◇引用刊行物

（1）　引用発明

端末装置の特性や能力等に応じて別々のコンテンツ及び選択肢を用意することなく、コンテンツのメンテナンスに要する負担やコスト等を軽減しつつ、端

末装置に応じた最適なコンテンツを提示することができる情報提示装置の提供を課題とする。

　(2)　周知技術 A

　端末装置の種類（通常画面サイズも異なる）に対応する複数のスタイルシート（CSS）をあらかじめ用意しておき、そのうちの1つを選択するようにすること。

◇裁判所の判断

　引用発明は、端末装置の特性や能力等に応じて別々のコンテンツ及び選択肢を用意することなく、コンテンツのメンテナンスに要する負担やコスト等を軽減しつつ、端末装置に応じた最適なコンテンツを提示することができる情報提示装置の提供を課題とした。

　そして、課題解決手段として、端末装置の表示画面サイズを含む端末情報を取得し、コンテンツを構成するページに対応する構造化データに規定された素材データの提示形式を、前記端末情報に基づいて前記端末装置に合った提示形式に調整した上で、前記素材データをフォーマット変換して XHTML 文書と CSS から成るページデータを生成するという構成を採用した。

　引用発明は、同構成を採用して、各コンテンツに係る素材データにつき、前記調整、変換を行い、最終的に各端末装置に合った提示形式を備えたページデータにすることにより、前記課題を解決するものである。

　他方、周知技術 A は、端末装置の種類（通常画面サイズも異なる）に対応する複数のスタイルシート（CSS）をあらかじめ用意しておき、そのうちの1つを選択するようにすることであり、サーバ装置側に複数の選択肢をあらかじめ用意しておく必要があることから、端末装置の種類や機種の増加に伴って、サーバ装置側の製作負荷が膨大なものとなり、コストも増大するという問題を生じさせるものである。そして、この問題は、引用発明がその解決を課題とし、課題解決手段の採用によって解決しようとした問題にほかならない。

　したがって、引用発明に周知技術 A を適用すれば、引用発明の課題を解決することができなくなることは明らかであるから、上記適用については、阻害要因があるものというべきである。

◇考　察

(1)　阻害要因にもいくつかのパターンがあるが、本件は、副引用例を主引用例

に適用すれば、主引用例の課題が解決できなくなるという最も典型的な例である。

　そして、適用する技術がたとえ周知技術であっても、その適用に阻害要因があれば、本件発明の進歩性は否定できない例でもある。

(2)　審査基準においても、主引例に副引例を適用する場合の阻害要因として、次の4つを挙げているが、本件での阻害要因は、その①及び②に該当する。

①主引用発明に適用されると、主引用発明がその目的に反するものとなるような副引用発明

②主引用発明に適用されると、主引用発明が機能しなくなる副引用発明

③主引用発明がその適用を排斥しており、採用されることがあり得ないと考えられる副引用発明

④副引用発明を示す刊行物等に副引用発明と他の実施例とが記載又は掲載され、主引用発明が達成しようとする課題に関して、作用効果が他の実施例より劣る例として副引用発明が記載又は掲載されており、当業者が通常は適用を考えない副引用発明

判決例1-22　周知技術の適用と阻害要因2

平成22年（行ケ）第10184号「膨張弁」（知財高裁平成23.2.3）（滝澤孝臣裁判長）

引用発明の従来技術が採用している手段（引用発明がこの手段を排除している）を引用発明に適用することには阻害要因があると判断された事例。

◇**本件補正発明**（下線部分が補正箇所である）

　【請求項2】エバポレータに向かう液冷媒が通る第1の通路とエバポレータからコンプレッサに向かう気相冷媒が通る第2の通路を有する樹脂製の弁本体と、上記第1の通路中に設けられるオリフィスと、該オリフィスを通過する冷媒量を調節する弁体と、上記弁本体に設けられ、上記気相冷媒の温度に対応して動作するパワーエレメント部と、上記パワーエレメント部と上記弁体との間に設けられる弁体駆動棒とを備え、上記弁体駆動棒は、上記気相冷媒の温度を上記パワーエレメント部に伝達するとともに上記パワーエレメント部により駆動されて上記弁体を上記オリフィスに接離させる膨張弁であって、上記パワー

エレメント部は、弾性変形可能な部材から成る上カバーと下カバーの外周縁にてダイアフラムを挟持することにより構成され、上記弁本体の上端部の外周部に固着部材がインサート成形によって設けられ、上記固着部材には雄ねじが形成されており、上端部が内側に屈曲した筒状の連結部材の内面には雌ねじが形成されており、上記連結部材を上記雌ねじと上記雄ねじとのねじ結合によって上記固着部材に螺着して上記パワーエレメント部の外周縁を上記連結部材の上端部と上記弁本体の上端部との間に挟み込むことにより、上記パワーエレメント部が上記弁本体に固定されていることを特徴とする膨張弁。

◇審決の内容

本件補正発明は、引用発明、引用例2の技術及び周知技術により容易に発明できたものであるとして補正を却下し、補正前の本願発明は、同じく引用発明、引用例2の技術及び周知技術により容易に発明できたものであるとした。

・本件補正発明と引用発明との相違点

パワーエレメント部の弁本体への固定を、本件補正発明では、……雌ねじと雄ねじとのねじ結合によって……行うのに対して、引用発明では、……かしめることにより行う点。

◇裁判所の判断

膨張弁を含む圧力制御弁の技術分野において、円筒形の2つの部材を固定する手段として、かしめ固定のほかに、螺着という手段が存在することは、当業者にとって周知技術である。

しかしながら、引用例には、フランジ部に金属板をインサート成形したとしても、この部分に雄ねじを、筒状止め金具の内側に雌ねじを、それぞれ形成して、両部材の固定に当たって前記周知技術である螺着という方法を採用することについては、いずれも何らこれを動機付け又は示唆する記載がない。

むしろ、引用発明は、本件先行発明の制御機構が、取付筒に形成された雄ねじと弁本体の内側に形成された雌ねじにより螺着されているが、雄ねじの形成にコストがかかり、かつ、取付けに当たり接着剤を使用する必要があり、取付作業が面倒になるという課題を解決するために、かしめ固定という方法を採用し、本件先行発明が採用するねじ結合による螺着という方法を積極的に排斥したものである。したがって、引用発明に接した当業者は、あくまでも制御機構（パワーエレメント部）と樹脂製の弁本体をかしめ固定により連結することを前提とした技術の採用について想到することは自然であるといえるものの、本

件先行発明が採用していながら、引用発明が積極的に排斥したねじ結合による螺着という方法を想到することについては、阻害事由があるといわざるを得ない。

◇**考　察**

(1)　引用発明におけるかしめ固定をねじ結合に変更すれば、本件補正発明の構成となり、引用発明の技術分野においてねじ結合とすることは周知であるが、引用発明の従来技術がねじ結合を採用したもので、引用発明はこれを排斥していることから、本件判決では、ねじ結合を採用することには阻害要因があるとされた。

(2)　審査基準においても、主引例に副引例を適用する場合の阻害要因として、
　①主引用発明に適用されると、主引用発明がその目的に反するものとなるような副引用発明
　②主引用発明に適用されると、主引用発明が機能しなくなる副引用発明
　③主引用発明がその適用を排斥しており、採用されることがあり得ないと考えられる副引用発明
　④副引用発明を示す刊行物等に副引用発明と他の実施例とが記載又は掲載され、主引用発明が達成しようとする課題に関して、作用効果が他の実施例より劣る例として副引用発明が記載又は掲載されており、当業者が通常は適用を考えない副引用発明

を挙げているが、本件の例は、③の「主引用発明がその適用を排斥しており、採用されることがあり得ないと考えられる副引用発明」に該当する。

判決例1-23　追加の実験結果による本件発明の効果認定

平成21年（行ケ）第10238号「日焼け止め剤組成物」（知財高裁平成22.7.15）（飯村敏明裁判長）

本件当初明細書には、「UV-Bフィルター」として「2-フェニル-ベンズイミダゾール-5-スルホン酸」と特定したことによる本件発明の効果に関する記載がされていると理解できるから、本件においては、本件発明の効果の内容について、本件発明の容易想到性の判断に当たり、審判手続において原告から提出された、審判請求理由補充書における本件【参考資料1】実験の結果を参酌す

ることが許される場合であると判断すべきであるとして、実験結果を参酌しなかった審決を取り消した事例。

◇**本件発明**

【請求項1】 日焼け止め剤としての使用に好適な組成物であって：

　a）安全で且つ有効な量の、UVAを吸収するジベンゾイルメタン日焼け止め剤活性種；

　b）安全で且つ有効な量の安定剤であって、次式、

　【化1】……

　を有し、式中、R_1及び$R_1{}'$は独立にパラ位又はメタ位にあり、独立に水素原子、又は直鎖もしくは分枝鎖のC_1～C_8のアルキル基、R_2は直鎖又は分枝鎖のC_2～C_{12}のアルキル基；及びR_3は水素原子又はCN基である前記安定剤；

　c）0.1～4重量％の、2-フェニル-ベンズイミダゾール-5-スルホン酸である UVB 日焼け止め剤活性種；及び

　d）皮膚への適用に好適なキャリア；

を含み、前記 UVA を吸収するジベンゾイルメタン日焼け止め剤活性種に対する前記安定剤のモル比が0.8未満で、前記組成物がベンジリデンカンファー誘導体を実質的に含まない前記組成物。

◇**審決の内容**

（1）　審決の相違点の認定

　本件発明は「0.1～4重量％の2-フェニル-ベンズイミダゾール-5-スルホン酸である UVB 日焼け止め剤活性種を含む」のに対し、引用発明は「任意に通常の UV-B フィルターを含む」とされている点。

（2）　審決の本件発明の効果の認定

　本件発明が、特に「UV-B フィルター」を「2-フェニル-ベンズイミダゾール-5-スルホン酸」に特定することによる効果については、何ら具体的に記載されていない。よって、本願明細書の記載からは、格別予想外の効果が奏されたものとすることはできない。

　なお、平成19年3月19日付けの審判請求理由補充書において【参考資料1】として記載された本願発明（請求項1の組成物）の SPF 又は PPD に関する効果については、本願明細書には「UV-B フィルター」を「2-フェニル-ベンズ

イミダゾール−5−スルホン酸」に特定することによる効果が何ら具体的に記載されていないので、参酌することができない。仮にこれを参酌したとしても、……そのような SPF 又は PPD に関する効果をもって、当業者が予期し得ない格別予想外のものであるとすることはできない。

◇裁判所の判断

(1)　審判請求理由補充書の実験結果を参酌することについて

特許法29条 2 項の要件充足性を判断するに当たり、当初明細書に、「発明の効果」について、何らの記載がないにもかかわらず、出願人において、出願後に実験結果等を提出して、主張又は立証することは、先願主義を採用し、発明の開示の代償として特許権（独占権）を付与するという特許制度の趣旨に反することになるので、特段の事情のない限りは、許されないというべきである。

また、出願に係る発明の効果は、現行特許法上、明細書の記載要件とはされていないものの、出願に係る発明が従来技術と比較して、進歩性を有するか否かを判断する上で、重要な考慮要素とされるのが通例である。出願に係る発明が進歩性を有するか否かは、解決課題及び解決手段が提示されているかという観点から、出願に係る発明が、公知技術を基礎として、容易に到達することができない技術内容を含んだ発明であるか否かによって判断されるところ、上記の解決課題及び解決手段が提示されているか否かは、「発明の効果」がどのようなものであるかと不即不離の関係があるといえる。そのような点を考慮すると、本願当初明細書において明らかにしていなかった「発明の効果」について、進歩性の判断において、出願の後に補充した実験結果等を参酌することは、出願人と第三者との公平を害する結果を招来するので、特段の事情のない限り許されないというべきである。

他方、進歩性の判断において、「発明の効果」を出願の後に補充した実験結果等を考慮することが許されないのは、上記の特許制度の趣旨、出願人と第三者との公平等の要請に基づくものであるから、当初明細書に、「発明の効果」に関し、何らの記載がない場合はさておき、当業者において「発明の効果」を認識できる程度の記載がある場合やこれを推論できる記載がある場合には、記載の範囲を超えない限り、出願の後に補充した実験結果等を参酌することは許されるというべきであり、許されるか否かは、前記公平の観点に立って判断すべきである。

(2)　上記観点からの本件についての検討

本願当初明細書には、本願発明の作用効果について、「本発明の組成物は、UVA を吸収するジベンゾイルメタン日焼け止め剤活性種、すでに定義された安定剤、UVB 日焼け止め剤活性種、及びキャリアを含み、実質的にはベンジリデンカンファー誘導体を含まない組成物であるが、現在、驚くべきことに、本組成物が優れた安定性（特に光安定性）、有効性、及び紫外線防止効果（UVA 及び UVB のいずれの防止作用を含めて）を、安全で、経済的で、美容的にも魅力のある（特に皮膚における透明性が高く、過度の皮膚刺激性がない）方法で提供することが見出されている。」との記載がある。

　また、本願当初明細書には、UVB 日焼け止め剤活性種（UV-B フィルター）について、「好ましい UVB 日焼け止め剤活性種は、２-フェニル-ベンズイミダゾール-５-スルホン酸、TEA サリチレート、オクチルジメチル PABA、酸化亜鉛、二酸化チタン、及びそれらの混合物から成る群から選択される。好ましい有機性日焼け止め剤活性種は２-フェニル-ベンズイミダゾール-５-スルホン酸である」との記載がある。

　さらに、「２-フェニル-ベンズイミダゾール-５-スルホン酸」は、並列的に記載された様々な「UV-B フィルター」の中の１つとして公知のものである。

　以上の記載に照らせば、本願当初明細書に接した当業者は、「UV-B フィルター」として「２-フェニル-ベンズイミダゾール-５-スルホン酸」を選択した本願発明の効果について、広域スペクトルの紫外線防止効果と光安定性を、より一層向上させる効果を有する発明であると認識するのが自然であるといえる。

　他方、本件【参考資料１】実験の結果によれば、本願発明の作用効果は、①本願発明（実施例１）の SPF 値は「50＋」に、PPD 値は「８＋」に各相当し、従来品（比較例１～４）と比較すると、SPF 値については約３ないし10倍と格段に高く、PPD 値についても約1.1ないし２倍と高いこと（広域スペクトルの紫外線防止効果に優れていること）、②本願発明は従来品に対して、紫外線照射後においても格段に高い SPF 値及び PPD 値を維持していること（光安定性に優れていること）を示しており、上記各点において、顕著な効果を有している。

　確かに、本願当初明細書には、本件【参考資料１】実験の結果で示された SPF 値及び PPD 値において、従来品と比較して、SPF 値については約３ないし10倍と格段に高く、PPD 値についても約1.1ないし２倍と高いこと等の格別の効果が明記されているわけではない。しかし、本件においては、本願当初明

細書に接した当業者において、本願発明について、広域スペクトルの紫外線防止効果と光安定性をより一層向上させる効果を有する発明であると認識することができる場合であるといえるから、進歩性の判断の前提として、出願の後に補充した実験結果等を参酌することは許され、また、参酌したとしても、出願人と第三者との公平を害する場合であるということはできない。

◇考　察

(1)　本件は、本願発明の効果の内容について、本願発明の容易想到性の判断にあたり、審判手続において提出された、審判請求理由補充書における本件【参考資料１】実験の結果を参酌することが許される場合であると判断すべきであるとした事例である。

(2)　特許庁の審査基準では、明細書に引用発明と比較した有利な効果が記載されているとき、および引用発明と比較した有利な効果は明記されていないが明細書または図面の記載から当業者がその引用発明と比較した有利な効果を推論できるときは、意見書等において主張・立証（たとえば実験結果）された効果を参酌する。しかし、明細書に記載されてなく、かつ、明細書または図面の記載から当業者が推論できない意見書等で主張・立証された効果は参酌すべきでないとしている。

(3)　本判決は、当初明細書に、「発明の効果」について、何らの記載がないにもかかわらず、出願人において、出願後に実験結果等を提出して、主張または立証することは、先願主義を採用し、発明の開示の代償として特許権（独占権）を付与するという特許制度の趣旨に反することになるので、特段の事情のない限りは、許されないというべきであるとしつつも、当初明細書に、「発明の効果」に関し、何らの記載がない場合はさておき、当業者において「発明の効果」を認識できる程度の記載がある場合やこれを推論できる記載がある場合には、記載の範囲を超えない限り、出願の後に補充した実験結果等を参酌することは許されるというべきであり、許されるか否かは、公平の観点に立って判断すべきであると判示している。

(4)　意見書等で提出された実験結果を参酌することが許される場合についての考え方は、審査基準によってもはっきりとしないところがあったが、この判決で明確となった。

判決例 1-24　出願後の論文の実験データによる効果の認定

平成22年（行ケ）第10203号「腫瘍特異的細胞傷害性を誘導するための方法および組成物」（知財高裁平成24.5.28）（塩月秀平裁判長）

本件発明は引用例に記載された発明により進歩性を欠くとした審決に対し、原告が提出した論文に掲載された実験結果を参酌すると、本件発明には引用例からは当業者が予測し得ない有利な効果があり、本件発明が進歩性を欠くとはいえないとして、審決を取り消した事例。

◇本件発明

【請求項1】　細胞傷害性の遺伝子産物をコードする異種配列に機能的に連結されたH19調節配列を含むポリヌクレオチドを含有する、腫瘍細胞において配列を発現させるためのベクターであって、前記腫瘍細胞が膀胱癌細胞または膀胱癌である、前記ベクター。

◇審決の内容

（1）　本願発明1は、引用例1に記載された発明（引用発明1）に甲第3ないし6号証（引用例3ないし6）に記載された事項を組み合わせることで、当業者が容易に発明できたもので進歩性を欠く。

（2）　本願発明1と引用発明1との相違点

相違点(i)：調節配列が、本願発明1は、「H19」の調節配列であるのに対し、引用発明1は、H19の調節配列ではない点

相違点(ii)：腫瘍細胞が、本願発明1は、膀胱癌細胞又は膀胱癌であるのに対し、引用発明1は、膀胱癌細胞又は膀胱癌と特定されていない点

◇裁判所の判断

（1）　引用発明1は、アデノウイルスに腫瘍特異的に発現させることのできる発現シグナル、例えばα-フェトプロテインプロモーターやIGF-II P3プロモーターを、発現すると毒性のある産物を産生することになる異種配列（遺伝子）、例えばチミジンキナーゼ遺伝子（tK）とともに組み込んでベクターとし、このアデノウイルスベクターを標的となる腫瘍細胞に感染させて、感染後発現した異種配列に係る毒性産物で当該腫瘍細胞を傷害する発明であるところ、審決は、上記α-フェトプロテインプロモーター等の発現シグナルをH19遺伝子の調節配列のうちのH19プロモーターと置き換え（相違点(i)）、標的となる癌

（腫瘍）として膀胱癌を選択する（相違点(ii)）ことが容易であると判断したものである。

（2）　引用例1には、H19プロモーターの使用について記載していないし、示唆されているともいい難い。

引用例3の記載からは、進行した膀胱腫瘍（癌）細胞においてはもともと細胞内に存在する、すなわち内因性のH19遺伝子が発現している蓋然性が高く、同遺伝子がプロモーター及びエンハンサーを機能させる手掛かりとして有望であるといい得るものである。

しかしながら、前記のとおり、本件優先日当時、外来の遺伝子を導入して腫瘍（癌）を傷害するのは、プロモーターの活性が不十分であるなどの理由のため困難であるというのが当業者一般の認識であった上、H19遺伝子の生物学的機能は完全には解明されていなかったものである。

したがって、引用発明1に引用例3記載の発明ないし技術的事項を適用しても、本件優先日当時、当業者にとって、引用発明1のα-フェトプロテインプロモーター等の発現シグナルをH19遺伝子の調節配列のうちのH19プロモーターと置き換え（相違点(i)）、標的となる癌（腫瘍）として膀胱癌を選択する（相違点(ii)）ことが容易であると評価し得るかは疑問であるといわなければならない。

（3）　本願明細書の段落【0078】には、化学的に膀胱腫瘍を発症させたマウスに対し、H19調節配列を使用した遺伝子療法を施した実施例につき、「……マウスの実験群の膀胱腫瘍は、マウスの対照群内の膀胱腫瘍に比べてサイズが減少し壊死している。」との記載があり、本願発明のベクターによって、マウスを使用した膀胱腫瘍に対する実験で、対照群に対して膀胱腫瘍の大きさが有意に小さくなり、腫瘍細胞の壊死が見られた旨が明らかにされている。

（4）　上記に加えて、本願発明1の発明者らも執筆者として名を連ねている論文である「……（甲10）、2005年（平成17年）発行」には、H19遺伝子調節配列を用いたベクターの効果について、(i)膀胱癌（腫瘍）を発症させたマウスにジフテリア毒素を産生する遺伝子を誘導するプロモーターを使用したベクターを投与したところ、対照のマウスに対して腫瘍の平均重量が40％少なかったこと、(ii)ヒト膀胱癌（腫瘍）を発症させたヌードマウスにDT-Aを誘導するプロモーターを使用したベクター（DTA-H19）を投与したところ、投与しない対照のマウスが腫瘍の体積を2.5倍に拡大させたのに対し、腫瘍の増殖速度が

顕著に小さく、広範囲の腫瘍細胞の壊死が見られたこと、(iii)膀胱癌（腫瘍）を発症させたラットに上記ベクター DTA-H19を投与したところ、対照のラットに対して腫瘍の大きさの平均値が95％も小さかったこと、(iv)難治性の表層性膀胱癌（腫瘍）を患っている2人の患者に経尿道的に上記ベクター DTA-H19を投与したところ、腫瘍の体積が75％縮小し、腫瘍細胞の壊死が見られ、その後14か月（1人については17か月）が経過しても移行上皮癌（TCC）が再発しなかったことが記載されている。

(5) 本願明細書の段落【0078】には、具体的に数値等を盛り込んで作用効果が記載されているわけではないが、上記……（筆者注：甲10の論文の記載内容）は本願発明1の作用効果の記載の範囲内のものであることが明らかであり、甲第10号証の実験結果を本願明細書中の実験結果を補充するものとして参酌しても、先願主義との関係で第三者との間の公平を害することにはならないというべきである。

そうすると、本願発明1には、引用例1、3ないし6からは当業者が予測し得ない格別有利な効果があるといい得るから、本件優先日当時、当業者において容易に本願発明1を発明できたものであるとはいえず、本願発明1は進歩性を欠くものではない。

◇考　察

(1) 発明の効果について出願当初の明細書に記載されている場合に、進歩性の主張に関する発明の効果として、出願後に提示した実験結果を参酌することができることは、本章判決例1-23に掲載の平成21年（行ケ）第10238号判決「日焼け止め剤組成物」（知財高裁平成22.7.15、飯村敏明裁判長）に、「当初明細書に、『発明の効果』に関し、何らの記載がない場合はさておき、当業者において『発明の効果』を認識できる程度の記載がある場合やこれを推論できる記載がある場合には、記載の範囲を超えない限り、出願の後に補充した実験結果等を参酌することは許されるというべきである」と判示している。

(2) 今回の判決は、これと同趣旨であるが、裁判の合議体は異なっており、このような考え方が確立してきたといえる。

さらに、本件では、出願後の実験データは、関連する論文の引用に基づいて認めていることも参考になる。

判決例 1-25　数値限定発明における引用発明の対比

平成23年（行ケ）第10100号「高張力合金化溶融亜鉛めっき鋼板およびその製造方法」（知財高裁平成23.10.31）（八木貴美子裁判長）

数値限定発明である本件発明について、引用発明から容易想到であるとした審決には、引用発明の認定の誤り及び相違点の看過があるとして審決を取り消した事例。

◇本件発明

【請求項1】　鋼板表面に合金化溶融亜鉛めっき層を備える合金化溶融亜鉛めっき鋼板であって、前記鋼板が質量％で、C：0.05〜0.25％、Si：0.02〜0.20％、Mn：0.5〜3.0％、S：0.01％以下、P：0.035％以下および sol. Al：0.01〜0.5％を含有し、残部が Fe および不純物からなる化学組成を有し、かつ前記合金化溶融亜鉛めっき層が質量％で、Fe：11〜15％および Al：0.20〜0.45％を含有し、残部が Zn および不純物からなる化学組成を有するとともに、前記鋼板と前記合金化溶融亜鉛めっき層との界面密着強度が20 MPa 以上であることを特徴とする高張力合金化溶融亜鉛めっき鋼板。

◇審決の内容

(1)　本願発明は、引用例の記載に基づいて当業者が適宜なし得たものであり、特許法29条2項の規定により特許を受けることができない。

(2)　引用発明の認定

鋼板表面に合金化溶融亜鉛めっき層を備える合金化溶融亜鉛めっき鋼板であって、前記鋼板が質量％で、C：0.03〜0.18％、Si：0 〜1.0％、Mn：1.0〜3.1％、P：0.005〜0.01％及び Al：0.03〜0.04％を含有し、残部が Fe および不純物からなる化学組成を有し、かつ前記合金化溶融亜鉛めっき層が、質量％で Fe：8 〜15％、Al：0.1〜0.5％、及び $100mg/m^2$ 以下に制限された Mn を含有し、残部が Zn および不純物からなる化学組成を有する高張力合金化溶融亜鉛めっき鋼板。

(3)　一致点の認定

「鋼板表面に合金化溶融亜鉛めっき層を備える合金化溶融亜鉛めっき鋼板であって、前記鋼板が、C、Si、Mn、P 及び sol.Al を含有し、残部が Fe 及び不純物からなる化学組成を有し、かつ前記合金化溶融亜鉛めっき層が Fe 及び

Al を含有する化学組成を有する高張力合金化溶融亜鉛めっき鋼板。」で一致し、鋼板の C、Si、Mn、P 及び sol.Al の含有量、並びに、合金化溶融亜鉛めっき層の Fe 及び Al の含有量も重複する。

(4) 相違点の認定

筆者注：審決の挙げる相違点は、論点に関係しないために省略する。

◇裁判所の判断

(1) 引用発明の認定の誤り

①審決は、引用発明について、引用例の「表1」の鋼1ないし鋼5、及び、【特許請求の範囲】の【請求項1】の記載に基づき、C 含有量の下限は鋼3から、C 含有量の上限は鋼5から、Si 含有量の下限は鋼1又は鋼3から、Si 含有量の上限は鋼4又は鋼5から、Mn 含有量の下限は「請求項1」の「Mn：0.1質量％以上を含有する」から、Mn 含有量の上限は鋼5から、P 含有量の下限は鋼2から、P 含有量の上限は鋼1、鋼3又は鋼5から、Al 含有量の下限は鋼3又は鋼5から、Al 含有量の上限は鋼2又は鋼4からそれぞれ求め、認定した。

②しかし、審決の認定は、以下のとおり誤りである。

引用例の「表1」には、独立した5種の鋼が例示され、鋼1ないし鋼5には、含有されている元素の含有量が示されている。

ところで、合金においては、それぞれの合金ごとに、その組成成分の一つでも含有量等が異なれば、全体の特性が異なることが通常であって、所定の含有量を有する合金元素の組合せの全体が一体のものとして技術的に評価されると解すべきである。したがって、引用例に、複数の鋼（鋼1ないし鋼5）が実施例として示されている場合に、それぞれの成分ごとに、複数の鋼のうち、別個の鋼における元素の含有量を適宜選択して、その最大含有量と最小含有量の範囲の元素を含有する鋼も、同様の作用効果を有するものとして開示がされているかのような前提に立って、引用発明の内容を認定した審決の手法は、技術的観点に照らして適切とはいえない。

(2) 相違点の看過

①審決は、本願発明における鋼板の C、Si、Mn、P 及び sol.Al の含有量、並びに、合金化溶融亜鉛めっき層の Fe 及び Al の含有量の数値範囲と、引用発明における鋼板の C、Si、Mn、P 及び sol.Al の含有量、並びに、合金化溶融亜鉛めっき層の Fe 及び Al の含有量の数値範囲とが重複する

ことを理由として、これらの含有量を相違点とは認定せず、本願発明と引用発明との相違点を上記の3点のみ認定した。

②しかし、仮に、審決の認定した引用発明を前提としても、相違点の認定には誤りがある。

　引用発明における組成成分の含有量（含有する質量割合）の数値範囲が本願発明における組成成分の含有量（含有する質量割合）の数値範囲に全部重複するのは、鋼板のP及びsol.Alのみであり、鋼板のC、Si及びMnの含有量、並びに、合金化溶融亜鉛めっき層のFe及びAlの含有量については、引用発明における含有量の数値範囲の一部が本願発明における含有量の数値範囲と重複しない。

③本件においては、本願発明と引用発明とは、組成成分の含有量の組合せが、鋼の特性に影響を与える重要な構成であることに鑑みると、組成成分の含有量に異なる部分があることを考慮することなく、一部が重複していることのみを理由として、相違点の認定から除外することは許されないというべきである。

◇考　察

(1)　引用発明の認定の誤りについて

　審決は、同一特許公報に記載された複数の実施例から、本願発明と共通する数値範囲を成分ごとに選択して、引用発明として認定した。判決は、合金においては、成分の含有量が異なれば合金全体の特性が異なるものであるから、複数の実施例から含有量を適宜選択して引用発明を認定することは誤りであると判示した。

　審査基準では、独立した二以上の引用発明を組合わせて請求項に係る発明と対比してはならないとしており（新規性・進歩性の審査基準の「新規性判断の手法」での「請求項に係る発明と引用発明との対比」）、たとえ、同じ特許公報に記載された実施例であっても、それぞれが独立した異なる実施例であれば、それらの成分を組み合わせたものをひとつの引用発明として認定できないことは本件判決のとおりと考えられる。

(2)　相違点の看過について

　審決は、本願発明と引用発明の含有量の数値範囲が一部重複している場合を、一致点として認定した。判決は、それらのうちで、数値範囲が全部重複

するすなわち一致点として認定できるのは、鋼板のPおよびsol.Alのみで、鋼板のC、Si、Mn、メッキ層のFeおよびAlについては一部が重複するのみで一致点とはできず、相違点としなければならないことを判示している。

　本件での各成分の含有量と、判決の判示内容をまとめた表を次に記載する。

審決が一致点とした成分の表

	鋼板					めっき層	
	C	Si	Mn	P	sol. Al	Fe	Al
本願発明	0.05〜0.25	0.02〜0.20	0.5〜3.0	0.035 以下	0.01〜0.5	11〜15	0.20〜0.45
審決認定の引用発明	0.03〜0.18	0〜1.0	1.0〜3.1	0.005〜0.01	0.03〜0.04	8〜15	0.1〜0.5
両者の関係	一部重複	本願発明が引用発明に含まれる	一部重複	引用発明が本願発明に含まれる	引用発明が本願発明に含まれる	本願発明が引用発明に含まれる	本願発明が引用発明に含まれる
判決の認定	相違点	相違点	相違点	一致点	一致点	相違点	相違点

　この表のとおり、判決は、本願発明の数値範囲と引用発明の数値範囲とが互いにずれて一部が重なる場合は、相違点であり、また、引用発明の数値範囲が広くて本願発明の数値範囲がその中に含まれる場合も相違点であって、本願発明の数値範囲が広くて引用発明の数値範囲をそっくり含んでいる場合にのみ一致点であると認定している。

　本件判決と同様に、引用発明の数値範囲が本願発明の数値範囲より広い場合に一致点とできないことを判示した判決として、平成14年（行ケ）第119号「内接型オイルポンプロータ」（東京高裁平成15.5.30）がある。

　審査基準においては、引用発明が下位概念で表現されている場合は上位概念で表現された発明を認定できるが、上位概念で表現されている場合には下位概念で表現された発明を認定できないとし（新規性・進歩性の審査基準の「新規性判断の手法」での「第29条第1項各号に掲げる発明として引用する発明（引用発明）の認定」）、さらに、請求項に係る発明の下位概念と引用発明との対比を行い、両者の一致点及び相違点を認定することもでき、この手法は機

能・物性等によって物を特定しようとする記載や数値範囲による限定を含む請求項における新規性の判断に有効である（新規性・進歩性の審査基準の「新規性判断の手法」での「請求項に係る発明と引用発明との対比」）としている。

　すなわち、審査基準によると、本願発明と引用発明を対比する場合に、引用発明が下位概念の場合は、その上位概念の本願発明との一致点とできるが、引用発明が上位概念の場合は下位概念である本願発明との一致点とできないという基本的考えを述べた上で、数値範囲を限定した発明の場合は、本願発明の数値範囲の方をそれに含まれる引用発明と同じ数値範囲にまで下位のものとした上で、引用発明と対比を行うことが一致点の認定で有効だと述べている。このことは、本件判決と同じく、引用発明の数値範囲が本願発明の数値範囲に含まれる場合に一致点とすることと一致している。

判決例1-26　パラメータと数値限定（進歩性あり）

平成19年（行ケ）第10298号「電磁弁用ソレノイド」（知財高裁平成20.3.26）（中野哲弘裁判長）

本件発明は、① $d = (0.4 \sim 0.8) W$ との点、② $1.3 \leqq a/b \leqq 3.0$ との点のいずれの数値限定についても、それなりの技術的意義を有するものであるとして、進歩性を否定した審決を取り消した事例。

◇本件発明

【請求項1】　コイルを巻いたボビンと、該ボビンの中心孔に装着した固定鉄心と、該ボビンの中心孔に摺動可能に挿入され該ボビンの中心孔内に吸引力作用面を有し該コイルへの通電により吸引される可動鉄心とを有した電磁弁用ソレノイドにおいて、上記固定鉄心、可動鉄心及びボビンの中心孔の断面形状を長円または略長方形にすると共に、該ボビンに巻かれた断面が長円または略長方形のコイルの短軸側または短辺側の巻外径 W と、コイルの内側の断面積 S と同じ断面積の仮想円柱鉄心の直径 d との間に、$d = (0.4 \sim 0.8) W$ の関係を持たせ、上記固定鉄心及び可動鉄心の断面における長軸または長辺の長さ a と短軸または短辺の長さ b との比率を、$1.3 \leqq a/b \leqq 3.0$ とした、ことを特徴とする電磁弁用ソレノイド。

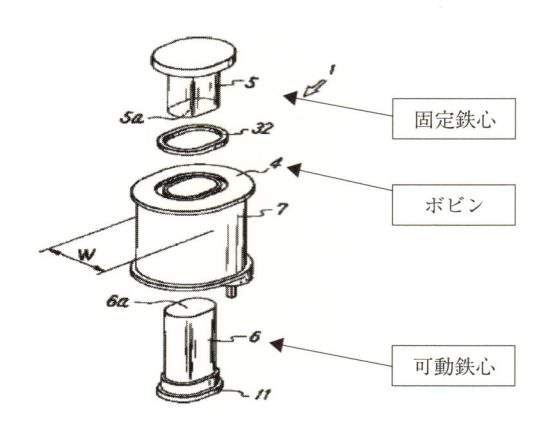

固定鉄心

ボビン

可動鉄心

◇審決の内容

　dとWの比率は、当業者が実験的に最適な特性が得られるものとして、適宜選定し得るものであると共に、本願発明の「d＝(0.4〜0.8)W」「1.3≦a/b≦3.0」という数値限定の範囲内と範囲外とで、有利な効果の差異が顕著であるともいえないから、かかる数値限定に臨界的意義を見出すこともできない。

◇引用発明（実開平4-97179号）

　コイルを巻いたボビンと、該ボビンの中心の孔にある固定鉄心と、該ボビンの中心の孔にあり該ボビンの中心の孔内に対向面を有する可動鉄心とを有した電磁弁用ソレノイドにおいて、上記固定鉄心、可動鉄心及びボビンの中心の孔の断面形状を長円にした、電磁弁用ソレノイド。

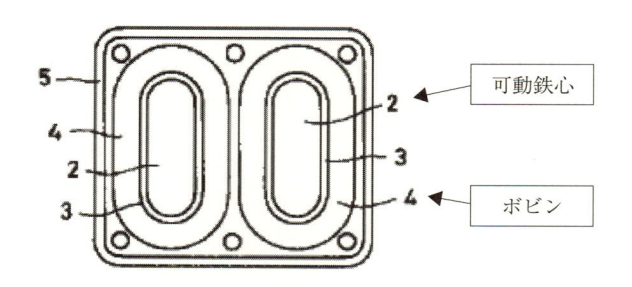

可動鉄心

ボビン

◇裁判所の判断

　……小型でありながら吸引力が大きく経済性が良い電磁弁用ソレノイドを達

成するに当たり、本願発明は、①固定鉄心、可動鉄心及びボビンの中心孔の断面形状を長円または略長方形にすること、②コイルの短軸側ないし短辺側……の巻外径 W と、コイルの内側の断面積 S と同じ断面積の仮想円柱鉄心の直径 d との間に、d＝(0.4〜0.8)W の関係を持たせること、③鉄心の断面における長辺の長さ a と短辺の長さ b との比率を、1.3≦ a/b ≦3.0とすること、によることとされている。……

　しかし、引用例には、固定鉄心、可動鉄心の断面形状を長円にすることは記載されてはいてもその寸法関係は明確にされておらず（相違点1）、審決が引用例につき「長円形状断面の鉄心とした場合であっても円形断面のものと少なくとも同等の吸引力を確保できるように電磁弁用ソレノイドを設計すべきことは明らかである」……とした点についても、円形断面と少なくとも同等の吸引力を確保できるように長円形状断面の形状を設計することに関する記載は全くない。……

　……本願発明は、上記のとおりコイルにおける短軸側の巻外径 W を一定にした場合に、固定鉄心及び可動鉄心の断面形状は円よりも長円または略長方形にしたほうが同じ鉄心断面積であっても吸引力が大きくなる点に注目し、その観点から相違点1に係る d＝(0.4〜0.8)W との式を求めたものであるから、この点に関し上記引用例には記載も示唆もされていないことからして、……本願発明の相違点1に係る構成を容易に想到できたとすることはできないというべきである。……

　また、「1.3≦ a/b ≦3.0」の数値はコイル巻外径 W が一定のもとで鉄心断面積を変更しないことを前提に投下コストを増大させることなく吸引力を増大させる範囲を定めるための数値であり、これらは、その数値範囲の内外における臨界的現象から数値を規定したものではない。

　よって、本願発明は、長円にした際に、単に吸引力を発揮することを目的としたものではなく、コイルの巻外径 W が一定であることを前提として、かつ同じ鉄心断面積であっても円よりも吸引力が大きくなるようにしたものであり、単に鉄心の断面形状を円から長円にしたものではなく、また① d＝(0.4〜0.8)W との点、②1.3≦ a/b ≦3.0との点のいずれの数値限定についても、それなりの技術的意義を有するものであるから、単に臨界的意義を見出すことができないとのみすることは妥当ではない。

⑴　本件は、本願発明は、① d＝(0.4〜0.8)W との点、②1.3≦ a/b ≦3.0との点のいずれの数値限定についても、それなりの技術的意義を有するものであるとして、進歩性を否定した審決を取り消した事例である。

⑵　引用発明は、鉄心形状を長円にしたものであり、また、そのような長円の場合も含めて吸引力を設計することは周知例に開示もあり、さらに、本願発明の数値限定は電磁気学上の高校程度の基礎式から導いただけのもので、図表からも上限値、下限値にも臨界的意義がないことから、審決では、進歩性を認めなかった。

⑶　しかし、巻き外径 W を一定にした場合に、鉄心の形状が長円だと同じ断面積でも円よりも吸引力が大きいことについては、引用刊行物には開示がなく、本願発明は、この知見に基づいて①②（パラメータ）の数値範囲を規定していることから、判決は、臨界的意義を要さずに進歩性が認められるとした。

⑷　パラメータに、引用例にない技術的意義があれば、限定された数値に臨界的意義を有しなくても進歩性が認められると考えられる。

⑸　パラメータ発明は、当業者に慣用されていない特殊パラメータを発明特定事項としているため、一般的な数値限定発明の場合と異なり、当業者が実験的に最適化しようと試みる対象とはいい難い。したがって、新規性を備えたパラメータ発明は、単なる数値限定発明に比べて進歩性があると認められやすい。

判決例 1-27　パラメータと数値限定（進歩性なし）

平成17年（行ケ）第10020号「内面溝付管」（知財高裁平成17.10.17）（篠原勝美裁判長）

本件発明は、「Hf/Di は、0.01以上0.020以下であるのに対し、引用発明は、Hf/Di は0.023である点」で相違するが、単重量を低減するという課題及びその解決手段として Hf を低くすることは周知の課題及びその解決手段であるから、引用発明の従来品の単重量を低減すること、及びそのための手段として Hf の値を小さくすることは、当業者であれば容易に想到できたことと認められるとした異議の決定が支持された事例。

◇本件発明

【請求項1】　管内面に管軸方向に傾斜する一の方向に延びる螺旋状の複数の平行溝を形成した内面溝付管において、前記溝間にはこの溝により相互に離隔されたフィンが形成されており、管の最大内径を Di、前記溝間に形成されたフィンの高さを Hf、このフィンの基部の幅を Wf、前記溝が形成された方向と管軸方向とがなすねじれ角を θ、前記溝の管周方向における溝ピッチを P としたとき、Hf/Di は0.01以上0.020以下、θ/Di は2.0乃至4.5、Hf/Wf は1.6未満、P は0.35乃至0.45（mm）であることを特徴とする内面溝付管。

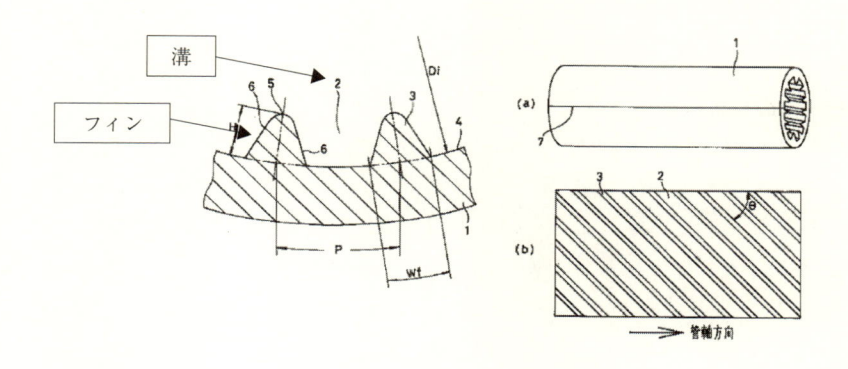

◇異議決定の内容

　本件発明は、「Hf/Di は、0.01以上0.020以下であるのに対し、引用発明は、Hf/Di は0.023である点」で相違するが、単重量を低減するという課題及びその解決手段として Hf（フィンの高さ）を低くすることは周知の課題及びその解決手段であるから、引用発明の従来品の単重量を低減すること、及びそのための手段として Hf の値を小さくすること（すなわち、Hf/Di の値を0.023より小さくすること）は、当業者であれば容易に想到できたことと認められる。

◇引用発明（特開平8-5278号公報）

　管内面に管軸方向に傾斜する一の方向に延びる螺旋状の複数の平行溝を形成した内面溝付管において、前記溝間にはこの溝により相互に離隔されたフィンが形成されており、管の最大内径を Di、前記溝間に形成されたフィンの高さを Hf、このフィンの基部の幅を Wf、前記溝が形成された方向と管軸方向とがなすねじれ角を θ、前記溝の管周方向における溝ピッチを P としたとき、Hf/

Di は0.023、θ/Di は2.40、Hf/Wf は0.71、P は0.43（mm）であることを特徴とする内面溝付管。

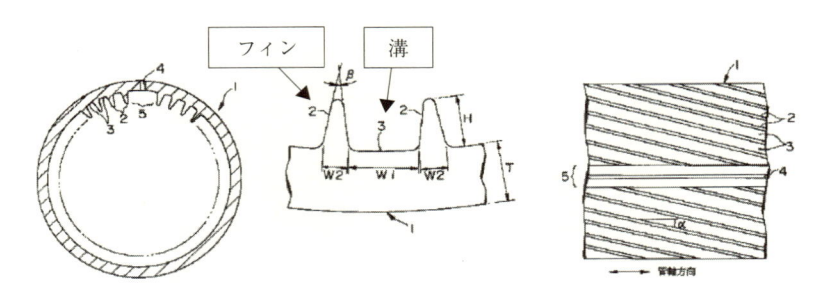

◆裁判所の判断

（1） 本件発明に係るパラメータの技術的意義

……フィン高さ Hf、管の最大内径 Di、溝ねじれ角 θ、フィンの基部の幅 Wf が、内面溝付管を特定するための基本的な数値であることは、当裁判所に顕著である。そうすると、本件発明において、内面溝付管の形状は、Hf/Di、θ/Di、Hf/Wf 及び P というパラメータによって特定されるものではなく、フィン高さ Hf、管の最大内径 Di、溝ねじれ角 θ、フィンの基部の幅 Wf その他の基本的な数値によって特定されるものである。一方、Hf/Di、θ/Di、Hf/Wf 及び P というパラメータは、内面溝付管を特定するための基本的な数値から Hf と Di、θ と Di、Hf と Wf とを抜き出して一方で他方を除したものであることまでは分かるが、単に、基本的な数値から Hf と Di、θ と Di、Hf と Wf とを抜き出して一方で他方を除したことが、基本的な数値とは別に本件発明をどのように規定するのか、さらには、発明としていかなる新規な技術的意義を有するのかが明らかであるとはいい難い。……

また、本件明細書には、Hf/Di、θ/Di、Hf/Wf 及び P の相互の関係については何の記載もなく、Hf/Di、θ/Di、Hf/Wf、P のそれぞれについて数値限定がされ、その理由が記載されているものであり、その余の記載をみても同様である。

以上によれば、本件発明が、パラメータ間のバランスに配慮し、これらのパラメータを最適化したものとはいい難く、したがって、Hf/Di、θ/Di、Hf/Wf 及び P というパラメータで内面溝付管の構成を規定するところに新規な技術

的意義があると……することができない。……

(2) 相違点の判断について

……溝深さ（Hf）と性能が比例的な関係にあること、また、圧力損失が平滑管に比べて大幅に増大する限界が Hf/Di の値0.02〜0.03付近にあることが本件出願時公知となっていたが、溝深さ（Hf）を大きくすると、単位重量が増加し、コストが増大するという理由により、従来品において、溝深さ（Hf）を抑えて、Hf/Di の値を0.018以下にとどめられていたことが認められる。

ところで、当業者が Hf/Di の値を決する場合、その有する技術常識を背景にして、上記のような公知の技術に基づいて任意に選択されることになり、必要があれば机上の計算、実験等も加えて任意に選択されるものである。その際、Hf/Di の値をコストを重視して従来品同様に0.018以下にとどめるか、性能向上を重視して0.02〜0.03程度にするかは、単なる設計事項にすぎないものであり、上記のとおり、技術常識、日常的な机上の計算、実験等によって、当業者において自由に決し得ることである。

そうすると、従来品である引用発明 1 の単重量を低減するために Hf/Di の値を0.020より小さくすることは、当業者において容易に想到できたものと認められ、……決定の判断に誤りはない。

◇考　察

(1) 本件は、Hf/Di、θ/Di、Hf/Wf および P というパラメータで内面溝付管の構成を規定するところに新規な技術的意義はなく、従来品である引用発明 1 の単重量を低減するために Hf/Di の値を0.020より小さくすることは、当業者において容易に想到できたものと認められるとした事例である。

(2) 審査基準には、数値限定を伴った発明の進歩性判断については、次のとおり記載されている。

「④数値限定を伴った発明における考え方

発明を特定するための事項を、数値範囲により数量的に表現した、いわゆる数値限定の発明については、

(i) 実験的に数値範囲を最適化又は好適化することは、当業者の通常の創作能力の発揮であって、通常はここに進歩性はないものと考えられる。しかし、

(ii) 請求項に係る発明が、限定された数値の範囲内で、刊行物に記載され

ていない有利な効果であって、刊行物に記載された発明が有する効果とは異質なもの、又は同質であるが際だって優れた効果を有し、これらが技術水準から当業者が予測できたものでないときは、進歩性を有する。

　なお、有利な効果の顕著性は、数値範囲内のすべての部分で満たされる必要がある。

　さらに、いわゆる数値限定の臨界的意義について、次の点に留意する。

　請求項に係る発明が引用発明の延長線上にあるとき、すなわち、両者の相違が数値限定の有無のみで、課題が共通する場合は、有利な効果について、その数値限定の内と外で量的に顕著な差異があることが要求される。

　しかし、課題が異なり、有利な効果が異質である場合は、数値限定を除いて両者が同じ発明を特定するための事項を有していたとしても、数値限定に臨界的意義を要しない」。

(3)　本件の場合、パラメータで構成を特定するところに技術的意義はなく、単なる数値限定を伴った発明であるとして、上記審査基準と同様の考え方で進歩性を判断している。

第2章

新規性（第29条第1項）
拡大先願（第29条の2）
先願（第39条）

1　新規性（29条1項）

　特許法29条1項は、産業上利用することができる発明をした者は、29条1項1号（公然知られた発明）、2号（公然実施をされた発明）、3号（頒布された刊行物に記載された発明又は電気通信回線を通じて公衆に利用可能となった発明）に掲げる発明を除き、その発明について特許を受けることができると規定している。

　特許権が付与される発明は新規な発明でなければならず、この規定は、新規性を有しない発明の範囲を明確にすべく、それらを類型化したものである。

《新規性判断の基本的な考え方》

　特許庁の審査基準は、新規性判断について以下のように定めている。

(1)　対比した結果、請求項に係る発明の発明特定事項と引用発明特定事項とに相違点がない場合は、請求項に係る発明は新規性を有しない。相違点がある場合は、新規性を有する。

(2)　特定の表現を有する請求項がある場合の考え方

①作用、機能、性質又は特性を用いて物を特定している場合

　　請求項中に機能・特性等を用いて物を特定しようとする記載がある場合には、原則として、その記載は、そのような機能・特性等を有するすべての物を意味していると解釈する。

②物の用途を用いてその物を特定しようとする記載（用途限定）がある場合

　ⅰ．用途限定がある場合の一般的な考え方

　　　用途限定が付された物が、その用途に特に適した物を意味すると解される場合は、その物は用途限定が意味する構造等を有する物であると解する。

　　　したがって、請求項に係る発明の発明特定事項と引用発明特定事項とが、用途限定以外の点で相違しない場合であっても、用途限定が意味する構造等が相違すると解されるときは、両者は別異の発明である。

　　　一方、用途限定が付された物が、明細書及び図面の記載並びに出願時の技術常識をも考慮しても、その用途に特に適した物を意味していると解することができない場合には、その用途限定は、下記ⅱの用途発明と解すべき場合に該当する場合を除き、物を特定するための意味を有して

いるとはいえない。

　したがって、この場合、請求項に係る発明の発明特定事項と引用発明特定事項とが、用途限定以外の点で相違しない場合は、両者は別異の発明であるとすることはできない。

ⅱ．用途限定が付された物の発明を用途発明と解すべき場合の考え方

　一般に、用途発明は、ある物の未知の属性を発見し、この属性により、当該物が新たな用途への使用に適することを見いだしたことに基づく発明と解される。

　そして、請求項中に用途限定がある場合であって、請求項に係る発明が、ある物の未知の属性を発見し、その属性により、その物が新たな用途に適することを見いだしたことに基づく発明といえる場合には、当該用途限定が請求項に係る発明を特定するための事項という意味を有するものとして、請求項に係る発明を、用途限定の観点も含めて解することが適切である。したがって、この場合は、たとえその物自体が既知であったとしても、請求項に係る発明は、用途発明として新規性を有し得る。

　ただし、未知の属性を発見したとしても、その技術分野の出願時の技術常識を考慮し、その物の用途として新たな用途を提供したといえなければ、請求項に係る発明の新規性は否定される。また、請求項に係る発明と引用発明とが、表現上の用途限定の点で相違する物の発明であっても、その技術分野の出願時の技術常識を考慮して、両者の用途を区別することができない場合は、請求項に係る発明の新規性は否定される。

③製造方法によって生産物を特定しようとする記載がある場合

　請求項中に製造方法によって生産物を特定しようとする記載がある場合には、その記載は最終的に得られた生産物自体を意味しているものと解する。したがって、請求項に記載された製造方法とは異なる方法によっても同一の生産物が製造でき、その生産物が公知である場合は、当該請求項に係る発明は新規性が否定される。

　新規性判断は、下記の拡大先願、先願に係る同一の判断と異なることに留意する必要がある。すなわち、新規性判断においては、実質同一の判断は行わない。

2　拡大先願（29条の2）

　29条の2は、特許出願に係る発明が、当該特許出願の日前の他の特許出願ま

たは実用新案登録出願（以下「先願」という）であって、当該特許出願後に特許掲載公報の発行、出願公開または実用新案掲載公報の発行がされた先願の願書に最初に添付した明細書、特許請求の範囲もしくは実用新案登録請求の範囲または図面に記載されている発明または考案と同一であるときは、その発明については特許を受けることができない旨を規定している（出願人同一または発明者同一の場合を除く）。

　この規定は、明細書または図面に記載されている発明は、特許掲載公報の発行または出願公開により一般にその内容は公表されるものであって、後願であっても、その発明が先願の明細書または図面に記載された発明と同一である場合には、新しい技術を何ら公開するものではないから、後願を拒絶するとしたものである。

《請求項に係る発明が先願発明と同一か否かの判断の基本的な考え方》

　特許庁の審査基準は、請求項に係る発明と先願発明の同一の判断について以下のように定めている。

　(1)　対比した結果、請求項に係る発明の発明特定事項と引用発明特定事項とに相違点がない場合は、請求項に係る発明と引用発明とは同一である。

　(2)　請求項に係る発明の発明特定事項と引用発明特定事項とに相違がある場合であっても、それが課題解決のための具体化手段における微差（周知技術、慣用技術の付加、削除、転換等であって、新たな効果を奏するものではないもの）である場合（実質同一）は同一とする。

　ここでは、特許を受けることができない発明について、39条と同様に先願発明と「同一」としており、この点では29条1項と相違する。

　最近では、先願発明を認定するに当たり、「公知技術」を参酌して「先願発明」の化合物が先願明細書に記載されているに等しいとした審決に対して、29条の2の同一性判断は29条2項の進歩性判断とは異なるとして審決を取り消した「平成20年（行ケ）第10483号『ヘキサアミン化合物』平成21年11月11日、知財高裁」判決もある。

3　先願（39条）

　39条1項は、「同一の発明について異なつた日に二以上の特許出願があつたときは、最先の特許出願人のみがその発明について特許を受けることができる」と規定し、同条2項は、「同一の発明について同日に二以上の特許出願があつたときは、特許出願人の協議により定めた一の特許出願人のみがその発明

について特許を受けることができる」と規定している。

　この規定は、一発明一特許の原則を明らかにするとともに、一の発明について複数の出願があったときには、最先の出願人のみが特許を受けることができることを明らかにするものである。

《請求項に係る発明どうしが同一か否かの判断の基本的な考え方》

　特許庁の審査基準は、請求項に係る発明どうしの同一の判断について以下のように定めている。

(1)　二つの出願の出願日が異なる場合

　　①後願発明の発明特定事項と先願発明の発明特定事項に相違点がない場合は、両者は同一である。

　　②両者の発明特定事項に相違点がある場合であっても、以下のⅰ～ⅲに該当する場合（実質同一）は同一とする。

　　　ⅰ．後願発明の発明特定事項が、先願発明の発明特定事項に対して周知技術、慣用技術の付加、削除、転換等を施したものに相当し、かつ、新たな効果を奏するものではない場合

　　　ⅱ．後願発明において下位概念である先願発明の発明特定事項を上位概念として表現したことによる差異である場合

　　　ⅲ．後願発明と先願発明とが単なるカテゴリー表現上の差異である場合

(2)　二つの出願が同日に出願された場合

　　①発明Ａを先願とし、発明Ｂを後願としたときに、後願発明Ｂが先願発明Ａと同一とされ、かつ発明Ｂを先願とし、発明Ａを後願としたときに後願発明Ａが先願発明Ｂと同一とされる場合には、両者は「同一の発明」に該当するものとして取り扱う。

　　②発明Ａを先願とし、発明Ｂを後願としたときに後願発明Ｂが先願発明Ａと同一とされても、発明Ｂを先願とし、発明Ａを後願としたときに後願発明Ａが先願発明Ｂと同一とされない場合には、両者は「同一の発明」に該当しないものとして取り扱う。

(説明)

　　例えば発明Ａが下位概念の発明で、発明Ｂが上位概念の発明である場合のように、発明Ａが先願で発明Ｂが後願であるときには後願発明Ｂを先願発明Ａと同一とするが、発明Ｂが先願で発明Ａが後願であるときには後願発明Ａを先願発明Ｂと同一としないような発明Ａ、Ｂが同日に出願された

場合、両発明を同一の発明であるとすることは、先後願の場合には後願の発明Aを先願の発明Bと同一としないことからみて適切ではない。

(3) 出願人の異同と発明が同一か否かの判断

出願人が同一である場合と出願人が異なる場合とで、発明が同一であるか否かの判断に異なるところはない。

判決紹介

判決例2-1　新たな用途

平成18年（行ケ）第10227号「シワ形成抑制剤」（知財高裁平成18.11.29）（中野哲弘裁判長）

本件発明のシワ形成抑制という用途は、引用発明の美白化粧料組成物とは異なる新たな用途であると認めて、新規性を否定していた審決を取り消した事例。

◇本件発明

(1) 特許請求の範囲

【請求項1】　アスナロ又はその抽出物を有効成分とするシワ形成抑制剤。

(2) 発明の課題と効果

従来の老化防止剤又はシワ予防剤はその効果が十分ではなかった。本発明者らは鋭意研究を行った結果、ヒノキ科植物のアスナロ又はその抽出物が優れたシワ形成抑制作用を有することを見出し、本発明を完成した。本発明のシワ形成抑制剤は、紫外線の照射によるシワ形成の抑制作用に優れ、皮膚老化予防、特にシワ予防用の外用剤として有用である。

◇審決の内容

(1) 本願発明と引用発明との一応の相違点

本願発明は「シワ形成抑制剤」であるのに対し、引用発明は「美白化粧料組成物」である点。

(2) 相違点についての判断

引用発明の組成物を皮膚に適用した場合、同じ有効成分を同程度含有する以上、美白と同時にシワ形成抑制作用も奏しているはずのものであって、相違点

は、組成物中の有効成分であるアスナロ抽出物の作用を美白作用と認識して美白化粧料組成物としたか、シワ形成抑制作用と認識してシワ形成抑制剤としたかの表現上の相違にすぎない。

　換言すれば、本願発明は、引用発明のアスナロの抽出物を含有する美白化粧料組成物について、シワ形成抑制の効果を新たに発見したにすぎないものであり、それにより格別新たな用途が生み出されたものではない。

　(3)　したがって、本願発明は、引用発明と同一であるから、特許法第29条第1項第3号に該当し、特許を受けることができない。

❖引用発明

　引用発明は、アスナロ抽出成分を有効成分とする美白化粧料組成物であり、皮膚に適用することにより、紫外線による皮膚の黒化若しくは色素沈着を消失し、又は予防し、美白効果を発揮するというものである。

❖裁判所の判断

　(1)　本願発明は、アスナロ又はその抽出物が優れたシワ形成抑制作用を有することを見い出したことによってなされた発明であって、「シワ形成抑制」という用途を限定した発明（用途発明）であると認められる。

　そして、本願発明の「シワ形成抑制」という用途が、その技術分野の出願時の技術常識を考慮し、新たな用途を提供したといえるのでなければ、発明の新規性は否定されるので、本願発明の「シワ形成抑制」という用途が、新たな用途を提供したといえるかどうかという観点から判断する。

　(2)　「シワ」は、現象もそれが生ずる機序も、「皮膚の黒化、又はシミ、ソバカス等の色素沈着」とは異なり、また、美白効果を主に訴求する化粧料とシワ、タルミなど老化防止を主に訴求する化粧料は、製品としても異なるものと認識されていたところ、引用発明は、色素細胞を白色化して、紫外線による皮膚の黒化若しくは色素沈着を消失させ又は予防する美白化粧料組成物であるから、当業者が、本願出願当時、引用発明につき、「シワ」についても効果があると認識する余地はなかったものと認められる。

　(3)　被告は、引用発明の「美白化粧料組成物」を皮膚に適用すれば、「美白作用」と同時に「シワ形成抑制作用」も奏しているはずのものであり、使用者が容易にその効果を実感できるものであることを理由として、本願発明につき格別新たな用途が生み出されたとすることはできないと主張する。しかし、引用発明の「美白化粧料組成物」を皮膚に適用すれば、「美白作用」と同時に

「シワ形成抑制作用」を奏しているとしても、本願の出願までにその旨を記載した文献の存在が認められないことからすると、「シワ形成抑制作用」を奏していることが知られていたと認めることはできない。

乙1（注：裁判で提出された文献）には、「乳酸」「アスコルビン酸リン酸エステルマグネシウム」が、美白作用とシワ形成抑制作用とを併せ有している旨の記載がある。しかし、本願発明に係る「アスナロ又はその抽出物」とは異なる物質であって、そのような物質が美白作用とシワ形成抑制作用とを併せ有しているからといって、当業者が、本願出願当時、引用発明につき、「シワ」についても効果があると認識することができたとは認められない。

(4) 以上のとおり、当業者が、本願出願当時、引用発明の「美白化粧料組成物」につき、「シワ」についても効果があると認識することができたとは認められず、本願発明の「シワ形成抑制」という用途は、引用発明の「美白化粧料組成物」とは異なる新たな用途を提供したということができる。

◇考　察

(1) 本件は、本願発明が「新たな用途」を見いだした用途発明であるとして新規性を認めた事例である。

　用途の限定がある発明については、その審査基準を明確にすべきだとして、特許庁において検討され、平成18年4月のパブリックコメントを経て、平成18年6月21日に「新規性・進歩性」中の「物の用途を用いてその物を特定しようとする記載（用途限定）がある場合」が改正された。本件の判決は、その5ヶ月後になされたもので、改正された審査基準との対比において参考になる判決である。

(2) 本件は、用途限定のある発明に関する審査基準のうちでの「用途限定が、用途発明を意味すると解すべき場合」に該当するケースとして争われた事例である。審査基準では、ある物の未知の属性を発見したとしても、その技術分野の出願時の技術常識を考慮し、その物の用途として新たな用途を提供したといえなければ、新規性は否定されるとしている。さらに、請求項に係る発明と引用発明とが、表現上の用途限定の点で相違する物の発明であっても、その技術分野の出願時の技術常識を考慮して、両者の用途を区別することができない場合は、請求項に係る発明の新規性は否定されるとして、例5と例6を記載している。

例5は、いわゆる健康食品に関するもので、具体例とともに、食品として利用されるものについては、公知の食品の新たな属性を発見したとしても、通常、公知の食品と区別できるような新たな用途を提供することはないとしている。

例6は、本件の場合に近似しているので、審査基準の記載を次に掲載する。

例6：「成分Aを有効成分とする肌の<u>シワ防止用化粧料</u>」

「成分Aを有効成分とする肌の<u>保湿用化粧料</u>」が、角質層を軟化させ肌への水分吸収を促進するとの整肌についての属性に基づくものであり、一方、「成分Aを有効成分とする肌の<u>シワ防止用化粧料</u>」が、<u>体内物質Xの生成を促進するとの肌の改善についての未知の属性に基づくものであって、両者が表現上の用途限定の点で相違するとしても</u>、両者がともに皮膚に外用するスキンケア化粧料として用いられるものであり、また、保湿効果を有する化粧料は、保湿によって肌のシワ等を改善して肌状態を整えるものであって、<u>肌のシワ防止のためにも使用されることが</u>、<u>当該分野における常識である場合には、両者の用途を区別することができるとはいえない</u>。したがって、両者に用途限定以外の点で差異がなければ、後者は前者により新規性が否定される。

(3) 審査基準の例6の場合は、<u>保湿効果を有する化粧料（引用発明）が、肌のシワ防止（本願発明）のためにも使用されることが、当該分野における常識である場合には、用途の区別ができないとの前提を置いている</u>。

一方、本件の場合には、<u>本願発明についての「新たな用途」を否定した審決は、この前提の論理を欠いていたともいえる。訴訟段階において、被告は、美白作用とシワ形成抑制作用とを併せ有している旨の記載がある乙1を提出しているが、引用発明のような美白効果がある化粧料が、シワ形成抑制のためにも使用されることが周知であることの立証はできていない</u>。そして、判決は、引用発明の「美白化粧料組成物」を皮膚に適用すれば、「シワ形成抑制作用」も同時に奏するにしても、そのようなことが本願出願時に知られていなかったとして、「新たな用途」であることを認めた。

判決例2-2　用途発明

平成22年（行ケ）第10256号「スーパーオキサイドアニオン分解剤」（知財高裁

平成23.2.28）（飯村敏明裁判長）
本件特許発明における用途は、引用例において記載、開示されていた用途と実質的に何ら相違はないとして、審決を取り消した事例。

◇本件発明

(1) 特許請求の範囲

【請求項1】 ポリビニルピロリドン、ポリビニルアルコール、ポリアクリル酸、シクロデキストリン、アミノペクチン、又はメチルセルロースの存在下で金属塩還元反応法により調製され、顕微鏡下で観察した場合に粒径が6 nm 以下の白金の微粉末からなるスーパーオキサイドアニオン分解剤。

(2) 発明の詳細な説明の記載

活性酸素が関与する疾病として、ガン、糖尿病、アトピー性皮膚炎、アルツハイマー、網膜色素変性症等が挙げられるが、ヒトの病気の90％には何らかのかたちで過剰状態の活性酸素が関与していると言われている（【背景技術】【0006】）。

本発明の分解剤は、活性酸素に起因するとされる前記の疾病、特に筋萎縮性側索硬化症（FALS）などの予防又は治療に有効であると期待される（【0021】）。

白金の微粉末にスーパーオキサイドアニオン分解能があることが明らかにされている（例2）。

◇審決の内容（相違点の認定）

本件特許発明の要件Dは、「スーパーオキサイドアニオン分解剤」であるのに対し、甲第1号証には、……過酸化水素の分解を触媒すること、及び、……各種病気の症状改善に効果があることが記載されているのみであり、スーパーオキサイドアニオンの分解に関する記載はないから、少なくとも形式的には、甲第1号証には、要件Dは記載されていない。

スーパーオキサイドアニオンの分解と過酸化水素の分解とは、実質的に同一のものということはできない。次に、……、甲第1号証に記載された各症状の改善とスーパーオキサイドアニオンの分解作用とを関連付ける記載は、甲第1号証にはなく、また、これらの症状が改善したことから直ちに、白金微粉末がスーパーオキサイドアニオンの分解作用を有するといえるとの技術常識が存在したものとも認められない。

したがって、甲第 1 号証には、本件特許発明の要件 D については、開示されていないものと認められる。

◇引用例（甲 1 ）

上記特性の白金コロイド溶液を『しんくろ』と名付け、希望者を募って『しんくろ』を試供した（【0060】）。

体験談 1 〜72として、リュウマチ、胆嚢・ポリープ、低血圧、腎臓病、肝臓病、アトピー、生理不順、肥満、糖尿病、食欲不振、高血圧、リンパ球ガン、子宮ガン、肝臓ガン、Ｃ肝炎、膠原病、神経痛、腸閉塞、腎盂炎、腎不全、肺気腫、胃酸過多、腕のしびれ、慢性鼻炎、口内炎、脳梗塞、血栓症、自律神経失調症、生理痛、直腸ガン、胃潰瘍等の病気の症状改善の報告が記載されている（【0061】〜【0074】）。

◇裁判所の判断

（1）　一般に、公知の物は、特許法29条 1 項各号に該当するから、特許の要件を欠くことになる。しかし、その例外として、①その物についての非公知の性質（属性）が発見、実証又は機序の解明等がされるなどし、②その性質（属性）を利用する方法（用途）が非公知又は非公然実施であり、③その性質（属性）を利用する方法（用途）が、産業上利用することができ、技術思想の創作としての高度なものと評価されるような場合には、単に同法 2 条 3 項 2 号の「方法の発明」として特許が成立しうるのみならず、同項 1 号の「物の発明」としても、特許が成立する余地がある点において、異論はない（特許法第29条 1 項、 2 項、 2 条 1 項）。

（2）　甲 1 には、……白金微粉末は、ガン、糖尿病、アトピー性皮膚炎などの予防又は治療に有効であると期待されていること、そのような効果を期待して、水溶液として、体内に投与する方法が示されていることが記載され、同記載によれば、そのような使用方法は、公知であることが認められる。そうすると、甲 1 には、白金微粉末がスーパーオキサイドアニオンを分解する作用が明示的形式的に記載されていないものの、従来技術（甲 1 ）の下においても、白金微粉末を上記のような方法で用いれば、スーパーオキサイドアニオンが分解されることは明らかであり、白金微粉末によりスーパーオキサイドアニオンが分解されるという属性に基づく方法が利用されたものと合理的に理解される。

（3）　以上によれば、本件特許発明における白金微粉末を「スーパーオキサイドアニオン分解剤」としての用途に用いるという技術は、甲 1 において記載、

開示された、白金微粉末を用いた方法（用途）と実質的に何ら相違はなく、新規な方法（用途）とはいえないのであって、せいぜい、白金微粉末に備わった上記の性質を、構成Dとして付加したにすぎないといえる。すなわち、構成Dは、白金微粉末の使用方法として、従来技術において行われていた方法（用途）とは相違する新規の高度な創作的な方法（用途）の提示とはいえない。

◆考　察

(1)　判決が、「①その物についての非公知の性質（属性）が発見、実証又は機序の解明等がされるなどし、②その性質（属性）を利用する方法（用途）が非公知又は非公然実施であり、③その性質（属性）を利用する方法（用途）が、産業上利用することができ、技術思想の創作としての高度なものと評価されるような場合には、……『物の発明』としても、特許が成立する余地がある」としたことは、審査基準で、ある物の未知の属性を発見したとしても、その技術分野の出願時の技術常識を考慮し、その物の用途として新たな用途を提供したといえなければ、新規性は否定されるとしていることとも整合的である。用途発明の新規性の考え方は一応確立したとしてもよいと思われる。

　　審決は、無効審判請求人の「属性に基づく新たな用途を何ら提供するものではない」との主張を、「本件特許発明の『スーパーオキサイドアニオン分解剤』は、医薬分野における各種用途の他、……への使用可能性を有しているものと認められるので、請求人の……主張は採用できない」と退け、当該分解剤は「甲第1号証に記載された用途と重複する用途が存在するとしても、……甲第1号証に記載された用途とは異なる新たな用途を提供するもの」としており、「属性に基づく新たな用途の提供」を、一部用途が重複していても異なる新たな用途が提供できていればよいものと理解していたとみられる。

(2)　なお、判決は、「物に関する『方法の発明』の実施は、当該方法の使用にのみ限られるのに対して、『物の発明』の実施は、その物の生産、使用、譲渡等、輸出若しくは輸入、譲渡の申出行為に及ぶ点において、広範かつ強力といえる点で相違する。このような点にかんがみるならば、物の性質の発見、実証、機序の解明等に基づく新たな利用方法に基づいて『物の発明』としての用途発明を肯定すべきか否かを判断するに当たっては、個々の発明ごとに、発明者が公開した方法（用途）の新規とされる内容、意義及び有用性、発明として保護した場合の第三者に与える影響、公益との調和等を個々的具体的

に検討して、物に係る方法（用途）の発見等が、技術思想の創作として高度のものと評価されるか否かの観点から判断することが不可欠となる」としているが、これは、物の発明の権利が強力であることから、物の用途発明については特段の留意が必要であることを示したものであり、判断基準が物の用途発明と方法の用途発明で相違するというものではない。

判決例2-3　先願発明の認定1

平成19年（行ケ）第10279号「整畦機」（知財高裁平成20.3.27）（飯村敏明裁判長）

相違点については先願明細書から自明な事項であるから、本件発明は先願発明と実質的に同一とした審決の判断は誤りであるとして審決を取り消した事例。

◇本件発明

(1)　特許請求の範囲

【請求項1】　走行機体に連結機構により機枠を連結し、……盛土を締圧整畦可能な整畦機構を設けてなり、上記整畦機構は……畦の上面を整畦可能な円錐状の外周面を有する回転整畦体と該回転整畦体を回転させる回転機構とからなり、……駆動軸の軸線を畦の一方側面の側方から畦側へ斜め上方に向かう所定角度の上向き方向に配置し、「該駆動軸の下部に上記回転機構を連設し、該駆動軸の上部に上記回転整畦体を設ける」と共に……斜め上方に向かう所定角度の上向き方向に配置して構成したことを特徴とする整畦機（注：「　」の内容は、回転整畦体が、傾斜した駆動軸に片持ち支持されていることを意味している）。

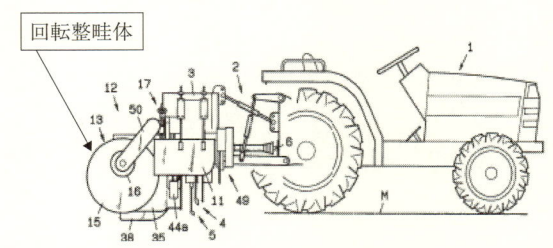

（請求項が、回転整畦体が片持ち支持に限定されたため、参考例となった。）

全体図

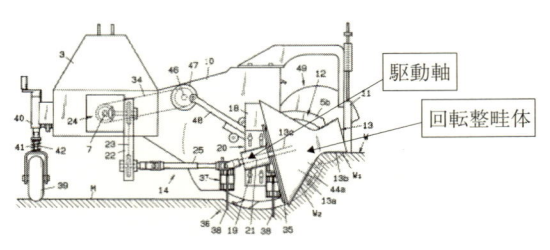

後方から見た要部

◇審決の内容

(1)　本件発明と先願発明との相違点

駆動軸、回転機構及び回転整畦体の配置構成に関して、本件発明が「駆動軸の下部に上記回転機構を連設し、該駆動軸の上部に上記回転整畦体を設ける」ものとしたのに対して、先願発明がこのような配置構成を用いていない点。

(2)　相違点の判断

①先願の特許請求の範囲の記載は、回転機構や駆動軸の配置構成を限定しておらず、先願明細書の記載全体から把握される発明は、実施例の具体的な構成に限定されない発明をも包含するものであると解することができる。

②また、先願明細書に記載された従来技術である特開平6-22604号公報（甲2）の記載を参酌すると、水平状の回転軸の一端側に回転伝達機構を設け、他端側に回転整畦体を設けるように配置構成することは、従来より周知の技術であることが併せて記載されているということができる。

③以上のことから、先願明細書の記載全体から把握される発明には、周知の技術であったところの回転軸の一端側に回転伝達機構を連設し、該回転軸の他端側に回転整畦体を設けるようにした配置構成を備えるものも含まれるというべきである。

　そして、上記周知の配置構成を採用した場合には、結果として、相違点に係る本件発明の構成となることも明らかであり、相違点に係る本件発明の構成は、先願明細書に記載された事項から当業者が自明な事項として把握できる。

(3)　結　　論

本件発明は、先願発明と同一であり、特許法29条の2の規定により特許を受けることができない。

◇先願明細書、図面の記載（先願発明）

（1）　実施例に関する明細書及び図面には、回転整畦体が片持ち支持でなく両持ち支持であること以外は、本件発明と同じ構成の装置が記載されている。

（2）　従来技術として次の記載がある。

【従来の技術】　従来、この種の畦塗り機としては、たとえば、特開平 6 -22604号公報に記載されているように、……前記回転具は、その図 9 に示すように、前記水平状の回転軸に外側回転板を省略して前記回転体及びこの回転体の内端部に固着した円錐面を有する内側回転板を固着する構成が知られている。

【発明が解決しようとする課題】　前記公報に記載の構成では、……畦形成時には……整畦する上で好ましくない、という問題がある。

（3）　上記従来技術の特開平 6 -22604号公報（甲 2 ）の図 9 は、次のとおりである。

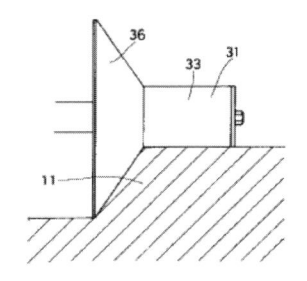

（注：回転軸は水平状であるものの、
回転整畦体が片持ち支持である）

◇裁判所の判断

　先願明細書の実施例は、本件発明の構成とは、配置構成が異なる。そして、先願明細書には、駆動軸と回転機構との配置構成について、実施例の構成以外の記載はない。

　先願明細書に開示された従来の整畦機（甲 2 ）構成は、「発明が解決しようとする課題」として言及されているにすぎず、先願明細書記載の整畦機が採用した構成と異なる。また、上記構成の一部である「水平状の回転軸に円錐面を有する回転板及び回転体が固着」するとの構成のみを切り離して、先願明細書記載の整畦機において適用できることや、これを適用した場合の具体的配置構成についての記載は一切ない。

　先願明細書に接した当業者が、「回転軸の一端側に回転伝達機構を連設し、

該回転軸の他端側に回転整畦体を設けるようにした配置構成」が実質的に記載されていると理解すべき事情があるとはいえない。

◇考　察

(1)　審決は、先願明細書に記載された従来技術を参酌して、先願発明には本件発明の構成も含まれることは自明だとした。しかし、その従来技術は、先願発明が解決すべきものであり、その問題点のある構成の一部を切り離して先願発明に適用して、先願発明が本件発明の構成を含むことが自明とする審決の論理には無理があると考えられる。また、審決は、先願発明を上位化して、本願発明も含まれるとしているが、逆に、本願発明が上位の内容の記載であれば、引用発明を上位化することはありうるが、本願発明が下位の構成に限定している以上、それと異なる構成の先願発明を上位化して対比することは適切でない。

(2)　ただし、先願発明において、回転体を両持ち支持から片持ち支持（両持ち支持も片持ち支持も周知であることは原告も認めている）に変更すれば本件発明の構成となり、かつ、この変更は単なる設計変更とも考えられる。したがって、審決が、先願発明が本件発明の構成を含むことが自明であるとせず、審査基準に沿って、両持ち支持から片持ち支持に変更することは周知技術の転換としていれば、審決が支持された可能性もあったと考えられる。

判決例 2-4　先願発明の認定 2

平成 6 年（行ケ）第97号「車両の現在位置表示装置」（東京高裁平成8.5.30）（竹田稔裁判長）

相違点については慣用手段であるから先願発明も当然に備えており本件発明は先願発明と実質的に同一とした審決の判断は誤りであるとして審決を取り消した事例。

◇本件発明

特許請求の範囲

【請求項 1 】　……の地図上に車両の現在位置及び「それまでの走行軌跡を更新表示する」表示装置とによって構成された……車両の現在位置表示装置であ

って……を特徴とする車両の現在位置表示装置。

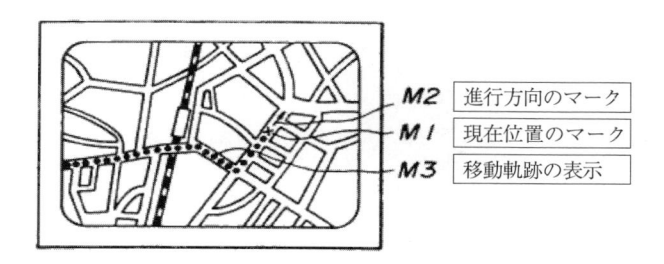

M2　進行方向のマーク
M1　現在位置のマーク
M3　移動軌跡の表示

◇審決の内容

（1）　本願発明と先願発明との相違点

相違点 a ：本願発明が、逐次算出された車両の各位置データを内部メモリに順次記憶し、地図上に車両の移動軌跡を更新表示するのに対し、先願発明は、走行軌跡を表示するか否かが不明である点。

（2）　相違点 a の判断

逐次算出された車両の各位置データを内部メモリに順次記憶し、地図上に車両の移動軌跡を更新表示することは、当該技術分野における慣用手段であって、通常の車両の現在位置表示装置であれば当然に備わっているものである。したがって、この点は、実質上の相違点とはいえない。

（3）　結　論

本願発明は、先願発明と同一であり、特許法第29条の 2 の規定により特許を受けることができない。

◇先願明細書、図面の記載（先願発明）

車両の現在位置、道路地図、走行時に必要な情報等を表示する装置であるが、車両の移動軌跡を表示することについての記載はない。

◇裁判所の判断

（1）　車両の現在位置表示装置における走行軌跡の表示は、引用発明（先願発明）の出願当時において既に周知技術であったと認められるが、走行軌跡の表示は、現在位置表示装置に必要不可欠のものではないから、いかに周知技術であるとしても、走行軌跡を表示する構成が引用発明に採用されているとすることはできない。

（2）　被告は、引用例（先願明細書）には、走行時に必要な情報「等」を表示することが記載されているから、これに周知慣用技術である走行軌跡の表示が

含まれないとする理由はないと主張する。しかし、引用例は、選択することができる情報として、地名、パーキングエリア……など、特定の箇所に表示すべき固定的情報のみを例示しており、「走行時に必要な情報」に走行軌跡が含まれると理解することができない。

(3) 引用発明が走行軌跡を表示する構成を備えているとした審決の認定は誤りといわざるをえない。

◇考　察

(1) 判決は、現在位置表示装置においては、走行軌跡を合わせて表示することが周知技術であることは認めている。しかし、<u>周知技術であるからといって、先願発明がその構成を備えていることにならないことは、判決のとおりである</u>。

(2) 審決は、走行軌跡を表示することが慣用技術であるから、引用発明もその構成を備えていることは当然として、判決によって誤りとされた。一方、<u>特許庁の審査基準においては、29条の2における発明の「同一」とは、本願発明と先願発明とに相違がない場合に加えて、相違があっても、相違点が周知技術、慣用技術の付加、削除、転換等であって、新たな効果を奏するものではない場合は実質的に同一であるとしている</u>。そのため、審決においても、審査基準に沿って、本願発明における「走行軌跡を表示する」ことは、周知技術、慣用技術の付加であって、新たな効果を奏するものではないから、両発明は実質同一であるとしていれば、審決は維持された可能性があると考えられる。

判決例2-5　実質同一1

平成13年（行ケ）第533号「地図表示方法及び装置」（東京高裁平成16.2.19）（山下和明裁判長）

相違点については周知技術を適用したものであるから本件発明は先願発明と実質的に同一とした審決を維持した事例。

◇本件発明

(1) 特許請求の範囲

【請求項1】　地球表面を走行する乗物の位置に応じてデータ構造から地形情報を選択し地形図の一部分を表示する方法において、……乗物の外部且つ上方に位置する見かけの視点から見た投影図で透視図的に鳥瞰図として表示し、且つ「前記鳥瞰図上に最適ルートを表示し」、且つ乗物の現在位置に対する見かけの視点の位置を固定にすることを特徴とする地図表示方法。

(2)　発明の概要

　自車を含む前方の地形を鳥瞰図として表示する方法であって、最適ルートも表示されるが、その点は発明の特徴的部分ではない。

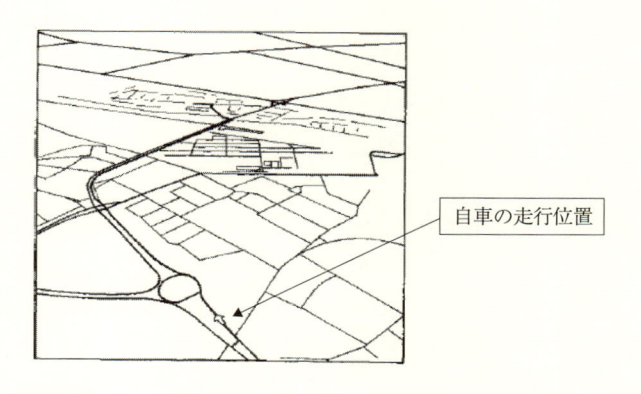

自車の走行位置

◇審決（特許異議の決定）の内容

(1)　相違点

①相違点1：省略

②相違点2：本件発明では、前記鳥瞰図上に「最適ルートを表示」するのに対し、先願発明ではかかる最適ルートを表示する構成は記載されていない点。

(2)　相違点2の判断

　乗り物の地図表示方法において、表示された地図上に最適ルートを表示する点は本件出願前周知の技術である。そして、本件発明は表示された鳥瞰図に周知技術を適用したものに相当し、その点に格別の効果を認めることもできないから、本件発明の相違点2は単なる周知技術の付加にすぎない。

(3)　結　論

　本件発明は、先願発明と実質同一であり、特許法第29条の2の規定により特許を受けることができない。

投影図で透視図的に表示するナビゲーション用の鳥瞰図の地図表示に関するものである。ただし、鳥瞰図上に最適ルートを表示することは記載されていない。

◇**裁判所の判断**

(1)　原告は、周知技術ではあっても慣用技術ではないものは、原則として、先願明細書に記載されていないと理解すべきであり、先願発明がこのような技術を当然に備えていると当業者が理解するためには、その構成が周知技術であるだけでは足りず、少なくともその構成が先願発明に必要不可欠のものである必要がある、と主張する。

そして、最適ルートを表示することは、周知の技術であると認めることができるものの、これが慣用技術であることについては、これを認めるに足りる証拠がない（注：「最適ルートを表示する技術」は周知であるとして、審決では3件の先行特許文献を引用しているが、原告によると、本件優先日には実用化されていなかった）。

しかし、特許出願に係る発明と先願発明との間の相違点が周知の手段の付加であり、その特許発明が奏する作用効果が、先願発明が奏する作用効果と周知の手段がもたらす作用効果との総和にすぎない場合には、相違点はいわゆる設計上の微差にすぎず、その特許出願に係る発明は先願発明に単なる周知の手段を付加したものであって、先願発明と「実質的に同一である」と解するのが相当である。

両発明の差が設計上の微差にすぎず、作用効果にも顕著な差がない場合にまで、これらを別個の発明としてそれぞれに特許を認めたのでは、特許制度になじまないことになり、それぞれの発明は、技術的思想の創作としては同一であると評価するのが相当である。このことは、当該周知技術が、慣用技術でも必要不可欠な技術でもないために、先願明細書に実質的に記載されているとは認めることができないとしても、そのことによって妨げられるものではない、というべきである。

(2)　相違点2についての審決の判断は、本件発明の相違点2が単なる周知技術の付加にすぎず、その作用効果も顕著なものとはいえないとする点において正当である。

審決は、周知技術が先願明細書に実質的に記載されている事項であると判断したものではなく、原告の主張は、審決の正しい理解に基づくものとはいえず、

採用することができない。

◇考　察

(1)　本件は、「平成6年（行ケ）第97号（車両の現在位置表示装置）」と対照的な審決であり、判決である。「車両の現在位置表示装置」事件では、相違点について、審決は、慣用（周知）技術であるから先願発明もその構成を備えているとしたが、判決はそれを誤りとして審決を取り消した。一方、その判決を参考にしながら原告、被告（特許庁）が争った本件では、審決は、相違点が周知技術の単なる付加であり、発明は実質同一であるとし、判決もそれを支持した。

(2)　特許庁の審査基準では、本願発明と先願発明とに相違があっても、相違点が周知技術、慣用技術の付加、削除、転換等であって、新たな効果を奏するものではない場合は実質的に同一であるとしている。本件では、審決はその審査基準に沿っており、判決もそれを支持した事例である。

判決例2-6　実質同一2

平成27年（行ケ）第10028号「照明装置」（知財高裁平成28.1.27）（髙部眞規子裁判長）

「先願発明は、レンズ及び拡散板により既に光の均一化を図っているから、光源から拡散板までの距離を光源間の距離より大きくすることによって光の均一化を図ろうとする課題がない。……光源から拡散板までの距離が複数の光源間の距離より大きくなるようにすることが周知技術ないし慣用技術であるか否かにかかわらず、本件発明と先願発明との相違点が、課題解決のための具体化手段における微差であるということはできない。」として、先願発明との実質同一性を否定した審決を維持した事例。

◇**本件発明（特許第4996998号）**

(1)　特許請求の範囲

【請求項1】指向性のある複数の光源を装着した基板を一面に複数並べて備える照明装置において、前記光源及び／又は前記基板は、前記基板が設けられる面において光が均一に発光されるように配置され、前記光源からの光を拡散

121

する拡散板を、前記光源から該拡散
板までの距離が前記複数の光源間の
距離より大きくなるように備え、前
記基板を前記一面に係止するための
係止孔が、前記複数の光源の内で最
外周にある光源の内側に位置する光
源の間に配置されて前記基板に設け
られていることを特徴とする照明装
置。

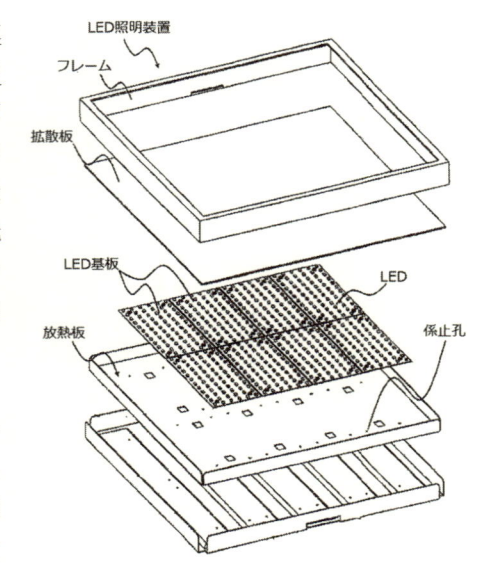

(2) 本件発明の概要

本件発明は、指向性のある光源を
用いた照明装置において、照明する
全面にわたって均一照明を行う照明
装置に関する。LED を光源として
採用した従来の LED 照明装置においては、一面に複数のカード型 LED 照明
光源が LED ベアチップ間の距離より大きい距離を持って設けられているため、
カード型 LED 照明光源間の発光がない部分が、他の発光のある部分に対して
暗さが目立ってしまい、均一な面発光ができないという問題があった。光源と
して LED が用いられている場合、LED は指向性が強いため、光源のグレア
（眩しさ）を使用者に感じさせることになり、光源のある部分とない部分に対
応して明るさが不均一になり、均一な面発光ができていなかった。

本件発明は、以上の問題に鑑みてなされた発明であり、LED といった指向
性のある光源を用いた照明装置において、光源の指向性によるグレアを緩和し
て均一な面発光をするとともに、指向性のある複数の光源を装着した基板の小
型化が可能となる照明装置を提供することを目的とし、この課題の解決手段と
して、特許請求の範囲の請求項1に記載の構成を採用した。

本件発明の構成によれば、光源の指向性によるグレアを緩和して均一な面発
光をすることが可能であり、また、指向性のある光源からの光が拡散板に到達
する前に広がるので、拡散板にて光源の指向性によるグレアを更に解消した面
発光が可能であり、さらに、複数の光源を装着した基板を係止するための係止
孔を基板の最外周にある光源の内側に位置する光源の間に設けるので、係止孔
を基板の端部に設ける必要がなく、基板の小型化が可能になる。したがって、

本件発明によれば、照明する全面にわたって、均一な照明とすることが可能であり、光源の指向性によるグレアを緩和して均一な面発光とするとともに、指向性のある複数の光源を装着した基板を小型化することが可能である、という効果を奏する。

◇先願発明（特願2006-217053；特開2008-41546）（審決の認定に争いなし）

　液晶表示モジュール50の背面側に設けられるバックライト装置10において、発光部を収容するバックライトフレーム11と、LED チップ21を複数個、配列させた発光モジュール12とを備え、また、光学フィルムの積層体として、拡散板13と、プリズムシート14、15と拡散・反射型の輝度向上フィルム16とを備え、液晶表示モジュール50の背面直下に光源を置く直下型のバックライト構造を採用し、液晶表示モジュール50の背面の全体に対してほぼ均等に LED チップが配列され、バックライトフレーム11は、筐体構造を形成し、液晶表示モジュール50の大きさに対応して設けられる背面部と、この背面部の四隅を囲う側面部を備え、各発光モジュール12は、それぞれ複数のネジ17によってバックライトフレーム11に固定され、発光モジュール12は、複数の LED チップ21を搭載する LED 基板20を備え、LED 基板20には、ネジ17の取り付け位置に対応する二つのネジ穴22が、複数の LED チップ21の内で最外周にある LED チップ21の内側に位置する LED チップ21の間に貫通形成されている貫通形成される（注：ママ）バックライト装置10。

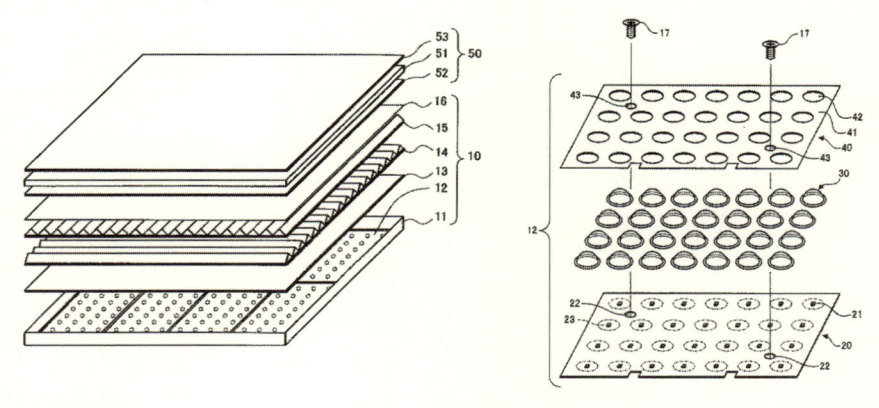

◇争　点

　本件発明と先願発明との間の相違点（本件発明では、光源から拡散板までの距離が複数の光源間の距離より大きくなるようにされているのに対し、先願発

明では、そのような特定がされていない点）が実質的な相違点か否か。

◇裁判所の判断

　本件発明は、LED といった指向性のある光源を用いた照明装置において、光源の指向性によるグレアを緩和して均一な面発光をすることを課題とし、相違点に係る構成を採用すること、すなわち、光源から拡散板までの距離が複数の光源間の距離より大きくなるようにすることによって、指向性のある光源からの光が拡散板に到達する前に広がるので、拡散板にて光源の指向性によるグレアを更に解消した面発光が可能になるという効果を奏する。

　これに対し、先願発明は、LED に対してレンズの装着が行われる発光装置において、レンズが、LED から出射された光を液晶モジュールにほぼ均一に導く機能を有しており、また、拡散板は、光を散乱・拡散させ、面全体を均一な明るさとする機能を有するものであり、レンズ及び拡散板により光の均一化を図るものである。

　一般に、光源と拡散板の距離を長くすることにより、光の均一性を高めることができるが、先願発明は、レンズ及び拡散板により既に光の均一化を図っているから、光源から拡散板までの距離を光源間の距離より大きくすることによって光の均一化を図ろうとする課題がない。したがって、先願発明において、相違点に係る本件発明の構成を付加する必要がない。また、仮に先願発明において、相違点に係る本件発明の構成を付加すると、光の均一化がより一層進むという新たな効果を奏することになる。

　以上によれば、光源から拡散板までの距離が複数の光源間の距離より大きくなるようにすることが周知技術ないし慣用技術であるか否かにかかわらず、本件発明と先願発明との相違点が、課題解決のための具体化手段における微差であるということはできず、光源から拡散板までの距離が複数の光源間の距離より大きくなるようにすることが先願明細書に記載されているに等しいということはできない。

　したがって、上記相違点は実質的な相違点であって、先願発明は本件発明と同一ではない。

◇考　察

　概説欄のとおり、拡大先願の審査基準では、「本願の請求項に係る発明と引用発明との間に相違点がある場合であっても、両者が実質同一である場合」に

は、特許法29条の 2 でいう「同一」に該当するとされ、また、「実質同一とは、本願の請求項に係る発明と引用発明との間の相違点が課題解決のための具体化手段における微差（周知技術、慣用技術の付加、削除、転換等であって、新たな効果を奏するものではないもの）である場合をいう。」とされているが、この裁判例も、それに沿ったものということができる。

　ただ、実質同一性の議論において周知技術を採用する課題の有無に言及している点が注目される。進歩性の議論ではない実質同一性の議論において、課題の有無が考慮対象とされることはあまりないと思われるが、先願発明に周知技術を採用する課題がない場合には、周知技術を含む構成を先願発明と同一視することもできないように思われるので、実質同一性の議論において、課題の有無を考慮対象とすること自体は妥当なことのように思われる。

第 3 章

明細書等の記載要件 （第36条）

概　説

1　明細書および特許請求の範囲の意義および36条の規定

　特許庁の審査基準によると、次のことが明細書および特許請求の範囲の意義であるとしている。

　特許制度は、発明の保護および利用を図ることにより、発明を奨励し、もって産業の発達に寄与することを目的としている（特許法1条）。

　すなわち、新しい技術を開発し、それを公開した者に対し、一定期間、一定条件下に特許権という独占権を付与することにより発明の保護を図り、他方、第三者に対しては、この公開により発明の技術内容を知らしめて、その発明を利用する機会を与えるものである。そして、発明のこのような保護および利用は、発明の技術的内容を公開するための技術文献および特許発明の技術的範囲を明示する権利書としての使命をもつ明細書、特許請求の範囲および図面（以下「明細書等」という）を介してなされることになる。

　明細書の発明の詳細な説明の記載要件について、特許法36条4項1号は、「経済産業省令で定めるところにより、その発明の属する技術の分野における通常の知識を有する者がその実施をすることができる程度に明確かつ十分に、記載したものであること」と規定し、特許法施行規則24条の2（委任省令）は、「特許法第36条第4項第1号の経済産業省令で定めるところによる記載は、発明が解決しようとする課題及びその解決手段その他のその発明の属する技術の分野における通常の知識を有する者が発明の技術上の意義を理解するために必要な事項を記載することによりしなければならない」と規定している。

　また、特許請求の範囲の記載要件について、特許法36条6項1号は、「特許を受けようとする発明が発明の詳細な説明に記載したものであること」と規定し、同6項2号は、「特許を受けようとする発明が明確であること」と規定している。

　技術文献としての使命および権利書としての使命は、まさにこれらの規定の要件を満足する明細書等によってはじめて、果たされるものである。

　そして、明細書および特許請求の範囲の各記載要件について、現在の審査基準は次のとおり定めている。

2　特許請求の範囲の記載要件

（1）　サポート要件（36条6項1号）

①請求項に係る発明は、発明の詳細な説明に記載した範囲を超えるものであってはならない。発明の詳細な説明に記載していない発明について特許請求の範囲に記載することになれば、公開していない発明について権利を請求することになるからである。本号の規定は、これを防止するためのものである。

②特許請求の範囲の記載が特許法36条6項1号の規定に適合するかの判断は、請求項に係る発明と、発明の詳細な説明に発明として記載したものとを対比・検討することにより行う。

　　実質的な対応関係についての審査は、請求項に係る発明が、発明の詳細な説明において発明の課題が解決できることを当業者が認識できるように記載された範囲を超えるものであるか否かを調べることにより行う。発明の課題が解決できることを当業者が認識できるように記載された範囲を超えていると判断された場合は、請求項に係る発明と、発明の詳細な説明に発明として記載したものとが、実質的に対応しているとはいえず、特許法36条6項1号の規定に違反する。

平成17年（行ケ）第10042号（知財高裁大合議平成17.11.11）判決では、サポート要件の判断について次のように判示した。

　特許請求の範囲の記載が、明細書のサポート要件に適合するか否かは、特許請求の範囲の記載と発明の詳細な説明の記載とを対比し、特許請求の範囲に記載された発明が、発明の詳細な説明に記載された発明で、発明の詳細な説明の記載により当業者が当該発明の課題を解決できると認識できる範囲のものであるか否か、また、その記載や示唆がなくとも当業者が出願時の技術常識に照らし当該発明の課題を解決できると認識できる範囲のものであるか否かを検討して判断すべきものである。

　パラメータ発明において、サポート要件に適合するためには、その数式が示す範囲と得られる効果との関係の技術的な意味が、具体的な開示がなくとも当業者に理解できる程度に記載するか、数式が示す範囲内であれば所望の効果が得られると認識できる程度に、具体例を開示して記載することを要する。

　また、出願後に実験データを提出して、発明の詳細な説明の記載内容を補足して、特許請求の範囲に記載された発明の範囲まで拡張ないし一般化して、サ

129

ポート要件に適合させることは許されない。

　平成17年（行ケ）第10042号（知財高裁大合議平成17.11.11）判決は、現在のサポート要件の審査基準に沿ったものであるといえる。

(2)　明確性要件（36条6項2号）

①発明が明確に把握されるためには、発明に属する具体的な事物の範囲が明確である必要があり、その前提として、発明を特定するための事項の記載が明確である必要がある。

②また、請求項の制度の趣旨に照らせば、一の請求項に記載された事項に基づいて、一の発明が把握されることも必要である。

③発明の把握は、第36条第5項の規定により請求項に記載された、特許出願人が特許を受けようとする発明を特定するために必要と認める事項に基づいて行う。ただし、発明を特定するための事項の意味内容の解釈にあたっては、請求項の記載のみでなく、明細書及び図面の記載並びに出願時の技術常識をも考慮する。

　明確性要件については、特許請求の範囲に記載された文言を、特許請求の範囲の記載のみならず、明細書の記載および図面を考慮し、また、当業者の出願当時の技術常識を基礎として、特許請求の範囲の記載が、第三者に不測の不利益を及ぼすほどに不明確であるかという観点からも判断すべきであると判示した判決（平成20年（行ケ）第10107号）も見受けられる。

3　発明の詳細な説明の記載要件

(1)　実施可能要件（36条4項1号）

①この条文は、その発明の属する技術分野において研究開発（文献解析、実験、分析、製造等を含む）のための通常の技術的手段を用い、通常の創作能力を発揮できる者（当業者）が、明細書および図面に記載した事項と出願時の技術常識とに基づき、請求項に係る発明を実施することができる程度に、発明の詳細な説明を記載しなければならない旨を意味する（「実施可能要件」という）。

②したがって、明細書および図面に記載された発明の実施についての教示と出願時の技術常識とに基づいて、当業者が発明を実施しようとした場合に、どのように実施するかが理解できないときには、当業者が実施することができる程度に発明の詳細な説明が記載されていないこととなる。

③条文中の「その（発明の）実施をすることができる」とは、請求項に記載

の発明が物の発明にあってはその物を作ることができ、かつ、その物を使用できることであり、方法の発明にあってはその方法を使用できることであり、さらに物を生産する方法の発明にあってはその方法により物を作ることができることである。

判決紹介

判決例3−1　パラメータ発明のサポート要件

平成17年（行ケ）第10042号「偏光フィルムの製造法」（知財高裁平成17.11.11）（篠原勝美裁判長）

パラメータにより特定した発明につき、特許請求の範囲の記載がサポート要件に適合しないとした特許取消決定を維持した知財高裁大合議判決の事例。

◇本件発明

(1)　特許請求の範囲

【請求項1】　ポリビニルアルコール系原反フィルムを一軸延伸して偏光フィルムを製造するに当たり、原反フィルムとして……熱水中での完溶温度（X）と平衡膨潤度（Y）との関係が下式で示される範囲であるポリビニルアルコール系フィルムを用い、かつ染色処理工程で……一軸延伸することを特徴とする偏光フィルムの製造法。

$$Y > -0.0667X + 6.73 （I）、X \geqq 65 （II）$$

但し、

X：2 cm × 2 cm のフィルム片の熱水中での完溶温度（℃）

Y：20℃の恒温水槽中に、10cm ×10cm のフィルム片を15分間浸漬し膨潤させた後、105℃で2時間乾燥を行った時に下式浸漬後のフィルムの重量／乾燥後のフィルムの重量より算出される平衡膨潤度（重量分率）

(2)　明細書に記載された実施例、比較例のデータ

131

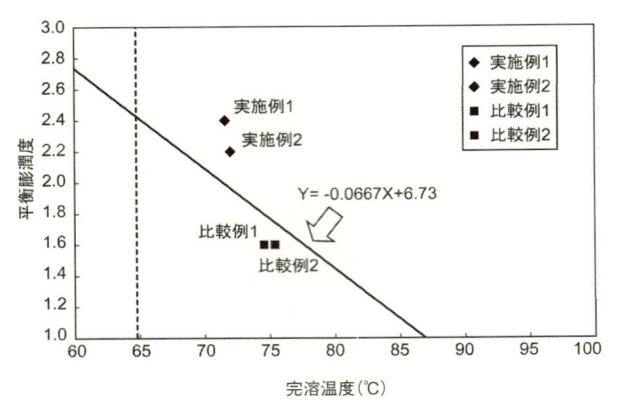

平衡膨潤度と完溶温度（明細書に記載のデータ）

(3)　特許異議事件で提出された実験報告書（実施例に相当する実験1〜8、比較例に相当する比較実験1、2）の結果を加えた実施例、比較例のデータ

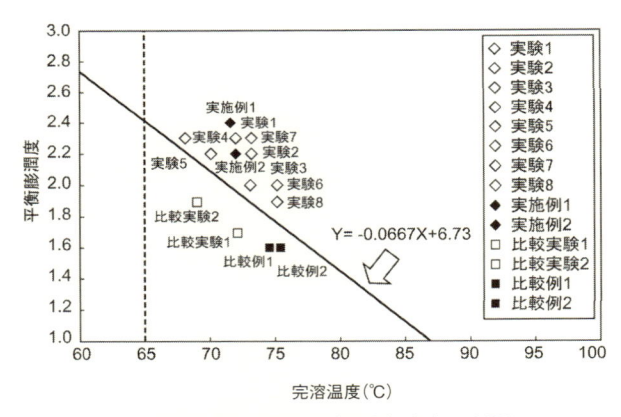

平衡膨潤度と完溶温度（実験報告書を参酌）

◇審決（特許異議決定）の内容

(1)　本件発明は、式（Ⅰ）及び（Ⅱ）で示されるポリビニルアルコール系フィルムを用いることを構成要件とするものであるところ、この数式を満たすものがすべて偏光性能及び耐久性能が優れた効果を奏するとの心証を得るには、実施例が十分ではなく、また、他に、本件明細書の記載及び当該分野の技術常識に照らして、上記二式を満足するものが上記の優れた効果を奏するとの確証

132

を得られるものではなく、平成 6 年改正前の特許法36条 5 項 1 号の規定（いわゆるサポート要件）に違反するものである。

(2)　実験成績証明書で追加された実験は、実験条件が、本件明細書に記載の実施例 1 ～ 2 の実験条件と、乾燥時間、乾燥温度、及び乾燥基材の点で異なるものである。実験条件の異なる実験の追加は、本件発明の実施例を補足するものではなく、新たな実施例の追加となり、それらの実験結果を参酌することはできないものである。したがって、実験成績証明書に基づく特許権者の主張は理由がない。

◇裁判所の判断

（1）　サポート要件への適合性

①特許請求の範囲の記載が明細書のサポート要件に適合するか否かは、特許請求の範囲に記載された発明が、発明の詳細な説明の記載により当業者が当該発明の課題を解決できると認識できる範囲のものであるか否か、また、その記載や示唆がなくとも当業者が出願時の技術常識に照らし当該発明の課題を解決できると認識できる範囲のものであるか否かを検討して判断すべきものであり、明細書のサポート要件の存在は、特許出願人又は特許権者が証明責任を負うと解するのが相当である。

②本件発明は、いわゆるパラメータ発明に関するものであるところ、このような発明において、特許請求の範囲の記載が、明細書のサポート要件に適合するためには、発明の詳細な説明は、その数式が示す範囲と得られる効果との関係の技術的意味が、特許出願時において、具体例の開示がなくとも当業者に理解できる程度に記載するか、又は、特許出願時の技術常識を参酌して、当該数式が示す範囲内であれば、所望の効果が得られると当業者において認識できる程度に、具体例を開示して記載することを要する。

③本件明細書の発明の詳細な説明には、本件請求項 1 に記載された構成を採用することの有効性を示すための具体例としては、実施例が二つと比較例が二つ記載されているにすぎない。

　他方、本件発明が、式（Ⅰ）及び式（Ⅱ）で画定される範囲に存在する関係にあることにより、所望の性能を有する偏光フィルムが得られるというのであるところ、上記範囲が、$Y = -0.0667X + 6.73$（式（Ⅰ）の基準式）及び$X = 65℃$（式（Ⅱ）の基準式）を基準として画されるということが、本件出願時において、具体例の開示がなくとも当業者に理解できるも

のであったことを認めるに足りる証拠はない。

④ PVA フィルムの熱水中での完溶温度 X を X 軸、平衡膨潤度 Y を Y 軸に取った XY 平面に、式（Ⅰ）の基準式を斜めの実線で、式（Ⅱ）の基準式を縦の破線で表した上、これに上記実施例及び比較例で用いられた PVA フィルムの熱水中での完溶温度（X）と平衡膨潤度（Y）の値をプロットした図に見るとおり、同 XY 平面において、上記二つの実施例と二つの比較例との間には、式（Ⅰ）の基準式を表す斜めの実線以外にも、他の数式による直線又は曲線を描くことが可能であることは自明であるし、そもそも、同 XY 平面上、何らかの直線又は曲線を境界線として、所望の効果が得られるか否かが区別され得ること自体が立証できていないことも明らかであるから、上記四つの具体例のみをもって、上記斜めの実線が、所望の効果が得られる範囲を画する境界線であることを裏付けているとはいうことができない。

　そうすると、従来の PVA 系偏光フィルムが有する課題を解決し、所望の性能を有する偏光フィルムを製造し得ることが、上記四つの具体例により裏付けられていると認識することは、本件出願時の技術常識を参酌しても、不可能というべきであり、本件請求項 1 の記載が、明細書のサポート要件に適合するということはできない。

(2)　実験データの事後的な提出による明細書の記載内容の補足の可否

① 特許出願後に実験データを提出して発明の詳細な説明の記載内容を記載外で補足することによって、その内容を特許請求の範囲に記載された発明の範囲まで拡張ないし一般化し、明細書のサポート要件に適合させることは、発明の公開を前提に特許を付与するという特許制度の趣旨に反し許されない。

② 原告が特許異議申立ての審理の段階で提出した実験データは、本件明細書の発明の詳細な説明に具体的に開示されていない測定結果と、その測定データに基づき判断される（X）及び（Y）の数値と偏光フィルムの性能との関係を、本件出願後になって開示するものにほかならず、これを発明の詳細な説明の記載内容を記載外で補足するものとして参酌することは、許されない。

◇考　察

(1)　知財高裁大合議による本判決は、その後の特許庁の審査、審判の実務に大きな影響を与えている。まず、判決は、パラメータ発明がサポート要件へ適合するには、発明の詳細な説明に数式の範囲の技術的意味を具体例がなくとも理解できる程度に記載するか、数式が示す範囲内であれば、所望の効果が得られると当業者において認識できる程度に、具体例を開示して記載することを要すると判示している。ところで、パラメータ発明においては、実施例、比較例の具体例を必要とせずに、論理だけで説明されるものは、稀であるから、実際上は、数式の範囲にわたって所望の効果が得られることを裏づける十分な具体例（実験例）が必要とされることになる。

(2)　本件の場合は、出願当初の発明の詳細な説明に記載された2つの実施例と2つの比較例の4つの実験例では、サポート要件を満たさないと判示されており、たしかに、訴訟時の説明図からみても、実施例の範囲と比較例の範囲とが、YとXとの関係を示す斜めの線によって画定できるとは考えられない。判決では、出願後の10個の実験例を加えた14個のデータによれば、サポート要件を満たすか否かについては、触れていない。ただ、これら14個のデータを示す上記の説明図と、提訴される前の特許異議事件の審理内容をみると、出願当初からこれらのデータが開示されていれば、サポート要件を満たすとされた可能性が大きいと考えられる。

(3)　本判決が審査、審判の実務に与えた影響の他のひとつは、出願人、特許権者がサポート要件を満たすことを主張するうえで、実験データの事後的な提出による明細書の記載内容の補足が否定されたことである。本件においては、審決も実験成績証明書によって追加された実験結果を参酌することはできないとしている。しかし、審決が実験結果を参酌できないとした理由は、実験成績証明書の実験条件が特許明細書に記載された実施例と異なるために、本件発明の実施例を補足するものではないとしたものである。むしろ、審判合議体は、審決を起案する前の取消し理由通知においては、実験成績証明書の提出による釈明を示唆していたもので、実験条件が当初の実施例と同じであれば、実施例の補足的な説明として参酌していたことがうかがえる。それに対して、本判決は、実験条件の異同の如何にかかわらず、特許出願後に実験データを提出することで、発明の詳細な説明の記載内容を記載外で補足することは許されないことを明確にしたといえる。

判決例 3 - 2　特許請求の範囲に数値限定が記載されている場合のサポート要件についての判断

平成19年（行ケ）第10307号「無鉛はんだ合金」（知財高裁平成20.9.8）（田中信義裁判長）

平成20年（行ケ）第10484号「無鉛はんだ合金」（知財高裁平成21.9.29）（中野哲弘裁判長）

同じ明細書の記載において、特許請求の範囲の記載が、36条6項1号が規定するいわゆるサポート要件に適合するものであるか否かの判断結果が分かれた事例。

◇**事件の経緯**

(1)　第1次無効審判請求（無効2004-80275号）

①審決：平成17年11月22日（請求不成立）

②知財高裁：平成17年（行ケ）第10860号（平成19.1.30）（請求棄却）

③最高裁：平成19年6月22日（上告受理申立て不受理）

(2)　第2次無効審判請求（無効2006-80224号）

①審決：平成19年7月31日（請求不成立）

②知財高裁：平成19年（行ケ）第10307号（平成20.9.8）（請求項1及び4につき審決取り消し）

③訴え取下げ：平成20年11月14日

(3)　第3次無効審判請求（無効2007-800071号）

①審決：平成20年11月12日（請求項1〜4につき無効）

②知財高裁：平成20年（行ケ）第10484号（平成21.9.29）（審決取り消し）

◇**本件発明**

【請求項1】　Cu 0.3〜0.7重量％、Ni 0.04〜0.1重量％、残部 Sn からなる、金属間化合物の発生を抑制し、流動性が向上したことを特徴とする無鉛はんだ合金。

◇**審決の内容（平成19年7月31日付審決）**

　発明の詳細な説明には、本件各発明における「金属間化合物の発生を抑制し、流動性が向上した」なる事項についての記載があり、しかも、「金属間化合物の発生を抑制し、流動性が向上した」とは、Sn に Cu 又は Ni を単独で添加す

ると、Sn と Cu との金属間化合物又は Sn と Ni との金属間化合物が発生し、噴流はんだ付けにおける合金溶融時に溶湯中に存在して流動性が低下するところ、互いにあらゆる割合で溶け合う全固溶の関係にある Cu と Ni を所定量添加することにより、Sn に Cu 又は Ni を単独で添加する場合と比較して、上記金属間化合物の発生が相対的に抑制され、その結果として、噴流はんだ付けに適したさらさらの状態に流動性が相対的に向上したことを意味するものであって、その内容も明らかにされている。

　更に、……「金属間化合物の発生を抑制し、流動性が向上した」無鉛はんだ合金が実現できるといえ、本件各発明における「金属間化合物の発生を抑制し、流動性が向上した」なる事項は、発明の詳細な説明に実質的に裏付けられている。

◇裁判所の判断

（1）　平成19年（行ケ）第10307号（知財高裁平成20.9.8）

　特許請求の範囲の記載が、特許法36条 6 項 1 号が規定するいわゆるサポート要件に適合するものであるか否かについては、特許請求の範囲の記載と発明の詳細な説明の記載とを対比し、発明の詳細な説明の記載が、当業者において当該発明の課題が解決されるものと認識することができる程度のものであるか否か、又は、その程度の記載や示唆がなくても、特許出願時の技術常識に照らし、当業者において当該発明の課題が解決されるものと認識することができる程度のものであるか否かを検討して判断すべきものと解するのが相当である。

　また、発明の詳細な説明の記載が、当業者において当該発明の課題が解決されるものと認識することができる程度のものでなく、かつ、特許出願時の技術常識に照らしても、当業者において当該発明の課題が解決されるものと認識することができる程度のものでない場合に、特許出願後に実験データ等を提出し、発明の詳細な説明の記載内容を記載外において補足することによって、その内容を補充ないし拡張し、これにより、特許請求の範囲の記載がサポート要件に適合するようにすることは、発明の公開を前提に特許を付与するという特許制度の趣旨に反し許されないと解すべきである。

　本件発明は、本件組成を有する無鉛はんだ合金であって、「金属間化合物の発生を抑制し」との構成（本件構成 A）及び「流動性が向上した」との構成（本件構成 B）を含むものであるところ、「発明の詳細な説明」には、本件組成を有することにより本件構成 A 及び B の機能ないし性質が得られたとの結果

の記載並びにその理由の記載があるにすぎず、本件構成 A 及び B の機能ないし性質が達成されたことを裏付ける具体例の開示はおろか、達成されたか否かを確認するための具体的な方法（測定方法）についての開示すらない。

「発明の詳細な説明」が、本件組成を有することにより、本件構成 A 及び B の機能ないし性質が得られるものと認識することができる程度に記載されたものでないことは明らかであり、かつ、本件出願（優先日）当時の技術常識を参酌しても、当業者において、そのように認識することができる程度に記載されたものでないことは明らかであるといわざるを得ない。

したがって、本件発明１に係る特許請求の範囲の記載がサポート要件に適合するものと認めることはできない。

(2) 平成20年（行ケ）第10484号（知財高裁平成21.9.29）

本件発明１は、はんだ付け作業中に、Cu の濃度が上昇して、Sn と Cu の不溶解性の金属間化合物が形成され、はんだ浴中に析出したり、ざらざらした泥状となってはんだ浴底に溜まったりして、はんだの流動性を阻害することを解決課題とし、それを解決するために、上記のような合金の組成としたものと理解することができる。

本件特許の請求項１に記載の「金属間化合物の発生を抑制し、流動性が向上した」ことについて、本件訂正後の明細書の「発明の詳細な説明」には、無鉛はんだ合金の構成を「Sn を主とし、これに、Cu を0.3〜0.7重量%、Ni を0.04〜0.1重量%加えた」ものとすることによって、「金属間化合物の発生が抑制され、流動性が向上した」ことが記載されており、その理由として、Cu と Ni は互いにあらゆる割合で溶け合う全固溶の関係にあることが記載されているから、特許請求の範囲に記載された「金属間化合物の発生を抑制し、流動性が向上した」発明は、発明の詳細な説明に記載された発明であって、かつ発明の詳細な説明の記載により当業者が上記の本件発明１の課題を解決できると認識できるものであると認められる。

上記の「流動性が向上」については、「金属間化合物の発生を抑制する」というその意義が記載されている。そして、本件特許出願前から、はんだ付け作業における金属間化合物の発生については広く知られていたものと認められる。そうすると、上記の「流動性が向上」という記載は、はんだ付け作業時に必要とされるはんだの性質を特定したものであって、はんだの性質を把握・理解し、評価する根拠となるものであるということができる。

　もっとも、本件訂正後の明細書（甲 3 ）の「発明の詳細な説明」には、「金属間化合物の発生を抑制し、流動性が向上した」ことについての具体的な測定結果は記載されていない。

　確かに、数値限定に臨界的な意義がある発明など、数値範囲に特徴がある発明であれば、その数値に臨界的な意義があることを示す具体的な測定結果がなければ、発明の詳細な説明の記載により当業者が当該発明の課題を解決できると認識できない場合があり得る。しかし、本件全証拠によるも、本件優先権主張日前に「Sn を主として、これに、Cu と Ni を加える」ことによって「金属間化合物の発生が抑制され、流動性が向上した」発明（又はそのような発明を容易に想到し得る発明）が存したとは認められないから、本件発明 1 の特徴的な部分は、「Sn を主として、これに、Cu と Ni を加える」ことによって「金属間化合物の発生が抑制され、流動性が向上した」ことにあり、Cu と Ni の数値限定は、望ましい数値範囲を示したものにすぎないから、上記で述べたような意味において具体的な測定結果をもって裏付けられている必要はないというべきである。

　そして、本件特許出願前から、Cu と Ni は互いにあらゆる割合で溶け合う全固溶の関係にあることは広く知られていたと認められるから、Ni が Cu の Sn に対する反応を抑制する作用を行わしめるものであると考えることは、「Sn を主として、これに、Cu と Ni を加える」ことによって「金属間化合物の発生が抑制され、流動性が向上した」理由の説明としては不合理ではない。したがって、本件訂正後の明細書の記載において、従来の金属間化合物発生等で生じた流動性の問題がなく、フローめっき（噴流めっき）に適していることが、Cu-Sn 系から出発した Ni の添加の場合も、Ni-Sn 系から出発した Cu の添加の場合も確認されており、その原因については、Ni と Cu の全固溶関係という上記技術常識及び CuSn 金属間化合物が生じた場合は流動性に問題を生じるという上記技術常識を考慮すれば、Ni が Cu の Sn に対する反応を抑制する作用を行わせることの裏付けとしてはなされているというべきである。

　以上述べたところからすると、本件発明 1 についての本件訂正後の明細書は特許法旧36条 6 項 1 号に適合するというべきであるから、これに反する審決の判断には誤りがあるというべきである。

◆考　察

(1)　平成17年（行ケ）第10042号の大合議判決が出されて以来、裁判所は、特許請求の範囲の記載が36条6項1号が規定するいわゆるサポート要件に適合するか否かの判断は、この判決の判示に従って判断している。

(2)　平成19年（行ケ）第10307号、平成20年（行ケ）第10484号の2つの判決においても、この判示事項を引用して判断しているものの、結果は逆の判断になっている。

(3)　この判断結果が異なった理由は、「金属間化合物の発生が抑制され、流動性が向上した」という技術上の意義が、無鉛はんだ合金に含まれる Cu、Ni の数値範囲に基づくものであるか否か、すなわち、当該数値範囲は本件発明の特徴部分であるか否かによると考えられる。

(4)　平成20年（行ケ）第10484号の判決は、「本件発明1の特徴的な部分は、『Sn を主として、これに、Cu と Ni を加える』ことによって『金属間化合物の発生が抑制され、流動性が向上した』ことにあり、Cu と Ni の数値限定は、望ましい数値範囲を示したものにすぎないから、上記で述べたような意味において具体的な測定結果をもって裏付けられている必要はないというべきである」と判示しているように、本件発明の特徴部分がどの部分かを認定して特許請求の範囲の記載が36条6項1号が規定するいわゆるサポート要件に適合するか否かの判断をしている。

(5)　これに対し、平成19年（行ケ）第10307号の判決は、本件発明の特徴部分について考慮せず、特許請求の範囲の記載そのものに対して上記大合議判決に従って判決している。

(6)　数値限定を含む発明等においては、サポート要件の判断においても、当該発明の特徴部分がどこにあるかを認定し、特許請求の範囲の記載が36条6項1号が規定するいわゆるサポート要件に適合するか否かを判断することが望まれる。

判決例3-3　審査基準の類型を否定したサポート要件の判断、およびパラメータ判決の適用性

平成21年（行ケ）第10033号「性的障害の治療におけるフリバンセリンの使用」（知財高裁平成22.1.28）（飯村敏明裁判長）

(1)　特許法36条6項1号の規定の解釈に当たっては、特許請求の範囲の記載が、発明の詳細な説明の記載の範囲と対比して、前者の範囲が後者の範囲を超えているか否かを必要かつ合目的的な解釈手法によって判断すれば足りるとして、審査基準（第Ⅶ部第3章「医薬発明」1.1.1「特許法第36条第6項第1号」の項）において、同条6項1号違反の類型として、

　　　　例：請求項においては成分Aを有効成分として含有する制吐剤が特許請求されているが、発明の詳細な説明には、成分Aが制吐作用を有することを裏付ける薬理試験方法、薬理データ等についての記載がなく、しかも、成分Aが制吐剤として有効であることが出願時の技術常識からも推認できない場合

という薬理試験方法や薬理データ等の記載がない例に従ってサポート要件を満たさないとした審決を取り消した事例。

(2)　本判決では、特許法36条6項1号と4項1号とは峻別すべきものとし、知財高裁大合議部による所謂パラメータ判決（平成17年（行ケ）第10042号。以下「パラメータ判決」）によるサポート要件の判断手法が、パラメータ等の「特異な形式」で記載された発明に該当しない本件には適合しないことも判示された。

◇本件発明

【請求項1】　場合により薬理学的に許容可能な酸付加塩形態にあってもよいフリバンセリンの、性欲障害治療用薬剤を製造するための使用。

◇審決の内容

　医薬についての用途発明においては、一般に、有効成分の物質名、化学構造だけからその有用性を予測することは困難であり、発明の詳細な説明に有効量、投与方法、製剤化のための事項がある程度記載されている場合であっても、それだけでは当業者が当該医薬が実際にその用途において有用性があるか否かを知ることができないから、特許を受けようとする発明が発明の詳細な説明に記載されたものであるというためには、発明の詳細な説明において、薬理データ又はそれと同視すべき程度の記載がされることにより、その用途の有用性が裏付けられていることが必要である。

　本願明細書の発明の詳細な説明には、フリバンセリンの本願発明の医薬用途における有用性を裏付ける記載はない。

したがって、本願発明に係る特許請求の範囲の記載は、特許法（以下「法」という。）36条6項1号に規定する「特許を受けようとする発明が発明の詳細な説明に記載したものであること」との要件を満たさない。

◆**裁判所の判断**

(1)　法36条4項1号と同条6項1号の関係について

①法36条4項1号と6項1号の各規定の趣旨

　法36条4項1号……の趣旨は、……仮に、特許を受けようとする者が、第三者に対して、発明が解決しようとする課題及びその解決手段その他の発明の技術上の意義を理解するために必要な事項を開示することなく、また、発明を実施するための明確でかつ十分な事項を開示することなく、独占権の付与を受けることになるのであれば、有用な技術的思想の創作である発明を公開した代償として独占権が与えられるという特許制度の目的を失わせることになりかねず、そのような趣旨から、特許明細書の「発明の詳細な説明」に、上記事項を記載するよう求めたものである。

　これに対して、法36条6項1号は、「特許請求の範囲」の記載について、「特許を受けようとする発明が発明の詳細な説明に記載したものであること」を要件としている。同号は、特許権者は、業として特許発明の実施をする権利を専有すると規定され、特許発明の技術的範囲は、願書に添付した「特許請求の範囲の記載」に基づいて定めなければならないと規定されていること（法68条、70条1項）を実効ならしめるために設けられた規定である。仮に、「特許請求の範囲」の記載が、「発明の詳細な説明」に記載・開示された技術的事項の範囲を超えるような場合に、そのような広範な技術的範囲にまで独占権を付与することになれば、当該技術を公開した範囲で、公開の代償として独占権を付与するという特許制度の目的を逸脱するため、そのような特許請求の範囲の記載を許容しないものとした。

　このように、法36条6項1号の規定は、「特許請求の範囲」の記載について、「発明の詳細な説明」の記載とを対比して、広すぎる独占権の付与を排除する趣旨で設けられたものである。

②法36条6項1号への適合性判断について

　法36条6項1号の規定の解釈に当たっては、特許請求の範囲の記載が、発明の詳細な説明の記載の範囲と対比して、前者の範囲が後者の範囲を超えているか否かを必要かつ合目的的な解釈手法によって判断すれば足り、

例えば、特許請求の範囲が特異な形式で記載されているため、法36条 6 項 1 号の判断の前提として、「発明の詳細な説明」を上記のような手法により解釈しない限り、特許制度の趣旨に著しく反するなど特段の事情のある場合はさておき、そのような事情がない限りは、同条 4 項 1 号の要件適合性を判断するのと全く同様の手法によって解釈、判断することは許されないというべきである。

③審決の理由の当否について

　審決は、本願について、「特許請求の範囲」の記載と「発明の詳細な説明」の記載の範囲を対比して、前者の範囲が後者の範囲を超えているか否かを判断したのではなく、要するに、特許明細書の「発明の詳細な説明」には、フリバンセリン類の性欲障害治療用薬剤としての「有用性を裏付ける薬理データ又はそれと同視すべき程度」の記載がされていないことのみを理由として、法36条 6 項 1 号所定の要件を満たしていないとするものである。

　したがって、審決が、発明の詳細な説明に「薬理データ又はそれと同視すべき程度の記載をすることにより、その用途の有用性が裏付けられている」ように記載されていない限り、特許請求の範囲の記載は、法36条 6 項 1 号に規定する要件を満たさないとした部分は、常に妥当するものではなく、そのことのみを理由として、法36条 6 項 1 号に反するとした判断は、特段の事情があればさておき、このような特段の事情がない限りは、理由不備があるというべきである。

　……審決は、……本願の特許請求の範囲の記載が、どのような理由により、発明の詳細な説明で記載された技術的事項の範囲を超えているかの具体的な検討をすることなく、同条 6 項 1 号所定の要件を満たさないとした点において、理由不備の違法があるというべきである。

(2)　知財高裁大合議部判決（パラメータ判決）の適用性について

　知財高裁大合議部判決の判示は、〔1〕「特許請求の範囲」が、複数のパラメータで特定された記載であり、その解釈が争点となっていること、〔2〕「特許請求の範囲」の記載が「発明の詳細な説明」の記載による開示内容と対比し、「発明の詳細な説明」に記載、開示された技術内容を超えているかどうかが争点とされた事案においてされたものである。

　これに対し、本件は、〔1〕「特許請求の範囲」が特異な形式で記載されたが

ために、その技術的範囲についての解釈に疑義があると審決において判断された事案ではなく、また、〔2〕「特許請求の範囲」の記載と「発明の詳細な説明」の記載とを対比して、前者の範囲が後者の範囲を超えていると審決において判断された事案でもない。知財高裁大合議部判決と本件とは、上記各点において、その前提を異にする。

したがって、被告が、知財高裁大合議部判決の判示内容を医薬用途発明に適用すれば、発明の詳細な説明に「薬理データ又はそれと同視すべき程度の記載」をすることが、法36条6項1号の適合性を充足するための要件になると主張する点は、本件において、同様に適用されるための前提を欠く。

したがって、知財高裁大合議部判決の判示を論拠として、医薬品の用途発明である本件について、発明の詳細の記載に薬理データ又はそれと同視すべき程度の記載がないから、法36条6項1号の要件を満たさないとすべきであるとの被告の主張は、採用の限りでない。

◇**考　察**

(1)　本件は、法36条6項1号の規定の解釈に当たっては、特許請求の範囲の記載が、発明の詳細な説明の記載の範囲と対比して、前者の範囲が後者の範囲を超えているか否かを必要かつ合目的的な解釈手法によって判断すれば足りるとして、審査基準（第Ⅶ部第3章「医薬発明」1.1.1「特許法第36条第6項第1号」の項）の同条6項1号違反の類型を否定した事例である。

(2)　特許庁の審査基準には、サポート要件（36条6項1号）に関して、「請求項に係る発明は、発明の詳細な説明に記載した範囲を超えるものであってはならない。発明の詳細な説明に記載していない発明について特許請求の範囲に記載することになれば、公開していない発明について権利を請求することになるからである。本号の規定は、これを防止するためのものである」と定められている。

(3)　これは、本判決と同じ考え方であって、この考え方からすると、審査基準（第Ⅶ部第3章「医薬発明」1.1.1「特許法第36条第6項第1号」の項）において、同条6項1号違反の類型として、

例：請求項においては成分Aを有効成分として含有する制吐剤が特許請求されているが、発明の詳細な説明には、成分Aが制吐作用を有することを裏付ける薬理試験方法、薬理データ等についての記載がなく、し

　　　かも、成分Aが制吐剤として有効であることが出願時の技術常識から
　　　も推認できない場合

として類型は、明らかに誤りというほかない。

(4)　被告（特許庁）は、知財高裁大合議部判決（パラメータ判決）を引用して
　　「『特許請求の範囲に発明として記載して特許を受けるためには、明細書の発
　　明の詳細な説明に、当該発明の課題が解決できることを当業者において認識
　　できるように記載しなければならないというべきである。』と判示している。
　　そして、医薬用途発明についての前記の特性に照らすならば、医薬品用途発
　　明について、法36条6項1号所定の要件を『薬理データ又はそれと同視すべ
　　き程度の記載』がされることと解釈することは、知財高裁大合議部判決と矛
　　盾するものではない」と主張したが、これに対し裁判所は、「本件において、
　　同様に適用されるための前提を欠く」として、パラメータ発明でない本件に
　　対して、パラメータ判決に拠るサポート要件判断手法が同様には適用されな
　　いことを判示した。

**判決例3-4　明細書の記載と異なる課題を認定してサポート要件を判断する
ことの是非**

平成24年（行ケ）第10016号「ポリウレタンフォームおよび発泡された熱可塑
性プラスチックの製造」（知財高裁平成24.10.11）（芝田俊文裁判長）

本件発明の課題及び課題解決手段並びにその効果は発明の詳細な説明に記載さ
れており、これと異なる課題を認定し、本件発明はその課題を解決できないと
した審決の判断は誤りであるとした事例。

◇本件発明

(1)　特許請求の範囲

【請求項1】　発泡剤による発泡によってポリウレタン硬質フォームを製造す
る方法において、発泡剤として、

　　a)　5〜50質量％未満の1,1,1,3,3-ペンタフルオルブタン（HFC-365mfc）
　　　　および

　　b)　50質量％超の1,1,1,3,3-ペンタフルオルプロパン（HFC-245fa）

を含有するかまたは該 a) および b) から成る組成物を使用することを特徴と

する、ポリウレタン硬質フォームを製造する方法。

(2)　発明の詳細な説明

【発明が解決しようとする課題】　本発明の課題は、選ばれた新規種類の好ましい発泡剤を用いてポリウレタン硬質発泡材料を製造するための方法を記載することである（【0004】）。

【課題を解決するための手段】　発泡剤を用いてポリウレタン硬質発泡材料……を製造するための本発明による方法には、発泡剤として、a）ペンタフルオルブタン、有利に1, 1, 1, 3, 3-ペンタフルオルブタン（HFC-365mfc）およびb）……ジフルオルメタン（HFC-32）；ジフルオルエタン、有利に1, 1-ジフルオルエタン（HFC-152a）；……；ペンタフルオルプロパン、有利に1, 1, 1, 3, 3-ペンタフルオルプロパン（HFC-245fa）……を含む群から選ばれた少なくとも一つの他の発泡剤を含有するかまたは該発泡剤から成る組成物を使用することが設けられている（【0006】）。

【発明を実施するための最良の形態】　ポリウレタン硬質発泡材料を製造するための本発明による方法の一つの実施態様には、a）HFC-365mfc および b）……1, 1, 1, 3, 3-ペンタフルオルプロパン（HFC-245fa）……が CO_2……を全く含有しない場合には、発泡剤組成物は、1, 1, 1, 3, 3-ペンタフルオルブタン50質量％未満および……1, 1, 1, 3, 3-ペンタフルオルプロパン……50質量％超を含有するかまたはこれらのものから成ることが設けられている（【0017】）。

本発明方法により得ることができるポリウレタン硬質発泡材料の特殊な利点は、低い温度の場合、多くの場合に約15℃を下廻る温度で効力を生じることにある。意外なことに、本発明方法により得ることができるポリウレタン硬質発泡材料は、純粋な炭化水素から製造された発泡材料よりも有利な熱伝導率……を有する……。ペンタフルオルブタン、有利に1, 1, 1, 3, 3-ペンタフルオルブタンおよび上記に他の発泡剤の少なくとも一つを有する発泡剤混合物を有する十分に独立気泡のポリウレタン硬質発泡材料において、熱伝導率、即ち熱遮断能に関連して使用された発泡剤混合物の相乗効果は顕著なものである（【0027】）。

【実施例】　ポリウレタン発泡材料の製造に、HFC-365mfc/152a、HFC-365mfc/32、HFC-365mfc/152a/CO_2を用いた例1 a）〜c）が示されている（【0041】〜【0046】）。

◇審決の内容

　本願発明は、「約15℃を下廻る温度範囲内での、熱伝導率の低い、すなわち、熱遮断能に優れるポリウレタン硬質発泡フォームを製造すること」を課題とするものであると認められる。

　発泡剤成分ａと、……発泡剤成分ｂとを併用することにより、何故、本願発明の課題が解決できるのかについて、発泡の機構などに基づいた一般的な説明は記載されておらず、ましてや、発泡剤成分ｂとして、HFC-245fa を選択することの技術的意味・作用効果についても何ら記載されていない。

　発泡剤については、１）発泡剤成分ａの混合比率が高いこと及び２）発泡剤成分ｂとして HFC-245fa 以外の発泡剤が用いられていることから、……、例１は本願発明の実施例とはいえない。

　そして、ポリウレタン硬質フォームの熱伝導率は、発泡剤の種類、発泡気泡の形状及び密度などによって大きく影響を受けるものと認められるから、……技術常識に照らしても、当業者が、本願明細書の発明の詳細な説明の記載に基づき、……、本願発明の課題を解決できると認識できるものとはいえない。

◇裁判所の判断

　(1)　本願明細書には、本願発明の課題は、選ばれた新規種類の好ましい発泡剤を用いてポリウレタン硬質発泡材料を製造するための方法を記載すること等であり、特定の発泡剤、すなわち、HFC-365mfc と一定の他の発泡剤との混合物を用いてポリウレタン硬質フォームを製造するための方法により製造されたポリウレタン硬質フォームは、約15度を下回る温度において、熱伝導率が低く、熱遮断能を有するという効果を有することが判明したこと、この方法で用いる発泡剤組成物は、成分 a) HFC-365mfc と成分 b) 低沸点の脂肪族炭化水素等とを含むものであるが、有利な組み合わせの一つとして、本願発明で用いる発泡剤組成物である、成分 a) HFC-365mfc 及び成分 b) HFC-245fa の組合せがあることが記載されているといえる。また、本願明細書には、本願発明で用いる発泡剤組成物を用いてポリウレタン硬質フォームを製造したことを示す実施例は記載されていないものの、成分 a) HFC-365mfc と組み合わせる成分 b) として、HFC-152a（例1a）、HFC-32（例1b）、及び HFC-152a と CO_2（例1c）を用いてポリウレタン硬質フォームを製造したことが、具体的に開示されているといえる。

　そうすると、本願発明で用いる発泡剤の成分 b) である HFC-245fa は、上

記のとおり、ひとまとまりの一定の発泡剤の一つとして記載されている上、本願明細書の実施例で使用された成分 b）である HFC-152a や HFC-32と同様に低沸点であり、技術的観点からすると化学構造及び理化学的性質が類似するといえることも併せ考慮すると、実施例 1 a）〜c）と同様に HFC-245fa を使用することによりポリウレタン硬質フォームを製造する方法が開示されていると解するのが相当である。

　以上のとおり、本願発明の課題及び課題解決手段、並びに、その効果が、本願明細書の発明の詳細な説明に記載されたものと認めるべきである。

　(2)　「サポート要件」の判断にあたっては、本願明細書において、成分 b）として HFC-245fa を選択することの技術的意味や作用効果について、更なる記載を求めるべき理由はなく、また、成分 b）、特に HFC-245fa が発泡剤として使用できると認識できない事情も見いだせないので、発泡の機構などに関して、更なる説明を求めるべき理由もない。

◇考　察

　これまでの判決でも、サポート要件の判断は、請求項に係る発明が、発明の詳細な説明において発明の課題が解決できることを当業者が認識できるように記載された範囲を超えるものであるか否かを調べることにより行われていた。

　この事例でも、サポート要件の判断は審決、判決ともに同様の手法で行われているが、審決と判決とで認定した課題が相違しており、判断結果も相違するものとなった。審決は、発明の詳細な説明の【発明が解決しようとする課題】の記載のみから課題を認定せずに、「硬質発泡材料の特殊な利点」の記載も引いて課題を認定したのに対し、判決は、発明の詳細な説明の【発明が解決しようとする課題】の記載から課題を認定したが、特段の事情がない限り課題の認定は、請求項に係る発明に対応する【発明が解決しようとする課題】の記載から認定すべきように思われる。そうでなければ、発明の詳細な説明に発明の優れた点、特殊な点を記載すればするほど認定される課題のハードルが上がり、サポート要件違反とされることも多くなるという特許制度の趣旨からみて妥当でない状況が生じうるのではないか。

判決例３−５　複数の課題が把握できる場合のサポート要件の判断

平成24年（行ケ）第10076号「ヒンダードフェノール性酸化防止剤組成物」（知財高裁平成24.10.29）（塩月秀平裁判長）

発明の詳細な説明の記載から把握できる複数の課題のすべてが解決されると認識できなければ、サポート要件を満たさないとすべきでなく、そして、本件発明の課題には当業者が解決できると認識できるものがあるから、本件発明の課題のすべてが解決できないとした審決の判断には誤りがあるとした事例。

◇本件発明

(1)　特許請求の範囲

【請求項１】　化合物の混合物を含んで成るヒンダードフェノール性酸化防止剤組成物であって、該化合物の混合物が、式

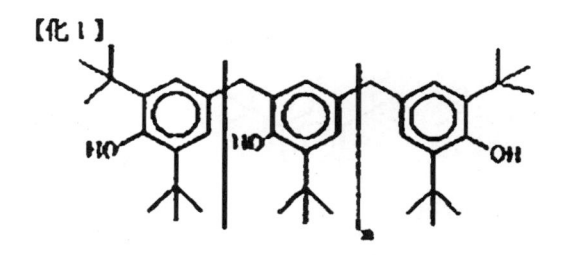

　式中、nは少なくとも０、１、２、および３であり、場合により３より多い、の複数の化合物を含んで成り；そして組成物が非希釈基準で、

(a)　3.0重量％未満のオルソ-tert-ブチルフェノール、

(b)　3.0重量％未満の2,6-ジ-tert-ブチルフェノール、および

(c)　50ppm 未満の2,4,6-トリ-tert-ブチルフェノールを含む、

上記組成物。

(2)　発明の詳細な説明

【従来の技術】　より広く使用されているフェノール性酸化防止剤の一つは、以下に示す一般構造：

【化2】

式中、nは0～3（0を含む）又はそれ以上、を有するメチレン架橋化多環フェノール性酸化防止剤の種類である。……。これらの酸化防止剤は、2,6-ジ-tert-ブチルフェノールおよびオルソ-tert-ブチルフェノールの混合物をホルムアルデヒド源……と、反応溶媒中で、そしてアルキル化触媒の存在下で反応させることにより調製される。……。これら酸化防止剤の調製物中の混入物には、以下に示す単環フェノール化合物：

＊ ＊【化3】

2,6-ジ-tert-ブチルフェノール
(DTBP)

2,4,6-トリ-tert-ブチルフェノール
(TTBP)

オルソ-tert-ブチルフェノール
(OTBP)

が含まれる（【0003】～【0007】）。

　【解決しようとする課題】　OTBP および DTBP は、製造後の生成物中に残る多環ヒンダードフェノール性酸化防止剤の出発原料である。TTBP は一般に、多環ヒンダードフェノール性酸化防止剤を調製するために使用される OTBP および DTBP 中に混入物として見いだされる。これらの単環ヒンダードフェノール化合物は水溶性であり、そして多環ヒンダードフェノール性酸化防止剤よりも揮発性である。多環ヒンダードフェノール性酸化防止剤はそのより高い分子量により、水溶性が一層低く、しかも揮発性が低い（【0008】）。

　【課題を解決するための手段】　これらの酸化防止剤は、潤滑剤および燃料に用途を有する。……。

　このような製品の重要な利点は、それらが低揮発性および少量の単環ヒンダ

ードフェノール化合物を有することである。低揮発性成分は、潤滑剤の使用期間中に蒸発により失われないのでより効果的な酸化防止剤である。それゆえにそれらは潤滑剤中に留まり、潤滑剤を熱および酸素、すなわち酸化の悪影響から保護する（【0021】【0022】）。

◇審決の内容

　発明の詳細な説明には、従来のヒンダードフェノール系酸化防止剤よりも、「向上した酸化安定性、向上した油溶解性、低い揮発性及び低い蓄積性」を有することを課題とし、「非常に低レベルの単環ヒンダードフェノール化合物を含有する新規なヒンダードフェノール性酸化防止剤組成物」である本願発明の組成物によれば、上記課題を解決できると記載されているものと認められる。

　しかしながら、発明の詳細な説明には、本願発明の組成物を具体的に製造し、その酸化安定性、油溶解性、揮発性及び生物蓄積性について確認し、上記課題を解決できることを確認した例は記載されていないから、本願発明は、発明の詳細な説明に実体を伴って記載された発明ではない。

　また、従来のヒンダードフェノール系酸化防止剤よりも低レベルの単環ヒンダードフェノール化合物……を含むことにより、「酸化安定性、油溶解性、揮発性及び生物蓄積性」が改良されることが、当業者であれば、出願時の技術常識に照らし認識できるといえる根拠も見あたらない。

　そうすると、具体的に確認した例がなくても、当業者の技術常識に照らし、上記課題を解決できると認識できるものともいえない。

◇被告（特許庁）の主張

（1）　単環化合物の量と、向上した油溶解性及び低い揮発性

　従来のヒンダードフェノール系酸化防止剤に不純物として含まれる DTBP、OTBP 及び TTBP、すなわち単環化合物は、もともとごく少量である。……、もともとごく少量しか含まれていない単環化合物の量をさらに低減したからといって、従来のヒンダードフェノール系酸化防止剤と比較して、「向上した油溶解性、及び低い揮発性」について、従来から公知のヒンダードフェノール性酸化防止剤組成物に対し、有意な差異をもたらし得る程の効果を奏するとまでは認識することはできない。

（2）　向上した酸化安定性及び低い生物蓄積性

　発明の詳細な説明には、「向上した酸化安定性、及び低い生物蓄積性」という、本願発明の課題を達成し得ることの技術的裏付けも記載されていないし、

「向上した酸化安定性、及び低い生物蓄積性」という本願発明の課題を達成し得ることが技術常識により当然に予想できるとする技術的根拠も記載されていない。

◆裁判所の判断

本願発明の課題は、従来のメチレン架橋化多環ヒンダードフェノール性酸化防止剤組成物よりも、向上した酸化安定性、向上した油溶解性、低い揮発性及び低い生物蓄積性を有するものを得ることと認められる。

発明の詳細な説明には、……（段落【0008】）と記載されているが、この記載は、単環フェノールがメチレン架橋化多環フェノールよりも、より揮発性であり、より水溶性であり、油溶解性が低いという当業者の技術常識に沿った記載である。また、発明の詳細な説明には、……（段落【0022】）と記載されているところ、酸化防止作用を示す成分が揮発することによって減少すれば、組成物の酸化防止能も減少するので、組成物中の揮発性の成分の量を減らすことにより組成物の酸化防止能が向上することも、当業者の技術常識に沿った記載である。

このように、発明の詳細な説明には、非常に低レベルのOTBP、DTBP及びTTBPの単環ヒンダードフェノール化合物を含有することによって、従来のメチレン架橋化多環ヒンダードフェノール性酸化防止剤組成物よりも向上した油溶解性を有する組成物を得ることができ、また、低い揮発性を有し、その結果、向上した酸化安定性を有する組成物を得ることができる点が記載されているということができるから、発明の詳細な説明の記載から、本願発明の構成を採用することにより本願発明の課題が解決できると当業者は認識することができる。

〈被告の主張に対して〉

(1) 単環化合物の量と、向上した油溶解性及び低い揮発性

発明の詳細な説明には……の記載があり（段落【0005】～【0007】）、また、……（段落【0008】）との記載があるところ、これらの記載からすると、従来のヒンダードフェノール系酸化防止剤は、TTBPを不純物として含有するDTBP及びOTBPをその製造原料として使用するものなので、その調製物には一定量以上の未反応のDTBP及びOTBPや不純物のTTBPを含んでいるものと認められる。そうすると、従来のヒンダードフェノール系酸化防止剤が不純物として含む単環化合物（DTBP、OTBP及びTTBP）がごく少量であると

まではいえない。

(2)　向上した酸化安定性及び低い生物蓄積性

　技術常識を参酌して発明の詳細な説明の記載を見た当業者が、本願発明の構成を採用することにより、向上した酸化安定性という本願発明の課題が解決できると認識できることは前記のとおりである。

　また、発明の詳細な説明には、生物蓄積性についての課題が解決できることを示す記載はない。しかし、発明の詳細な説明の記載から、本願発明についての複数の課題を把握することができる場合、当該発明におけるその課題の重要性を問わず、発明の詳細な説明の記載から把握できる複数の課題のすべてが解決されると認識できなければ、サポート要件を満たさないとするのは相当でない。

◇**考　察**

(1)　審決と同様、判決も、本発明の課題は、「従来のメチレン架橋化多環ヒンダードフェノール性酸化防止剤組成物よりも、向上した酸化安定性、向上した油溶解性、低い揮発性及び低い生物蓄積性を有するものを得る」ことと認定する一方、判決は、発明の詳細な説明の記載から把握できる複数の課題のすべてが解決されると認識できなければ、サポート要件を満たさないとするのは相当でないとし、低い生物蓄積性についての課題が解決されると認識できなくてもよいとした。

　　この事例においては、発明の詳細な説明の【解決すべき課題】【0008】の記載を中心に、本発明の課題は、「従来のメチレン架橋化多環ヒンダードフェノール性酸化防止剤組成物よりも、向上した酸化安定性、向上した油溶解性（低水溶性）、低い揮発性を有するものを得る」こととし、これらの課題は解決されると当業者は認識するから、サポート要件を満たすとすることもできたのではないかと考えられる。

(2)　特に改善多項制下では、請求項に係る発明が、発明の詳細な説明に記載された複数の発明の一つであり、発明の詳細な説明に記載された複数の課題の一部だけを解決しようとするものである場合もあるから、このような場合も、複数の課題のすべてが解決されると認識できる必要性はないこととなろう。

判決例3-6　官能試験が行われている場合のサポート要件の判断

平成28年（行ケ）第10147号「トマト含有飲料」（知財高裁平成29.6.8）（森義之裁判長）

糖度、糖酸比およびグルタミン酸等含有量で特定されたトマト含有飲料に係る発明がサポート要件を満たさないとして、特許維持した審決を取り消した事例。

◇本件発明

【請求項1】糖度が9.4～10.0であり、糖酸比が19.0～30.0であり、グルタミン酸及びアスパラギン酸の含有量の合計が、0.36～0.42重量％であることを特徴とする、トマト含有飲料。

◇争　点

①本件明細書等に記載された風味評価試験の結果から、本件発明の数値範囲と得られる効果との関係の技術的な意味を当業者が理解できるか。

②官能試験について、パネラーの評価方法は合理的か。

◇裁判所の判断

争点①

「甘み」、「酸味」及び「濃厚」の風味に見るべき影響を与えるのが、糖度、糖酸比及びグルタミン酸等含有量のみであることは記載されていない。また、実施例に対して、比較例及び参考例が、糖度、糖酸比及びグルタミン酸等含有量以外の成分や物性の条件をそろえたものとして記載されておらず、それらの各種成分や各種物性が、「甘み」、「酸味」及び「濃厚」の風味に見るべき影響を与えるものではないことや、影響を与えるがその条件をそろえる必要がないことが記載されているわけでもない。そうすると、濃厚な味わいでフルーツトマトのような甘みがありかつトマトの酸味が抑制されたとの風味を得るために、糖度、糖酸比及びグルタミン酸等含有量の範囲を特定すれば足り、他の成分及び物性の特定は要しないことを、当業者が理解できるとはいえず、本件明細書の発明の詳細な説明に記載された風味評価試験の結果から、直ちに、糖度、糖酸比及びグルタミン酸等含有量について規定される範囲と、得られる効果というべき、濃厚な味わいでフルーツトマトのような甘みがありかつトマトの酸味が抑制されたという風味との関係の技術的な意味を、当業者が理解できるとはいえない。

争点②

「甘み」、「酸味」又は「濃厚」という風味を１点上げるにはどの程度その風味が強くなればよいのかをパネラー間で共通にするなどの手順が踏まれたことや、各パネラーの個別の評点が記載されていない。したがって、少しの風味変化で加点又は減点の幅を大きくとらえるパネラーや、大きな風味変化でも加点又は減点の幅を小さくとらえるパネラーが存在する可能性が否定できず、各飲料の風味の評点を全パネラーの平均値でのみ示すことで当該風味を客観的に正確に評価したものととらえることも困難である。また、「甘み」、「酸味」及び「濃厚」は異なる風味であるから、各風味の変化と加点又は減点の幅を等しくとらえるためには何らかの評価基準が示される必要があるものと考えられるところ、そのような手順が踏まれたことも記載されていない。そうすると、「甘み」、「酸味」及び「濃厚」の各風味が本件発明の課題を解決するために奏功する程度を等しくとらえて、各風味についての全パネラーの評点の平均を単純に足し合わせて総合評価する、前記(3)の風味を評価する際の方法が合理的であったと当業者が推認することもできないといえる。

◇考　察

平成17年（行ケ）第10042号知財高裁大合議判決（偏光フィルム事件）に示されたパラメータ発明のサポート要件に係る規範（判断基準）に基づき、本件発明に係るトマト含有飲料における数値限定の組合せの妥当性が判断された。糖度、糖酸比及びグルタミン酸等含有量の三者によるパラメータを用いて複雑に特定された本件発明に対して、クレームの不明確さや対象が食品であるゆえの影響の甚大さも考慮して、得られる効果（濃厚な味わいでフルーツトマトのような甘みがありかつトマトの酸味が抑制されたという風味）との関係の技術的な意味を厳格に判断したものと考えられる。

また、食品発明の効果を裏付けるためには、ただ単に「パネラーテスト」があればよいという安易な対応にも改善が求められている。

判決例３-７　明細書の記載等を考慮しての明確性要件の判断１
平成20年（行ケ）第10107号「新聞顧客の管理及びサービスシステム並びに電子商取引システム」（知財高裁平成20.10.30）（飯村敏明裁判長）

特許を受けようとする発明が明確であるか否かは、特許請求の範囲の記載のみ
ならず、願書に添付した明細書の記載および図面を考慮し、また、当業者の出
願当時における技術的常識を基礎として、特許請求の範囲の記載が、第三者に
不測の不利益を及ぼすほどに不明確であるかという観点から判断されるべきで
あるとして、特許を受けようとする発明が明確でないとした審決の判断は誤り
であるとした事例。

◇本件発明

【請求項1】 営業マンの複数人のグループを最小単位とした各班のPC（パ
ソコン。以下同じ）と、順次大きなグループになるような各階層のPCと、前
記各階層を総括する本部のPCと、顧客のPCと、からなるネットワークを用
い、前記各PCを用いて以下の構成としたことを特徴とする新聞顧客の管理及
びサービス方法。

(a) 前記各営業マンが把握した顧客の個人情報を、各営業マンのPCに入力
することにより個人のコード番号を付してコード化し、暗号化して、前記
班のPCから各階層のPCに転送し、予め定めた情報を自動的に登録し、
かつ本部のPCへ、同時に転送する。

(b) 前記暗号化した個人情報は、重要度と機密実用度に応じ、前記各階層の
PC及び本部のPCにおいて、担当部署の担当者のパスワード別に、平文
化できる範囲を設定し、前記各PCで自動的に平文化する。

(c) 前記本部のPCで、前記顧客個人情報を登録し、又は再暗号化して登録
すると共に階層別に管理する。

(d) 前記各顧客は、自己のPCに専用キーをインストールし、前記本部の
PCには、前記顧客の専用キーに対応した専用キーを予め保有させる。

(e) 前記個人情報は、本部のPCに登録してデーターベース化し、前記各階
層のPCには必要な部署のPCだけに必要な解読ソフトを保有させておく。

(f) 顧客が、本部PCから知らされた商品を希望する場合には、顧客PCか
ら前記商品の情報を本部PCへ送信し、その商品を電子注文する、本部
PCは前記コード化により自動で顧客の認証を行い、ついで前記電子注文
に応じて、前記本部PCからの指示により前記本部又は各階層に設置され
たデリバリーセンターから、電子注文に対応した商品を顧客に届ける。

(g) 前記階層は、営業マンのグループを班とし、数班を団とし、数団を地区

支部とし、数地区支部をブロックとし、全ブロックの PC を夫々本部 PC と接続することによって電子的に発信及び受信できるように直結する。

◇**審決の内容**

請求項1(a)についての「コード番号を付してコード化し」、「暗号化し」、「転送する」などの記載、請求項1(b)についての「平文化できる範囲を設定し」などの記載、請求項1(c)についての「顧客個人情報を登録し」、「再暗号化して登録する」、「階層別に管理する」などの記載、請求項1(e)についての「登録してデーターベース化し」などの記載が、人間が PC を操作して行う処理であるとも、PC が人間を介さず自動的に行う処理であるとも解することができ、そのいずれを意味しているのかが不明であるため、その特定しようとする事項が明確でないから、特許法36条6項2号に規定する要件を満たさない。

◇**裁判所の判断**

特許法36条6項2号は、特許請求の範囲の記載において、特許を受けようとする発明が明確でなければならない旨を規定する。同号がこのように規定した趣旨は、特許請求の範囲に記載された発明が明確でない場合には、特許発明の技術的範囲、すなわち、特許によって付与された独占の範囲が不明となり、第三者に不測の不利益を及ぼすことがあるので、そのような不都合な結果を防止することにある。そして、特許を受けようとする発明が明確であるか否かは、特許請求の範囲の記載のみならず、願書に添付した明細書の記載及び図面を考慮し、また、当業者の出願当時における技術的常識を基礎として、特許請求の範囲の記載が、第三者に不測の不利益を及ぼすほどに不明確であるかという観点から判断されるべきである。

審決の上記判断は、その判断それ自体に矛盾があり、特許法36条6項2号の解釈、適用を誤ったものといえる。すなわち、審決は、本願発明の請求項1における上記各記載について、「人間が PC を操作して行う処理であるとも、PC が人間を介さず自動的に行う処理であるとも解することができ（る）」との確定的な解釈ができるとしているのであるから、そうである以上、「そのいずれを意味しているのかが不明であるため、その特定しようとする事項が明確でない」とすることとは矛盾する。のみならず、審決のした解釈を前提としても、特許請求の範囲の記載は、第三者に不測の不利益を招くほどに不明確であるということはできない。

むしろ、審決においては、自らがした広義の解釈（それが正しい解釈である

か否かはさておき）を基礎として、特許請求の範囲に記載された本願発明が、自然法則を利用した技術的思想の創作のうち高度のものといえるか否か（特許法2条1項）、産業上利用することができる発明に当たるか否か（29条1項柱書）等の特許要件を含めて、その充足性の有無に関する実質的な判断をすべきであって、特許法36条6項2号の要件を充足しているか否かの形式的な判断をすべきではない。前記のとおり、その判断の結果にも誤りがあるといえる。

◇考　察

(1)　本件は、特許法36条6項2号に規定する要件を満たすか否かの判断は、単に、特許請求の範囲に記載された用語の明確性のみではなく、願書に添付した明細書の記載および図面をも考慮し、特許請求の範囲の記載が、第三者に不測の不利益を及ぼすほどに不明確であるかという観点から判断されるべきであるとした事例である。

(2)　明確性に関する審査基準では、請求項の記載がそれ自体で明確であると認められる場合は、明細書または図面中に請求項の用語についての定義または説明があるかどうかを検討し、その定義または説明によって、かえって請求項の記載が不明確にならないかを判断し、請求項の記載がそれ自体で明確でない場合は、明細書または図面中に請求項の用語についての定義または説明があるかどうかを検討し、その定義または説明を出願時の技術常識をもって考慮して請求項中の用語を解釈することによって、請求項の記載が明確といえるかどうかを判断するとしている。

(3)　コンピュータ・ソフトウエア関連発明に関する審査基準では、「『コンピュータを用いて、……ステップ』という表現では、各ステップにおける動作の主体が特定されたことにならないために、『コンピュータを（計算道具として）用いて、（人間がコンピュータを操作して）顧客からの商品の注文を受け付けるステップと、（人間がコンピュータを操作して）注文された商品の在庫を調べるステップと、該商品の在庫がある場合には該商品が発送可能であることを（人間がコンピュータを操作して）前記顧客に返答し、該商品の在庫がない場合には該商品が発送不能であることを（人間がコンピュータを操作して）前記顧客に返答するステップを実行する受注方法』という『コンピュータという計算道具を操作する方法』とも、『コンピュータを用いて（構築された受注システムにおいて）、（コンピュータが備える手段Aが）顧

客からの商品の注文を受け付けるステップと、（コンピュータが備える手段Bが）注文された商品の在庫を調べるステップと、該商品の在庫がある場合には該商品が発送可能であることを（コンピュータが備える手段Cが）前記顧客に返答し、該商品の在庫がない場合には該商品が発送不能であることを（コンピュータが備える手段Cが）前記顧客に返答するステップを実行する受注方法』という『コンピュータ・ソフトウエアによる情報処理方法』とも解釈できる。

　　したがって、本来別々の請求項に記載すべき『コンピュータという計算道具を操作する方法』及び『コンピュータ・ソフトウエアによる情報処理方法』という異なる概念を一の請求項に含んでいるために、請求項に係る発明を明確に把握することができない」としている。

⑷　判決では、特許を受けようとする発明の明確性は、法36条6項2号の規定の趣旨が、特許請求の範囲に記載された発明が明確でない場合には、特許によって付与された独占の範囲が不明となり、第三者に不測の不利益を及ぼすことがあるので、そのような不都合な結果を防止することにあるところから、この観点に沿って、判断することを求めており、コンピュータ・ソフトウエア関連発明に関する審査基準と一部離齬している。

⑸　平成19年（行ケ）第10403号においては、特許請求の範囲の明確性要件についても発明の詳細な説明の記載を参酌して判断している。

⑹　本判決においては、「被告は、特許法36条6項1号該当性の判断をするに当たって発明の詳細な説明の記載を参酌すべきではないと主張するが、最高裁平成3年3月8日第二小法廷判決（民集45巻3号123頁）も判示するように、特許を受けようとする発明の要旨を認定するのに特許請求の範囲の記載のみではその技術的意義が一義的に明確に理解することができない場合には、発明の詳細な説明の記載を参酌することは許されると解する」とし、明確性要件についてもこのように解釈して判示している。

⑺　ところで、平成13年（行ケ）第346号の判決においては、最高裁平成3年3月8日第二小法廷判決（民集45巻3号123頁）は、特許出願に係る発明の新規性あるいは進歩性を判断する場合における、特許出願に係る発明の請求項の要旨の認定について述べた判例であり、旧特許法36条5項について判断したものでないから、本件（36条違反）については、その適用はない、と解すべきであると判示しており、平成19年（行ケ）第10403号判決のように36

条の判断において、該最高裁判決を引用して、特許請求の範囲の記載が明確でないから、発明の詳細な説明を参酌して解釈することは、すべての場合にあてはまるものではないといえる。

判決例3-8　明細書の記載等を考慮しての明確性要件の判断2

平成29年（行ケ）第10210号「眼科用清涼組成物」（知財高裁平成30.9.6）（鶴岡稔彦裁判長）

本件訂正後の特許請求の範囲の「平均分子量が2万〜4万のコンドロイチン硫酸或いはその塩」にいう平均分子量は重量平均分子量を意味するものと推認することができるとして、審決を取り消した事例。

◇訂正の内容

(1)　訂正前

【請求項1】

a) メントール、カンフル又はボルネオールから選択される化合物を、それらの総量として0.01w/v%以上0.1w/v%未満、

b) 0.01〜10w/v%の塩化カリウム、塩化カルシウム、塩化ナトリウム、炭酸水素ナトリウム、炭酸ナトリウム、硫酸マグネシウム、リン酸水素二ナトリウム、リン酸二水素ナトリウム、リン酸二水素カリウムから選ばれる少なくとも1種、および

c) 平均分子量が0.5万〜4万のコンドロイチン硫酸或いはその塩を0.001〜10w/v%含有することを特徴とするソフトコンタクトレンズ装用時に清涼感を付与するための眼科用清涼組成物。

【0021】本発明に用いるコンドロイチン硫酸又はその塩は公知の高分子化合物であり、平均分子量が0.5万〜50万のものを用いる。より好ましくは0.5万〜20万、さらに好ましくは平均分子量0.5万〜10万、特に好ましくは0.5万〜4万のコンドロイチン硫酸又はその塩を用いる。かかるコンドロイチン硫酸又はその塩は市販のものを利用することができ、例えば、S社から販売されている、コンドロイチン硫酸ナトリウム（平均分子量約1万、平均分子量約2万、平均分子量約4万等）、M社から販売されているコンドロイチン硫酸ナトリウム（平均分子量約0.7万等）等が利用できる。

(2)　訂正後

【請求項 1 】

a）メントール、カンフル又はボルネオールから選択される化合物を、それらの総量として0.01w/v％以上0.1w/v％未満、

b）0.01～10w/v％の塩化カリウム、塩化カルシウム、塩化ナトリウム、炭酸水素ナトリウム、炭酸ナトリウム、硫酸マグネシウム、リン酸水素二ナトリウム、リン酸二水素ナトリウム、リン酸二水素カリウムから選ばれる少なくとも 1 種、および

c）平均分子量が 2 万～ 4 万のコンドロイチン硫酸或いはその塩を0.001～10w/v％含有することを特徴とするソフトコンタクトレンズ装用時に清涼感を付与するための眼科用清涼組成物。

【0021】本発明に用いるコンドロイチン硫酸又はその塩は公知の高分子化合物であり、平均分子量が0.5万～50万のものを用いる。より好ましくは0.5万～20万、さらに好ましくは平均分子量0.5万～10万、特に好ましくは0.5万～ 4 万のコンドロイチン硫酸又はその塩を用いる。かかるコンドロイチン硫酸又はその塩は市販のものを利用することができ、例えば、Ｓ社から販売されている、コンドロイチン硫酸ナトリウム（平均分子量約 1 万、平均分子量約 2 万、平均分子量約 4 万等）が利用できる。

◇審決の内容

(1)　明確性要件について

　特許法36条 6 項 2 号は、特許請求の範囲の記載に関し、特許を受けようとする発明が明確でなければならない旨規定する。この趣旨は、特許請求の範囲に記載された発明が明確でない場合には、特許の付与された発明の技術的範囲が不明確となり、第三者に不測の不利益を及ぼすことがあり得るため、そのような不都合な結果を防止することにある。そして、特許を受けようとする発明が明確であるか否かは、特許請求の範囲の記載のみならず、願書に添付した明細書の記載及び図面を考慮し、また、当業者の出願当時における技術常識を基礎として、特許請求の範囲の記載が、第三者に不測の不利益を及ぼすほどに不明確であるか否かという観点から判断されるべきである。

(2)　明確性要件の判断

　本件特許請求の範囲及び本件特許明細書には、単に「平均分子量」と記載されるにとどまり、上記にいう「平均分子量」が「重量平均分子量」、「数平均分

子量」、「粘度平均分子量」等のいずれに該当するかを明らかにする記載は存在しない。もっとも、このような場合であっても、本件訂正明細書におけるコンドロイチン硫酸あるいはその塩、及び、他の高分子化合物に関する記載を合理的に解釈し、当業者の技術常識も参酌して、その平均分子量が何であるかを合理的に推認することができるときには、そのように解釈すべきである。

……。

以上のとおりであるから、被請求人が提出した上記各乙号証はいずれも、S社から販売されている、コンドロイチン硫酸ナトリウムの「平均分子量」として知られていた数値は、どの製品名でも「重量平均分子量」の数値であると、本件出願時当時、当業者が認識していたと認識するに足る証拠ではない。

したがって、本件特許明細書の記載を、当業者の技術常識から合理的に解釈しようとしても、本件特許請求の範囲における「平均分子量2万〜4万のコンドロイチン硫酸或いはその塩」に係る「平均分子量」がいかなる平均分子量を意味するのかが不明である……。

よって、「平均分子量」という本件特許請求の範囲の記載は、第三者に不測の不利益を及ぼすほどに不明確であり、特許法第36条第6項第2号に違反すると認められる。

◇裁判所の判断

(1) 明確性要件について

特許法36条6項2号は、特許請求の範囲の記載に関し、特許を受けようとする発明が明確でなければならない旨規定する。同号がこのように規定した趣旨は、特許請求の範囲に記載された発明が明確でない場合には、特許が付与された発明の技術的範囲が不明確となり、権利者がどの範囲において独占権を有するのかについて予測可能性を奪うなど第三者の利益が不当に害されることがあり得るので、そのような不都合な結果を防止することにある。そして、特許を受けようとする発明が明確であるか否かは、特許請求の範囲の記載だけではなく、願書に添付した明細書の記載及び図面を考慮し、また、当業者の出願当時における技術常識を基礎として、特許請求の範囲の記載が、第三者の利益が不当に害されるほどに不明確であるか否かという観点から判断されるべきである。

(2) 明確性要件の判断

本件訂正後の特許請求の範囲にいう「平均分子量が2万〜4万のコンドロイチン硫酸或いはその塩」にいう平均分子量が、本件出願日当時、重量平均分子

量、粘度平均分子量、数平均分子量等のいずれを示すものであるかについては、本件訂正明細書において、これを明らかにする記載は存在しない。もっとも、このような場合であっても、本件訂正明細書におけるコンドロイチン硫酸又はその塩及びその他の高分子化合物に関する記載を合理的に解釈し、当業者の技術常識も参酌して、その平均分子量が何であるかを合理的に推認することができるときには、そのように解釈すべきである。

　……、本件訂正明細書には、「本発明に用いるコンドロイチン硫酸又はその塩は公知の高分子化合物であり、……。かかるコンドロイチン硫酸又はその塩は市販のものを利用することができ、例えば、S社から販売されている、コンドロイチン硫酸ナトリウム（平均分子量約1万、平均分子量約2万、平均分子量約4万等）が利用できる。」（段落【0021】）と記載されている。

　上記の「S社から販売されているコンドロイチン硫酸ナトリウム（平均分子量約1万、平均分子量約2万、平均分子量約4万等）」については、本件出願日当時、S社は、同社製のコンドロイチン硫酸ナトリウムの平均分子量について重量平均分子量の数値を提供しており、同社製のコンドロイチン硫酸ナトリウムの平均分子量として当業者に公然に知られた数値は重量平均分子量の数値であったこと……からすれば、その「平均分子量」は重量平均分子量であると合理的に理解することができ、そうだとすると、本件訂正後の特許請求の範囲の「平均分子量が2万～4万のコンドロイチン硫酸或いはその塩」にいう平均分子量も重量平均分子量を意味するものと推認することができる。加えて、本件訂正明細書の上記段落に先立つ段落に記載された他の高分子化合物の平均分子量は重量平均分子量であると合理的に理解できること……、高分子化合物の平均分子量につき一般に重量平均分子量によって明記されていたというのが本件出願日当時の技術常識であること……も、本件訂正後の特許請求の範囲の「平均分子量が2万～4万のコンドロイチン硫酸或いはその塩」にいう平均分子量が重量平均分子量であるという上記の結論を裏付けるに足りる十分な事情であるということができる。

　よって、本件訂正後の特許請求の範囲の記載は明確性要件を充足するものと認めるのが相当である。

◇考　察

(1)　裁判所は、訂正後の特許請求の範囲における「平均分子量が2万～4万の

コンドロイチン硫酸或いはその塩」の平均分子量が、本件出願日当時、重量平均分子量、粘度平均分子量、数平均分子量等のいずれを示すものであるかについては、訂正後の明細書において、これを明らかにする記載は存在しないが、訂正後の明細書における「S社から販売されているコンドロイチン硫酸ナトリウム（平均分子量約1万、平均分子量約2万、平均分子量約4万等)」の「平均分子量」は重量平均分子量であると合理的に理解でき、そうだとすると、訂正後の特許請求の範囲における「平均分子量が2万〜4万のコンドロイチン硫酸或いはその塩」の平均分子量も重量平均分子量を意味するものと推認することができるとした。

(2)　訂正により明細書の「、M社から販売されているコンドロイチン硫酸ナトリウム（平均分子量約0.7万等）等」という記載が削除されたが、判決をみる限りでは、当該記載の削除は訂正後の特許請求の範囲における「平均分子量が2万〜4万のコンドロイチン硫酸或いはその塩」の平均分子量も重量平均分子量を意味すると推認できる直接の根拠とはされていない。

(3)　判決は、訂正後の特許請求の範囲における「平均分子量が2万〜4万のコンドロイチン硫酸或いはその塩」の平均分子量も重量平均分子量を意味すると推認できる根拠として、S社製のコンドロイチン硫酸ナトリウムの平均分子量として当業者に公然に知られた数値は重量平均分子量の数値であったことを挙げているが、そのように推認できる根拠は、それだけではなく、「M社とS社の2社は、本件出願日当時、コンドロイチン硫酸又はその塩の製造販売を市場において独占していた」こと、及びM社の「各製品の粘度平均分子量は6千ないし1万程度のもの」であり、「本件出願日当時、M社のコンドロイチン硫酸ナトリウムの平均分子量として、当業者に公然に知られた数値は、粘度平均分子量の数値であった」こと、も背景にあるものと推察される。この背景無くして裁判所が上述のとおり判断したかは議論のあるところであろう。

(4)　審決も判決もともに最初に掲げた明確性要件の判断基準（大前提）は同じである。しかし、審決は最初に掲げた判断基準を判断に際し途中で「製品名」という要件を付加して変更して（引き上げて）おり、判断が分かれたのは、「S社は、同社製のコンドロイチン硫酸ナトリウムの平均分子量について重量平均分子量の数値を提供」していたという事実が訴訟段階で初めて示されたということだけでなく、判断基準（大前提）が異なっていたからであ

るともいえる。

判決例3−9　あいまいな表現がある場合の明確性要件の判断

平成26年（行ケ）第10243号「大便器装置」（知財高裁平成27.7.28）（清水節裁判長）

「『略水平』、『略一周』なる表現によって本件発明が不明確となるほどのものではない」として明確性要件違反の無効理由を認めなかった審決が、維持された事例。

◇本件発明

（1）　特許請求の範囲

【請求項1】大便器のリム直下でボウル内面に沿って<u>略水平</u>にボウル部の後方側部より前方に洗浄水を供給する1つのノズルと、洗浄水をボウル全周に導くボウル内面に沿った棚と、この棚の上方に設けられたリム部と、を備えた大便器装置において、前記リム部は前記棚から上方に向けて内側に張り出すオーバーハング形状となっており、前記棚は、前記ボウル部の側部では<u>略水平</u>で且つ前記ボウル部の前方部ではボウル部中央に向かって下方に傾斜し、前記ノズルから噴出した洗浄水が前記棚に沿って<u>略一周</u>を旋回するように構成されていることを特徴とする大便器装置。

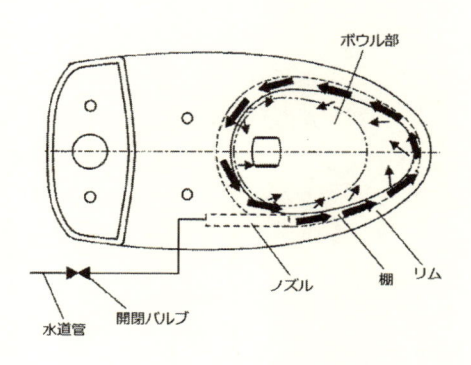

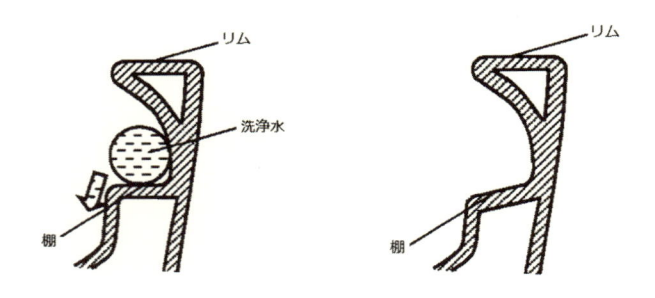

(2) 本件発明の概要

　従来、大便器装置のボウル洗浄は、ボウル全周に導くボウル内面に沿った均一な幅の棚に、洗浄水を伝わせ、この洗浄水をボウル内へ流下させることによって行われていた。

　この従来の大便器装置の場合、ボウルの内面形状が、前方では曲率が大きいために洗浄水に遠心力がつきすぎ、洗浄水が、ボウル外へ飛び出したり、飛び散ったりするという不具合があった。また、洗浄水を伝わせる棚が均一なため、ボウルの各部位で均一にボウルへ洗浄水を流下させることができず、ボウルを十分に洗えないという不具合があった。

　本件発明は、この課題を解決するためにされたものであり、洗浄水のボウル外への飛び出し及び飛び散りをなくし、また、ボウルの洗浄性能を向上させた大便器装置を提供することにある。

　本件発明1の構成をとった大便器装置は、ボウル内面に沿って略水平にボウル部の後方側部より前方に洗浄水を供給する1つのノズルを備え、棚が、ボウル部の側部では略水平で、ボウル部の前方部ではボウル部中央に向かって下方に傾斜しているところ、ノズルから噴出した洗浄水が棚に沿って略一周旋回するので、洗浄水の遠心力が大きく、ボウルに洗浄水が落下し難いボウル部の前方部でも、洗浄水が流下しやすくなり、リム部がオーバーハング形状になっていることとあいまって、洗浄水のボウル外への飛び出し及び飛び散りをなくし、ボウル洗浄性能を改善できる。

◇争　点
　「略水平」、「略一周」との用語が明確か否か。

◇裁判所の判断
　(1) 「略水平」について

　原告は、本件発明1〜3の「略水平」との用語が不明確であり、かつ、本件発明1〜3が本件明細書の発明の詳細な説明に記載されたものではない旨を主張する。

　しかしながら、「略水平」とは、当該技術分野の平均的な技術水準において、棚を水平を保ったということであり、なるべく水平な状態にしたとか、ほぼ水平であるといった程度の意味ととらえられるから、それ自体として直ちに不明確なものとはいえない。また、本件明細書には、棚をほぼ水平にした実施例（これが厳密な意味で傾斜が0度あるか否かは定かではないが、水平又はほぼ水平（「略水平」）であることは、図面から明らかである。）が記載されているから、本件発明1〜3が、本件明細書の発明の詳細な説明に記載されたものではないともいえない。

　また、原告は、「略水平」が何度までの傾斜を許容するものであるか不明確である旨を主張する。

　しかしながら、本件発明1は、上記認定のとおりであり、側部の棚を「略水平」にしたのは、曲率が比較的小さく遠心力が大きくない側部においては、棚を傾斜させるまでもなく、水平又はほぼ水平のままに、洗浄水の一部を自然とボウル部に適宜落下させれば足りるとしたものと理解できるから、「略水平」は、積極的に棚を傾斜させようとするものではないと認められる。そうであれば、当業者は、その技術水準に従い、棚は、なるべく又はほぼ水平であればよいと理解するのであり、それ以上に棚の傾斜の限界を認識しなければならない必要はない。

(2)　「略一周」について

　原告は、本件発明1の「略一周」との用語が不明確であり、かつ、本件発明1は、本件明細書の発明の詳細な説明に記載されたものではない旨を主張する。

　しかしながら、「略一周」とは、洗浄水が棚に沿って便器内おおむね一周させるといった程度の意味ととらえられるから、それ自体として直ちに不明確なものとはいえない。また、本件明細書には、ノズル21より吐水された洗浄水が、棚14に沿って反時計回りに大便器内を流れながら、ボウル部11に流下する様子が記載されているから、本件発明1が、本件明細書の発明の詳細な説明に記載されたものではないともいえない。

◇考　察

　審査基準（第Ⅱ部第2章第3節「明確性要件」）には、明確性要件違反の類型の一つとして、「範囲を曖昧にし得る表現がある結果、発明の範囲が不明確となる場合」が挙げられており、より具体的な類型の一つとして、「範囲を不確定とさせる表現（『約』、『およそ』、『略』、『実質的に』、『本質的に』等）がある結果、発明の範囲が不明確となる場合」が挙げられている。

　そして、その類型に関する留意事項として「ただし、範囲を不確定とさせる表現があっても発明の範囲が直ちに不明確であると判断をするのではなく、審査官は、明細書及び図面の記載並びに出願時の技術常識を考慮して、発明の範囲が理解できるか否かを検討する。」とも記載されている。

　本判決の上記判断は、審査基準のこの類型に関する留意事項に沿ったものといえる。

　日本においては、特許庁の審査、審判においても、裁判においても、本判決のように、「略」などの「範囲を曖昧にし得る表現」については、明確性要件の観点からは寛容な判断がなされるケースが多く、そのような表現による範囲の曖昧さの問題は、多くのケースにおいて、特許発明についての技術的範囲の解釈の場面に先送りされているように思われる。

　特許請求の範囲の文言にそのような「範囲を曖昧にし得る表現」が付加されている場合と付加されていない場合とで、特許発明の技術的範囲が大きく相違するということはないようには思われるが、第三者へのけん制効果は、前者（「範囲を曖昧にし得る表現」が付加されている場合）の方がやや大きいかもしれない。

　ただし、「範囲を曖昧にし得る表現」の明確性要件に関して常に寛容な判断がなされるとは限らないこと、万一拒絶理由通知、取消理由通知、無効理由通知等において「範囲を曖昧にし得る表現」の明確性要件違反を指摘された場合には、補正又は訂正により当該「範囲を曖昧にし得る表現」を削除せざるを得ないこともあり得ること、補正又は訂正により当該「範囲を曖昧にし得る表現」を削除するという対応をとった場合には、均等論の主張が困難になる可能性も否定できないこと、には留意が必要である。

判決例 3 -10　PBP クレームの該当性

平成27年（行ケ）第10242号「二重瞼形成用テープ」（知財高裁平成28.9.20）
（鶴岡稔彦裁判長）

PBP クレームに形式的に該当しても、明細書等の記載および技術常識を考慮し、「当該製造方法が当該物のどのような構造若しくは特性を表しているのか」が明らかであるときには、明確性要件違反とはしないとした事例。

◇事件の背景

　プロダクト・バイ・プロセス・クレーム（PBP クレーム）に係る平成24年（受）第1204号（最高裁第二小法廷平成27.6.5）において、「物の発明についての特許に係る特許請求の範囲にその物の製造方法が記載されている場合において、当該特許請求の範囲の記載が特許法36条 6 項 2 号にいう『発明が明確であること』という要件に適合するといえるのは、出願時において当該物をその構造又は特性により直接特定することが不可能であるか、又はおよそ実際的でないという事情が存在するときに限られると解するのが相当である。」と判示されたため、機械や電気の技術分野を含めて PBP クレームに形式的に該当すれば、特許庁は、明確性違反の拒絶理由を通知していた。

　「二重瞼形成用テープ」に係るこの判決およびその後続判決を契機として、「その物の製造方法が記載されている場合」に形式的に該当したとしても、明細書等の記載および当該技術分野における出願時の技術常識を考慮し、「当該製造方法が当該物のどのような構造若しくは特性を表しているのか」が明らかであるときには、特許庁は、「その物の製造方法が記載されている場合」に該当するとの理由で明確性要件違反とはしないこととした。

◇本件発明

　【請求項 1 】延伸可能でその延伸後にも弾性的な伸縮性を有する合成樹脂により形成した細いテープ状部材に、粘着剤を塗着することにより構成した、ことを特徴とする二重瞼形成用テープ。

◇裁判所の判断

　プロダクト・バイ・プロセス・クレームが発明の明確性との関係で問題とされるのは、物の発明についての特許に係る特許請求の範囲にその物の製造方法が記載されているあらゆる場合に、その特許権の効力が当該製造方法により製

造された物と構造、特性等が同一である物に及ぶものとして特許発明の技術的範囲を確定するとするならば、その製造方法が当該物のどのような構造又は特性を表しているのかが不明であることなどから、第三者の利益が不当に害されることが生じかねないことによるところ、特許請求の範囲の記載を形式的に見ると経時的であることから物の製造方法の記載があるといい得るとしても、当該製造方法による物の構造又は特性等が明細書の記載及び技術常識を加えて判断すれば一義的に明らかである場合には、上記問題は生じないといってよい。そうすると、このような場合は、法36条6項2号との関係で問題とすべきプロダクト・バイ・プロセス・クレームと見る必要はないと思われる。

……

本件発明1の「……細いテープ状部材に、粘着剤を塗着する」との記載は、細いテープ状部材に形成した後に粘着剤を塗着するという経時的要素を表現したものではなく、単にテープ状部材に粘着剤が塗着された状態を示すことにより構造又は特性を特定しているにすぎないものと理解するのが相当であり、物の製造方法の記載には当たらないというべきである。

◇考 察

この判決以降、同旨の判決が知財高裁から次々と言い渡され（平成27年（行ケ）第10184号〔ローソク〕、平成28年（行ケ）第10025号〔ロール苗〕、平成29年（行ケ）第10083号〔無洗米〕等）、特許庁の運用の見直しの契機となった。結果として、PBPクレームに係る最高裁判決の射程は、機械や電気の技術分野を巻き込んだ広範なものではなく、化学分野の「生命科学の分野で、新しい遺伝子操作によって作られた細胞等」（裁判官千葉勝美の補足意見）に近接する技術分野に限定されるものと解釈されている。

判決例3-11　実施可能要件の判断1

平成18年（行ケ）第10489号「フルオロエーテル組成物及び、ルイス酸の存在下におけるその組成物の分解抑制法」（知財高裁平成21.4.23）（田中信義裁判長）

組成物の発明においては、当業者にとって、当該組成物を構成する各物質およびその組成割合が示されたとしても、それのみによっては、当該組成物がその

所期する作用効果を奏するか否かを予測することが困難であるため、当該組成物を容易に使用することができないから、そのような発明において実施可能要件を満たすためには、発明の詳細な説明に、当該組成物がその所期する作用効果を奏することを裏づける記載を要するものと解するのが相当であるとして、実施可能要件を満たすとした審決を取り消した事例。

◇本件発明

(1)　特許請求の範囲

【請求項1】　麻酔薬組成物であって、一定量のセボフルラン；及び少なくとも0.015％（重量/重量）の水を含むことを特徴とする、前記麻酔薬組成物。

(2)　発明の詳細な説明

109ppm の水しか存在しない場合にはセボフルランの分解を抑制することができず、206ppm 以上の水が存在する場合にはセボフルランの分解を抑制することができた。

◇審決の内容

本件明細書の発明の詳細な説明は、保存条件に応じて含まれる水の量が決められることを当業者に明らかにしているのであるから、下限値として示された「0.015％（重量/重量）」は、あくまでルイス酸による分解を防止できる最小量の目安として示されているのであって、あらゆる条件下においてルイス酸による分解を防止できる量であると解すべきものではない。

甲9で水の量0.0187％のサンプルでセボフルランの分解がみられたとしても、当該サンプルでは単にルイス酸抑制剤である水が0.0187％では不足であったことが推定されるだけであって、このことにより本件各発明が当業者に実施しえないとすることはできない。

◇裁判所の判断

本件発明1のような組成物の発明においては、当業者にとって、当該組成物を構成する各物質名及びその組成割合が示されたとしても、それのみによっては、当該組成物がその所期する作用効果を奏するか否かを予測することが困難であるため、当該組成物を容易に使用することができないから、そのような発明において実施可能要件を満たすためには、発明の詳細な説明に、当該組成物がその所期する作用効果を奏することを裏付ける記載を要するものと解するのが相当である。……

171

本件各発明が所期する作用効果は、セボフルランを含有する麻酔薬組成物について、セボフルランがルイス酸によってフッ化水素酸等の分解産物に分解されることを防止し、安定した麻酔薬組成物を実現すること（「所期の作用効果」）であり、本件各発明が所期の作用効果を奏するための手段は、「セボフルラン」を含有する麻酔薬組成物中の水の量を本件数値のものとすることである。

　発明の詳細な説明には、本件数値（少なくとも150ppm）の水を含ませることにより所期の作用効果を奏したとの直接の記載は一切なく、実験に用いられた水の量のうち本件数値に最も近似する水の量である109ppm の水しか存在しない場合にはセボフルランの分解を抑制することができず、206ppm 以上の水が存在する場合にはセボフルランの分解を抑制することができたとの記載（実施例 4 のうち40℃ の場合）があるのみであり、被告らの「109ppm と206ppm の中間値を本件数値として採用した旨」の主張についても、発明の詳細な説明に、水の量が増えるに従ってセボフルランの分解度が減少する傾向にあることが記載されていることからすると、109ppm と206ppm との間に、所期の作用効果を奏する数値が存在する蓋然性が高いとはいえるが、それが両者の単純な中間値（157.5ppm）付近の数値であるといえる知見は何ら存在しない。

　発明の詳細な説明の記載によれば、本件各発明は、セボフルランがルイス酸によって分解され、有害なフッ化水素酸等の分解産物を生じるとの課題を解決するため、ルイス酸抑制剤である水を含有させることにより、所期の作用効果を奏することを目的とするものと認められる。しかしながら、発明の詳細な説明には、本件各発明は、単に、ルイス酸抑制剤としての水を含有させればよいとするものではなく、水によるその「有効な安定化量」を問題とし、これを、「約0.0150% w/w から0.14% w/w（飽和レベル）である」（引用ママ）とする旨の記載があるのであり……、各実施例の記載をみても、そのほとんどにおいて、含有させる水の量を問題にし、水の量の多寡によって、所期の作用効果を奏するか否かを確認しているのであるから、本件数値は、所期の作用効果を奏する有効量を意味するものと解され、これを、場合によっては所期の作用効果を奏しないこともあるという意味での単なる「目安」とみることはできない。

　以上によれば、発明の詳細な説明には、本件各発明について、本件数値の水を含有させることにより所期の作用効果を奏することを裏付ける記載があるものと認めることはできず、その他、そのように認めるに足りる証拠はないから、発明の詳細な説明には、本件各発明の少なくとも各一部につき、当業者がその

実施をすることができる程度の記載があるとはいえないというべきである。

◆考　察

(1)　本件は、組成物の発明は、当業者にとって、当該組成物を構成する各物質名およびその組成割合が示されたとしても、それのみによっては、当該組成物がその所期する作用効果を奏するか否かを予測することが困難であるため、当該組成物を容易に使用することができないとして、発明の詳細な説明に、当該組成物がその所期する作用効果を奏することを裏づける記載が必要であるとする事例である。

(2)　特許請求の範囲には、「少なくとも150ppm の水を含む」ことが記載されていたところ、発明の詳細な説明には、「少なくとも150ppm の水を含ませること」により所期の作用効果を奏したとの直接の記載は一切なく、109ppm の水しか存在しない場合にはセボフルランの分解を抑制することができず、206ppm 以上の水が存在する場合にはセボフルランの分解を抑制することができたとの記載があるのみであった。

(3)　本判決は、発明の詳細な説明には、本件各発明は、単に、ルイス酸抑制剤としての水を含有させればよいとするものではなく、水によるその「有効な安定化量」を問題とし、各実施例の記載をみても、そのほとんどにおいて、含有させる水の量を問題にし、水の量の多寡によって、所期の作用効果を奏するか否かを確認しているのであるから、発明の詳細な説明に、「少なくとも150ppm の水を含ませること」により所期の作用効果を奏したとの直接の記載がない以上、発明の詳細な説明には、本件各発明の少なくとも各一部につき、当業者がその実施をすることができる程度の記載があるとはいえないというべきであると判示した。

(4)　ところで、平成20年（行ケ）第10484号（知財高裁平成21.9.29）においては、「Cu 0.3〜0.7重量％、Ni 0.04〜0.1重量％、残部 Sn からなる、金属間化合物の発生を抑制し、流動性が向上したことを特徴とする無鉛はんだ合金」の発明において、本件訂正後の明細書（甲３）の「発明の詳細な説明」には、「金属間化合物の発生を抑制し、流動性が向上した」ことについての具体的な測定結果は記載されていないものの、本件発明１の特徴的な部分は、「Sn を主として、これに、Cu と Ni を加える」ことによって「金属間化合物の発生が抑制され、流動性が向上した」ことにあり、Cu と Ni の数値限定は、

望ましい数値範囲を示したものにすぎないから、上記で述べたような意味において具体的な測定結果をもって裏づけられている必要はないというべきであると判示している。

(5) これらの判決によると、数値限定を含む発明においては、その数値限定が、発明が解決しようとする課題解決のためにどのような役割を果たしているか、どのような技術上の意義を有しているかによって、実施可能要件、サポート要件を満たす明細書の記載内容が異なるということであり、明細書の記載にあたっては、当該技術分野の技術水準と比較して、発明の特徴的な部分が数値限定にあるか否かを明確に確認しておく必要がある。

判決例3-12　実施可能要件の判断2
平成26年（行ケ）第10238号「活性発泡体」（知財高裁平成27.8.5）（鶴岡稔彦裁判長）
本件発明が実施可能要件を満たしているというためには、発明に係る物を作ることができ使用できれば足りるから、本件発明は実施可能要件を満たしているとして、実施可能要件を満たしていないとした審決を取り消した事例。

◇本件発明
【請求項】天然若しくは合成ゴム又は合成樹脂製で独立気泡構造の気泡シートを備えた活性発泡体であって、前記気泡シートは、ジルコニウム化合物及び／又はゲルマニウム化合物を含有し、薬剤投与の際に人体に直接又は間接的に接触させて用いることを特徴とする活性発泡体。

◇審決の内容
審決は、明細書には、本件発明に係る活性発泡体と薬剤との併用効果について、当業者が理解し認識できるような記載がないから、実施可能要件を満たしていないと判断した。

◇裁判所の判断
本件発明は物の発明であり、本件発明が実施可能であるというためには、本件明細書及び図面の記載並びに本件出願当時の技術常識に基づき、当業者が、本件発明に係る活性発泡体を作ることができ、かつ、当該活性発泡体を使用できる必要があるとともに、それで足りるというべきである。

　本件明細書の記載に接した当業者であれば、本件明細書に記載された各種の
ゴム又は合成樹脂と、各種のジルコニウム化合物及び／又はゲルマニウム化合
物とを組み合わせ、実施例に記載された製造方法に従って、本件発明の「天然
若しくは合成ゴム又は合成樹脂製で独立気泡構造の気泡シートを備えた活性発
泡体であって、前記気泡シートは、ジルコニウム化合物及び／又はゲルマニウ
ム化合物を含有」する活性発泡体を製造することができるというべきであり、
また、当該活性発泡体を、例えば、敷きマットのような、「薬剤投与の際に人
体に直接又は間接的に接触させて用いる」ことができる形態とすることもでき
るというべきである。

　また、本件明細書に、活性発泡体の薬剤との併用効果についての開示が十分
にされていないとしても、活性発泡体を「薬剤投与の際に人体に直接又は間接
的に接触させて用いる」ことに、それ以外の技術上の意義があるということが
できるのであれば、少なくとも実施可能要件に関する限り、本件明細書の記載
及び本件出願当時の技術常識に基づき、本件発明に係る活性発泡体を「使用で
きる」というべきである。

　被告は、本件明細書に、当業者が本件発明に係る活性発泡体を「使用でき
る」ように記載されているというためには、医薬用途に関する発明に準じて、
活性発泡体の薬剤との併用効果が当業者が具体的に理解し認識できるように記
載されていること、すなわち、併用効果に関する薬理作用を裏付ける必要があ
ると主張する。しかし、請求項において、薬剤の効果を高めるとか、病気の治
癒を促進するなどの目的ないし用途が特定されているものではなく、実施可能
要件を満たすか否かを判断するに際し、医薬用途に関する発明に準じて、活性
発泡体の薬剤との併用効果に関する薬理作用を裏付ける必要があるということ
はできない。

◇考　察

(1)　実施可能要件については、物の発明ではその物を製造でき使用できればよ
　く、方法発明ではその方法を使用できればよい（製造方法発明では製造でき
　ればよい）というのが基本である。

　　そして、一般的な物では、用途は分かっているから使用できることは問題
　にならず、製造するための記載があるか記載がなくても製造できることが明
　らかであればよい。

ただし、製造し使用するために「過度の試行錯誤」を必要とする場合は、実施可能要件を満たさないので注意が必要である。

(2)　また、医薬品の分野の審査基準によると、医薬品の発明については、実施可能要件における「使用できる」ためには、通常は薬理試験相当のデータが必要とされる。なお、サポート要件についても通常は薬理試験相当のデータが必要とされ、これを否定した平成21年（行ケ）第10033号「性的障害の治療におけるフリバンセリンの使用」判決（判決例3-3）の考えは審査基準改訂でも採用されていない。

(3)　この活性発泡体事件は、一般的な実施可能要件の考え方（判決が採用）と医薬品特有の考え方（審決が採用）の境界にあった事件といえる。

第4章

補正と訂正
（第17条の２、第126条等）

概　説

1　手続補正について

　手続をした者は、事件が特許庁に係属している場合に限り、その補正をすることができる（17条）。そして、補正の効果は、出願時に遡る。したがって、明細書および特許請求の範囲等の補正については、出願人の便宜と第三者の利益との調和、および行政上の効率を考慮して、補正できる時期と範囲が制限されている（17条、17条の2）。

　(1)　補正できる時期は以下のとおりである。

　①特許査定の謄本送達前であって、拒絶理由通知を受ける前まではいつでも明細書または特許請求の範囲等について補正をすることができる（17条の2第1項）。

　②拒絶理由通知を受けた後は補正をすることができる時期は以下のとおりである。

　　ⅰ．最初の拒絶理由通知を受けた場合は、その拒絶理由通知で指定された期間内（17条の2第1項1号）。

　　ⅱ．最初の拒絶理由通知を受けた後、48条の7の規定による通知（文献公知発明に係る情報の記載が不備である旨の通知）を受けた場合は、その通知で指定された期間内（17条の2第1項2号）。

　　ⅲ．最初の拒絶理由通知を受けた後、さらに拒絶理由通知を受けた場合、最後に受けた拒絶理由通知で指定された期間内（17条の2第1項3号）。

　　ⅳ．拒絶査定不服審判を請求する場合、その審判請求と同時（17条の2第1項4号）。

　(2)　補正できる範囲は以下のとおりである。

　①新規事項の追加の禁止（願書に最初に添付した明細書、特許請求の範囲又は図面に記載した事項の範囲内）（17条の2第3項）。

　②発明の特別な技術的特徴を変更する補正の禁止（17条の2第4項）。

　③補正の時期が「(1)②ⅲ．ⅳ．」等の場合には、上記①、②に加えて、次の事項を目的とするものに限られる（17条の2第5項）。

　　ⅰ．請求項の削除

　　ⅱ．特許請求の範囲の減縮

　　ⅲ．誤記の訂正

　　ⅳ．明りょうでない記載の釈明

　　更に、特許請求の範囲の減縮を目的とする補正をした場合は、

　　ⅴ．補正後の発明は独立して特許を受けることができるものでなければな
　　　　らない（17条の2第6項）。

2　訂正について

　特許権の設定の登録後、訂正審判、訂正請求によって明細書、特許請求の範
囲、または図面を訂正することができる（126条、134条の2）。そして、訂正を
すべき旨の審決が確定したときは、訂正後における明細書、特許請求の範囲ま
たは図面により、特許出願、出願公開、特許をすべき旨の査定、または審決お
よび特許権の設定の登録がされたものとみなされる（128条）。

　したがって、特許権の法的安定性と特許権者の利益との調和、すなわち特許
権者と第三者の間の利害の調和を考慮して、訂正は次の事項を目的とするもの
に限られている（126条1項）。

　①特許請求の範囲の減縮

　②誤記又は誤訳の訂正

　③明りょうでない記載の釈明

　④他の請求項の記載を引用する請求項の記載を当該他の請求項の記載を引用
　　しないものとすること。

　また、新規事項の追加、特許請求の範囲の拡張、変更は禁止されている
（126条5項、6項）。

　さらに、上記①②を目的とする訂正をした場合は、訂正後の発明は独立して
特許を受けることができるものでなければならない（126条7項）。

3　新規事項の追加の判断について

　平成18年（行ケ）第10563号（知財高裁大合議平成20.5.30）判決は、新規事項
の追加の判断の基本的考え方について、次のように判示した（判決例4-10を参
照）。

　「平成6年改正前の特許法は、補正について『願書に添付した明細書又は図
面に記載した事項の範囲内において』しなければならないと定めることにより、
出願当初から発明の開示が十分に行われるようにして、迅速な権利付与を担保
し、発明の開示が不十分にしかされていない出願と出願当初から発明の開示が
十分にされている出願との間の取扱いの公平性を確保するとともに、出願時に

開示された発明の範囲を前提として行動した第三者が不測の不利益を被ることのないようにし、さらに、特許権付与後の段階である訂正の場面においても一貫して同様の要件を定めることによって、出願当初における発明の開示が十分に行われることを担保して、先願主義の原則を実質的に確保しようとしたものであると理解することができる……。

このような特許法の趣旨を踏まえると、……『明細書又は図面に記載した事項の範囲内において』との文言については、次のように解するべきである。

すなわち、『明細書又は図面に記載した事項』とは、技術的思想の高度の創作である発明について、特許権による独占を得る前提として、第三者に対して開示されるものであるから、ここでいう『事項』とは明細書又は図面によって開示された発明に関する技術的事項であることが前提となるところ、『明細書又は図面に記載した事項』とは、当業者によって、明細書又は図面のすべての記載を総合することにより導かれる技術的事項であり、補正が、このようにして導かれる技術的事項との関係において、新たな技術的事項を導入しないものであるときは、当該補正は、『明細書又は図面に記載した事項の範囲内において』するものということができる」。

この判決を踏まえ、特許庁の審査基準は次のように改訂された（平成22年6月1日以降の審査に適用）。

(1)　基本的な考え方

「当初明細書等に記載した事項」の範囲を超える内容を含む補正（新規事項を含む補正）は、許されない。……「当初明細書等に記載した事項」とは、当業者によって、当初明細書等のすべての記載を総合することにより導かれる技術的事項である。したがって、補正が、このようにして導かれる技術的事項との関係において、新たな技術的事項を導入しないものであるときは、当該補正は、「当初明細書等に記載した事項」の範囲内においてするものということができる。

(2)　新規事項を含む補正か否かの具体的な判断手法

①「当初明細書等に明示的に記載された事項」だけではなく、明示的な記載がなくても、「当初明細書等の記載から自明な事項」に補正することは、新たな技術的事項を導入するものではないから、許される。

　ⅰ．補正された事項が、「当初明細書等の記載から自明な事項」といえるためには、当初明細書等に記載がなくても、これに接した当業者であれ

ば、出願時の技術常識に照らして、その意味であることが明らかであっ
て、その事項がそこに記載されているのと同然であると理解する事項で
なければならない。

ⅱ．周知・慣用技術についても、その技術自体が周知・慣用技術であると
いうことだけでは、当初明細書等の記載から自明な事項とはいえない。

ⅲ．当業者からみて、当初明細書等の複数の記載（例えば、発明が解決し
ようとする課題についての記載と発明の具体例の記載、明細書の記載と
図面の記載）から自明な事項といえる場合もある。

②各論において新たな技術的事項を導入するものではないので補正が許され
るとされた類型も考慮して、新規事項を含む補正か否かを判断する。

・類　型

請求項の発明特定事項の一部を削除して概念的に上位の事項に補正する
場合や、請求項の発明特定事項の一部を限定する補正であって限定した事
項が当初明細書に記載された事項の概念的に上位の事項に該当する場合に
おいて、補正事項が、当初明細書等に明示的に記載された事項、当初明細
書等の記載から自明な事項のいずれにも該当しない場合であっても、この
補正により新たな技術上の意義が追加されないことが明らかな場合は新た
な技術的事項を導入するものではないので、補正は許される。

例：発明特定事項の一部を限定する補正

　　請求項の「ワーク」という記載を「矩形ワーク」とする補正

（説明）

この例では、当初明細書等には本願発明のコーティング装置の塗布対
象がガラス基板、ウエハ等の「ワーク」であることが明示されている。
具体例として記載されているのは、ほぼ正方形のワークのみであるが、
「矩形」は代表的なガラス基板の代表的な形状であることが明らかであ
るので、「矩形ワーク」とする補正は当初明細書等に記載した事項の範
囲内でするものである。

ここでは、「明示的記載＋自明」以外にも補正が許される類型を示している。
これは、この補正により新たな技術上の意義が追加されないことが明らかな場
合に該当するか否かで判断するとされている。

従来から、審査基準においては、当初明細書の記載から自明な事項に補正す
ることは、新規事項の追加とはならないとして、当該補正は認めていた。「当

181

初明細書等に記載した事項」とは、当業者によって、当初明細書等のすべての記載を総合することにより導かれる技術的事項であるとすることにより、自明な事項を超える補正が許されるか否かが、議論されてきた。平成22年の審査基準の改訂では、現行の運用を変更するものではないとしつつも、「明示的記載＋自明」以外にも補正が許される類型を示し、この類型に該当する場合は新規事項の追加にあたらないとしている。

　したがって、この類型に関しては、従来の審査基準から、自明な事項を超える補正が許されると変更されている。

4　訂正審判、訂正請求における訂正の一体不可分の許否判断について

　従来、特許庁は、訂正審判、訂正請求において、訂正は一体不可分に許否判断をしていた。すなわち、複数の訂正事項があった場合、一個の訂正事項が訂正要件に適合していない場合、すべての訂正を認めない運用をしていた。これは、最高裁昭和55年5月1日第一小法廷判決（民集34巻3号431頁）「訂正した明細書、特許請求の範囲又は図面が、願書に添付した明細書、特許請求の範囲又は図面の記載を複数個所にわたって訂正するものであるとしても、これを一体不可分の一個の訂正事項として訂正審判の請求をしているものと解すべく」によるものである。

　しかし、平成19年（行ヒ）第318号最高裁判決（最高裁第一小法廷平成20.7.10）の「特許異議の申立てがされている請求項についての特許請求の範囲の減縮を目的とする訂正については、訂正の対象となっている請求項ごとに個別にその許否を判断すべきであり、一部の請求項に係る訂正事項が訂正の要件に適合しないことのみを理由として、他の請求項に係る訂正事項を含む訂正の全部を認めないとすることは許されないというべきである」に従い、現在特許庁は、無効審判における訂正請求において、特許請求の範囲の減縮を目的とする訂正については、請求項ごとに個別にその許否の判断を行うという運用に変更した。

判決紹介

判決例４－１　補正の目的要件違反

平成18年（行ケ）第10055号「半導体装置および半導体装置作製方法」（知財高裁平成19.9.12）（飯村敏明裁判長）

拒絶査定不服審判請求時の補正が限定的減縮等のいずれの目的にも該当しないとした審決を維持した事例。

◇本件補正

(1)　補正前の請求項

　第１のＰチャネル型 TFT と第２のＰチャネル型 TFT と第１のＮチャネル型 TFT と第２のＮチャネル型 TFT とが直列に接続されている CMOS 回路と、……を有する第３のＰチャネル型 TFT と、……を有する第３のＮチャネル型 TFT と、を有する半導体装置であって、

　……前記第１乃至第３のＰチャネル型 TFT 及び前記第１乃至第３のＮチャネル型 TFT のそれぞれは、……ことを特徴とする半導体装置。

(2)　補正後の請求項

　第２のＰチャネル型 TFT と第１のＰチャネル型 TFT と第１のＮチャネル型 TFT と第２のＮチャネル型 TFT とが順に直列に接続されている CMOS 回路と、……を有する第３のＰチャネル型 TFT と、……を有する第３のＮチャネル型 TFT と、「第１の電源制御回路と第２の電源制御回路と」を有する半導体装置であって、

　……［前記第２のＰチャネル型 TFT のゲート電極と前記第２のＮチャネル型 TFT のゲート電極には、互いに反転する動作クロックが入力され］、「前記第３のＰチャネル型 TFT のゲート電極は前記１の電源制御回路に接続され、前記第３のＮチャネル型 TFT のゲート電極には前記第２の電源制御回路に接続され」、「前記第１乃至第３のＰチャネル型 TFT 及び前記第１乃至第３のＮチャネル型 TFT のそれぞれは、……ことを特徴とする半導体装置」（注：括弧等は筆者が付与）。

◇審決の内容

「CMOS 回路」に対して「前記第2のPチャネル型 TFT のゲート電極と前記第2のNチャネル型 TFT のゲート電極には、互いに反転する動作クロックが入力され」ることを限定する補正（注：補正後の請求項での［　］の箇所）は、補正前発明の構成に欠くことができない事項の全部又は一部を限定するもので、特許請求の範囲の減縮を目的とするものである。しかし、補正前の請求項に「第1の電源回路」及び「第2の電源回路」という新たな事項を追加する補正（注：補正後の請求項での「　」の箇所）は、請求項の削除、特許請求の範囲の限定的減縮、誤記の訂正、又は明りょうでない記載の釈明のいずれを目的とするものでもない。したがって、この補正は、却下されるべきものである。

◇争　点

（1）　補正が明瞭でない記載の釈明に該当するか否か

原告は、審決取消訴訟において次のように主張した。

補正前の請求項に第1の電源制御回路および第2の電源制御回路という事項を付加する補正は「Pチャネル型 TFT のゲート電極及びNチャネル型 TFT のゲート電極が何と接続しているか」を明らかにしたものである。そして、原告が、「第1の電源制御回路と第2の電源制御回路と」および「前記第3のPチャネル型 TFT のゲート電極は前記第1の電源制御回路に接続され、前記第3のNチャネル型 TFT のゲート電極には前記第2の電源制御回路に接続され」との事項を補ったのは、拒絶査定において、「『第2、第3のPチャネル型 TFT』及び『第2、第3のNチャネル型 TFT』のそれぞれのゲート電極には何が接続されるのか不明瞭である。」との指摘を受けたからである。

したがって、電源回路に関する補正は、「明りょうでない記載の釈明（拒絶理由通知に係る拒絶の理由に示す事項についてするものに限る）」に該当すると主張した。

（2）　補正が特許請求の範囲の減縮に該当するか否か

原告は、補正前の請求項に第1の電源制御回路および第2の電源制御回路という事項を付加した補正は、補正前の請求項では、第3のPチャネル型 TFT および第3のNチャネル型 TFT のゲート電極に何が接続されるか限定されていなかったものを、第3のPチャネル型 TFT のゲート電極は第1の電源制御回路に接続され、第3のNチャネル型 TFT のゲート電極は第2の電源制御回路に接続されることになるから、特許請求の範囲の減縮に該当すると主張した。

◇裁判所の判断

(1)　電源回路に関する補正は、新たな技術的事項を備えた回路を付加する補正であるというべきであって「明りょうでない記載の釈明」に該当するということはできない。

拒絶査定には、「この出願については、……拒絶理由通知書に記載した理由1、4によって、拒絶をすべきものである」と記載され、同拒絶理由通知書には、理由1として「特許法第29条第2項の規定により特許を受けることができない」と、また理由4として、「特許法第17条の2第2項において準用する同法第17条第2項に規定する要件を満たしていない」と記載されていることに照らせば、拒絶査定は、改正前特許法36条4項、5項2号に規定する要件（注：記載要件）を理由としたものではないことは明らかである。

さらに、拒絶理由通知書を見ても、本件補正前の請求項に対応する請求項に対しては、改正前特許法36条5項2号に規定する要件違反の拒絶理由は通知されていない。

してみれば、本件補正は、拒絶理由通知に係る拒絶の理由に示す事項についてするものではないから、原告の主張は、その主張自体失当である。

(2)　改正前特許法17条の2第3項2号は、特許請求の範囲の減縮であって、補正前発明と産業上の利用分野及び解決しようとする課題が同一である発明の構成に欠くことができない事項の範囲内において、その補正前発明の構成に欠くことができない事項の全部又は一部を限定する補正（注：限定的減縮）に限る旨を規定する。そこで本件補正がその要件を満たすためには、補正において付加した「第1の電源制御回路」及び「第2の電源制御回路」の構成要素が、補正前の請求項における「発明の構成に欠くことができない事項」に含まれること、及び、補正によって、その事項を限定するものといえること（すなわち、補正前の請求項に含まれる包括的抽象的な解決手段たる上位概念を、具体的な解決手段たる下位概念とすることによって、当該事項を限定すること）が必要である。

本件についてこれをみると、補正前の請求項には、電源に関する技術的事項は何ら特定されておらず、駆動用の電源が「第1の電源制御回路」及び「第2の電源制御回路」によって制御の対象とされることは何ら記載されていないから、包括的抽象的な解決手段たる上位概念である「電源」に該当するものは、何ら記載がないことになる。

(3) したがって、補正却下の決定の誤りに係る原告の主張は理由がない。

◇考　察

(1) 最後の拒絶理由通知に対する補正、および拒絶査定不服審判請求時の補正における補正の目的要件のひとつである「特許請求の範囲の減縮」は、特許権設定後の訂正における「特許請求の範囲の減縮」とは相違して、減縮であることに加えて補正前の請求項に記載された発明特定事項を限定するものでなければならず、そのため、通称「限定的減縮」といわれている。

　本件においては、「第1の電源制御回路」と「第2の電源制御回路」とを新たに加えた補正は、特許請求の範囲の減縮ではあるが、補正前の請求項には、これらに対応する発明特定事項がないために補正前の発明特定事項を限定した「限定的減縮」とはなっていない。　そのため、審決ではこの補正は限定的減縮に該当せず、また他の補正の目的要件にも該当しないとして、補正を認めずに却下した。一方、原告は、審決取消訴訟においては、この補正は目的要件の他のひとつである「明りょうでない記載の釈明」に該当するということを主として主張したが判決では認められなかった。

(2) 限定的減縮については、特許庁の審査基準では「補正前の請求項における『発明を特定するための事項』の1つ以上を、概念的により下位の『発明を特定するための事項』とする補正である」とし、事例にも相当に厳しい例が掲載されているが、実務的には柔軟な対応がされている実情がある。本件においては、「前記第2のPチャネル型 TFT のゲート電極と前記第2のNチャネル型 TFT のゲート電極には、互いに反転する動作クロックが入力され」（[　]の箇所）という事項を加えた補正は、限定的減縮であると審決で認めている。これは、補正前の請求項に「第2のPチャネル型 TFT」および「第2のNチャネル型 TFT」が記載されており、補正で加えられた事項は、この2つの TFT のゲート電極に動作クロックが入力されるということであるから、補正前の請求項に記載された発明特定事項に関する限定事項ともいえ、このような補正は認められることが多いようである。

　しかし、この補正では、「動作クロック」という事項が加わっており、これは補正前の請求項のいずれの発明特定事項を下位の発明特定事項としたものでもないことから、厳しく判断されると限定的減縮とはいえないことになる。審査基準の事例においても、「限定的減縮の判断に関する事例10」とし

て、補正前の請求項の記載が「……所定時間断続運転させる制御手段を備える……」であるときに、「……所定時間断続運転させる<u>とともに警報装置を作動させる</u>制御手段を備える……」との補正は、補正前の「制御手段」を限定してはいるが、補正後に加えられた「警報装置」が補正前の発明特定事項のいずれの限定でもないから限定的減縮に当たらないとされている。この事例からしても、本件における「動作クロック」を加える補正は限定的減縮に該当しないともいえる。逆にいうと、限定的減縮でないとされた「第 1 の電源制御回路」と「第 2 の電源制御回路」についても、本件のような補正ではなく、「前記第 3 の P チャネル型 TFT のゲート電極は第 1 の電源制御回路に接続され」、「前記第 3 の N チャネル型 TFT のゲート電極は第 2 の電源制御回路に接続され」という補正のみとして、「第 1 の電源制御回路」と「第 2 の電源制御回路」を主体にした記載でなく、補正前の請求項の発明特定事項を主体にした記載であれば、同じ内容でありながら限定的減縮とされた可能性もある。

(3)　本件補正は、明瞭でない記載の釈明にも該当しないとされた。明瞭でない記載の釈明に関する補正の場合、拒絶理由通知に係る拒絶の理由に示す事項についてするものに限るという制限がされているため、原告は、拒絶査定の備考欄において審査官が行った付言に基づいて補正したと主張したが認められなかった。このように、<u>拒絶査定に付言された指摘は、たとえそれが記載不備に係るものであったとしても、明瞭でない記載の釈明を目的とした補正ができる根拠とならない</u>（平成19年（行ケ）第10159号と同様）ため、審判請求時の補正に際しては、拒絶査定における付言に安易に対応することなく、補正の目的要件の何れを満足しているか確認する必要がある。

判決例 4 - 2　増項補正──請求項の数の増加について

平成15年（行ケ）第230号「磁気部材を有するモータ」（東京高裁平成16.4.14）（塚原朋一裁判長）

原告は拒絶査定（<u>請求項の数 3</u>）を受けたので、不服の審判を請求するとともに、明細書の補正（<u>請求項の数 8</u>）をした。特許庁は、補正が請求項の数を増やすものである等を理由に補正を却下し、不服の審判の請求は成り立たないとの審決をした。これに対し出訴されたところ、拒絶査定不服審判の請求時に出

願人がした補正が、請求項の数を増加させるものであることを理由に、審決が補正を却下したことが相当とされた事例。

◇**事件の経緯**
　①特許出願：平成11年10月28日（特願平11-306875号）
　②拒絶査定：平成13年6月14日（請求項数3）
　③拒絶査定不服審判請求：平成13年9月21日（不服2001-16918号）
　④補正：平成13年10月22日（請求項1の発明に限定的減縮を付加した新請求項5個を追加）
　⑤補正却下の決定、請求不成立審決：平成15年1月21日
　⑥判決：平成16年4月14日（請求棄却）

◇**審決の内容**
　本件補正は、補正後の特許請求の範囲の請求項の項数が実質的に増加したことにより、補正後の特許請求の範囲に記載された請求項に係る発明が、補正前のものに比較して拡張したものとなり、特許請求の範囲の拡張に該当するから、特許法17条の2第4項2号の「特許請求の範囲の減縮」を目的とする補正に該当しないので、却下すべきである。

◇**裁判所の判断**
　(1)　特許法17条の2は、その1項ただし書きで拒絶理由通知後にする補正について時期の制限を定め、3項でいわゆる新規事項にわたる補正を禁止するとともに、4項で、1項3号の場合（補正が審判請求に伴ってされる場合）において特許請求の範囲についてする補正は、4項1号ないし4号に掲げる事項を目的とするものに「限る」と規定している。

　請求項を増加させる補正は、原則として、特許法17条の2第4項（以下単に「4項」という。）で補正の目的とし得る事項として規定された「請求項の削除」（1号）、「特許請求の範囲の減縮」（2号）、「誤記の訂正」（3号）、「明りょうでない記載の釈明」（4号）のいずれにも該当しないことは、規定の文言上明らかである。

　(2)　「補正前の当該請求項に記載された発明とその補正後の当該請求項に記載される発明の産業上の利用分野及び解決しようとする課題が同一であるものに限る。」と規定しているから、同号にいう「特許請求の範囲の減縮」は、補正前の請求項と補正後の請求項との対応関係が明白であって、かつ、補正後の

請求項が補正前の請求項を限定した関係になっていることが明確であることが要請されるものというべきであって、補正前の請求項と補正後の請求項とは、一対一又はこれに準ずるような対応関係に立つものでなければならない。

　そうであってみれば、増項補正は、補正後の各請求項の記載により特定される各発明が、全体として、補正前の請求項の記載により特定される発明よりも限定されたものとなっているとしても、上述したような一対一又はこれに準ずるような対応関係がない限り、同号にいう「特許請求の範囲の減縮」には該当しないというべきである。

◇**考　察**

(1)　平成5年改正特許法により導入された「最後の拒絶理由通知」に対する補正、および審判請求時の補正について規定した、特許法17条の2第3項2号（現5項2号：特許請求の範囲の限定的減縮）の補正の制限の解釈についてなされた基本的判決である。

(2)　判決では、「文言上明らか」として、補正前後の請求項には、「一対一又はこれに準ずるような対応関係」があることが必要とされ、したがって、発明が全体として限定的であっても、請求項を数的に増加する補正（増項補正）は、原則認められないとした。

　　「一対一又はこれに準ずるような対応関係」の根拠は、第2号中の「補正前の当該請求項」および「補正後の当該請求項」との規定ぶりとしている。

(3)　上記の「準ずるような対応関係」の全容は、本判決からは不明である。このような場合として、特許庁の審査基準では、請求項数の増加が可能な例として、n項引用形式の単一の請求項を、n－1個以下の独立した複数の請求項に変更（増加）する場合等を挙げている（第III部第3節4.3.1）。

判決例4-3　増項補正──請求項の分割について

平成17年（行ケ）第10192号「耐火構造体及び耐火壁の施工方法」（知財高裁平成17.4.25）（佐藤久夫裁判長）

拒絶査定不服審判の請求時の補正において、ひとつの請求項に記載された発明を複数の請求項に分割して新たな請求項を追加する補正は、「特許請求の範囲

の減縮」には当たらないので許されないとした事例。

◇事件の経緯

①特許出願：平成9年10月21日（特願平9-288535号）

②拒絶査定：平成15年6月26日

③拒絶査定不服審判請求：平成15年7月30日（不服2003-14682号）

④手続補正：平成15年8月29日

⑤補正却下の決定、および請求不成立審決：平成16年3月3日

⑥判決：平成17年4月25日（請求棄却）

◇手続補正の内容

原告は、拒絶査定不服審判に合わせ、以下の補正を行った。

①補正前の請求項2および請求項3を削除した（2項減少）。

②補正前の請求項1の発明特定事項の「耐火膨張シート」を新たに4個の請求項に展開させた（4項増加）。

以上の結果、差し引き2個の請求項が増加した。

◇審決の内容

本件補正後の特許請求の範囲に記載の請求項の項数が実質的に増加したことにより、本件補正後の特許請求の範囲に記載された請求項に係る発明が、本件補正前のものに比較して拡張したものとなり、本件補正は、明らかに特許請求の範囲の拡張に該当するから、本件補正は、少なくとも特許法17条の2第4項2号に掲げる「特許請求の範囲の減縮」を目的とする補正に該当するということができない。

◇裁判所の判断

（1）　かっこ書きの文言からすれば、2号の規定は、補正が認められる特許請求の範囲の減縮といえるためには、補正後の請求項が補正前の請求項に記載された発明を限定する関係にあること、及び、補正前の請求項と補正後の請求項との間において、発明の産業上の利用分野及び解決しようとする課題が同一であることを必要とするとしたものであり、ここで、上記の「限定する」ものであるかどうか、「同一である」かどうかは、いずれも特許請求の範囲に記載された当該請求項について、その補正の前後を比較して判断すべきものであり、補正前の請求項と補正後の請求項とが対応したものとなっていることを当然の前提としているものと解するのが相当である。

⑵　一般に、特許請求の範囲の補正の態様としては、その量的な面（請求項の数）と内容的な面（技術的内容）とが考えられるが、1号は、そのうち量的な面（請求項の数）に着目して「請求項の削除」の場合のみを規定したものであり、2号の特許請求の範囲の減縮は、特許請求の範囲の内容的な面に着目して、その拡張等以外の「減縮」について定めたものということができる。

⑶　1号と2号の関係や、2号かっこ書きにおいて、その補正前の「当該請求項」に記載された発明とその補正後の「当該請求項」に記載される発明とが対応する関係に立つことが前提とされていることからすると、2号の規定は、請求項の発明特定事項を限定して、これを減縮補正することによって、当該請求項がそのままその補正後の請求項として維持されるという態様による補正を定めたものとみるのが相当であって、当該一つの請求項を削除して新たな請求項をたてるとか、当該一つの請求項に係る発明を複数の請求項に分割して新たな請求項を追加するというような態様による補正を予定しているものではないというべきである。

⑷　このことは、審判請求に伴ってする補正について、迅速、的確かつ公平な審査の実現等という観点から、既になされた審査結果を有効に活用できる範囲内に限って補正を行うことを認めることとした特許法17条の2第4項の制度趣旨に照らしても首肯することができるものである。

⑸　すなわち、「特許請求の範囲には、請求項に区分して、各請求項ごとに特許出願人が特許を受けようとする発明を特定するために必要と認める事項のすべてを記載しなければならない」のであり（特許法36条5項）、特許出願の審査はこの請求項ごとに行われ、拒絶理由の通知も各請求項ごとに明記されるものである。

⑹　このように、発明は、請求項ごとに特定され、請求項ごとに審査の対象となるものであるから、請求項が異なれば、審査の対象も異なることになるし、新規に請求項が加われば、原則として、これについて新たに審査すべき必要が生ずることになるのであって、一つの請求項を複数の請求項に分割するような態様による補正を認めることは、審査対象が追加されることにより、新たな審査を必要とする場合を生じさせ、あるいは審査対象が複雑化することにより、当該補正が補正前の請求項に係る発明を限定的に減縮するものであるかどうか等の判断が複雑困難となるなどの事態を生じさせることともなり、それでは、迅速・的確な審査を実現するため、既にされた審査結果を有効に活用して、補

正された発明の審査を行うことができる範囲で補正を認めるという前記の制度趣旨に合致しないことになるからである。

(7) したがって、一つの請求項に記載された発明を複数の請求項に分割して、新たな請求項を追加する態様による補正は、たとえそれが全体として一つの請求項に記載された発明特定事項を限定する趣旨でされたものであるとしても、2号の定める「特許請求の範囲の減縮」には当たらないというべきであり、2号の定める「特許請求の範囲の減縮」は、補正前後の請求項に係る発明が一対一の対応関係^(注1)にあることを必要とすると解するのが相当である。

(8) このように解したとしても、出願人としては、既に拒絶理由通知を受け、補正の機会を与えられていたものであり、出願審査の最終の段階に至って、さらに新たな請求項の追加を必要とする事態を一般的には想定し難いことなどを考えれば、必ずしも出願人に酷な結果となるということもできない。

◇考　察

(1) 判決例4-2で紹介した平成15年（行ケ）第230号（以下「230号判決」）に続き、特許請求の範囲の限定的減縮の補正の制限の解釈について判示した初期の判決であり、特許庁の主張を全面的に認めた判決といえる。

　　230号判決と合わせて、「増項補正」が、特許請求の範囲の限定的減縮を目的とする補正には該当しないことが、高裁レベルで確立されたともいえる。

(2) 補正前後の請求項には「一対一又はこれに準ずるような対応関係」が必要であり、「増項補正」は許されないとの230号判決を追認した。

　　具体的には、

①一つの請求項を削除して新たな請求項をたてる補正、

②一つの請求項に係る発明を複数の請求項に分割して新たな請求項を追加する補正、

のような態様による補正は予定されておらず、許されないとしている。

(3) 「増項補正」との用語は誤解を招き易い。

　　請求項の削除と新設の結果、特許請求の範囲全体では補正前後で請求項の数が増加した場合のみならず、請求項の数が不変、あるいは減少したとしても、「増項補正」となる場合があるので注意を要する。

(4) 増項補正を認めない理由として、230号判決で指摘された第2号の文言（「補正前の当該請求項」、「補正後の当該請求項」）のほか、「迅速、的確かつ公平

な審査の実現等という観点から、既になされた審査結果を有効に活用できる
範囲内に限って補正を行うことを認める」との制度趣旨を挙げている。

◆**審査基準の取扱い**

　特許庁の審査基準では、「最後の拒絶理由通知」後の補正における、特許請
求の範囲の限定的減縮（17条の 2 第 5 項 2 号）の取扱いについて、次のとおりと
される（現行は第Ⅳ部第 4 章目的外補正2.1.1）。

4.3.1　特許請求の範囲の減縮であること

　特許請求の範囲の拡張に該当するものは、特許請求の範囲の減縮に当たらな
いとして、括弧書きの要件を満たすか否かを判断することなく第17条の 2 第 5
項第 2 号に該当しないものとする。

　なお、特許請求の範囲は、特許を受けようとする発明について記載した請求
項の集合したものであることから、「特許請求の範囲の減縮」についての判断
は、基本的には、各請求項について行うものとする[注2]。

(1)　特許請求の範囲の減縮に該当しない具体例：
　　①直列的に記載された発明特定事項の一部の削除
　　②択一的記載の要素の付加
　　③請求項数を増加する補正（下記(2)⑤に該当する場合を除く）

(2)　特許請求の範囲の減縮に該当する具体例：
　　①択一的記載の要素の削除
　　②発明特定事項の直列的付加
　　③上位概念から下位概念への変更
　　④多数項引用形式請求項の引用請求項を減少
　　　例：特許請求の範囲の記載「A機構を有する請求項 1 から請求項 3 のいず
　　　　　れか 1 項に記載のエアコン装置」を「A機構を有する請求項 1 又は請
　　　　　求項 2 に記載のエアコン装置」とする補正。
　　⑤ n 項引用形式請求項を n − 1 以下の請求項に変更（注：請求項数が増加
　　　しても可。）
　　　例：特許請求の範囲の記載「A機構を有する請求項 1 から請求項 3 のいず
　　　　　れか 1 項に記載のエアコン装置」を、「A機構を有する請求項 1 記載
　　　　　のエアコン装置」と、「A機構を有する請求項 2 記載のエアコン装置」
　　　　　の二つの請求項に変更する補正。

（注２）審査基準では、特許請求の範囲の限定的減縮は（特許請求の範囲全体ではなく）
各請求項ごとに判断される。したがって、補正前後で請求項が減少し、特許請求の
範囲全体では減縮である場合でも「増項補正」となることがあり、注意を要する。

判決例 4 - 4　誤記の訂正・補正の可否について──用語の定義の補正が認められなかった事例

平成13年（行ケ）第436号「プレフィルドシリンジ」（東京高裁平成14.11.14）
（山下和明裁判長）

審判手続中に行われた、誤記の補正としてなされた補正が、異議決定で特許法
17条の２第３項（新規事項）の規定に違反したとして特許取消決定がなされ、
出訴された案件。

これに対し、東京高裁において、「本件補正により、当初明細書において記載
されていた……Ｓと St の概念の定義を変更し……補正することは、明白な誤
記の訂正ではなく、当初明細書に記載されていない新規事項を追加するもので
あることが明らかである」と判断され、誤記としての補正が認められなかった
事例。

◇事件の経緯

①出願：平成７年２月17日

②拒絶理由通知

③手続補正：平成11年９月29日（詳細な説明でＳ、St の定義を変更）

④設定登録：平成11年12月３日（特許第3009598号）

⑤特許異議申立（異議2000-73116号）

⑥特許取消決定：平成13年９月５日（特許法17条の２第３項〔新規事項〕違反）

⑦請求棄却判決：平成14年11月14日

◇本件発明（補正前後で変更なし）

【請求項１】　……フロントガスケットおよびリヤガスケットを容器内に嵌合
配置した状態で、各ピーク部の圧縮率 C（％）と各ガスケットの全てのピーク
部の容器内壁との総接触面積 St（mm^2）との積（C×St）の値が各ガスケット
１個当り約300〜1200の範囲であり……プレフィルドシリンジ。

◇本件補正

(1)　［補正前］発明の詳細な説明中、「St」の定義について、

「St は全てのガスケット（この場合はフロントガスケット3およびリヤガスケット2）についての環状リブの総接触面積」。

(2)　［補正後］同上、

「St は各環状リブの接触面積」。

(3)　図　面

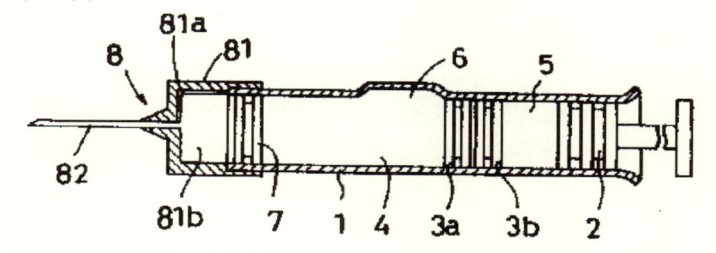

（1：筒状容器、2：リアガスケット、2a：押圧用ロッド、3a、3b：フロントガスケット、4：前室、5：後室、6：バイパス、7：シール部材、8：針付きキャップ、82：注射針）

◇異議決定の理由（新規事項の追加として補正不認、特許取消決定）

「平成11年9月29日付けの補正（本件補正）は、特許法17条の2第3項の規定に違反してなされたものである」と新規事項と判断し、特許取消決定。

◇原告（特許権者）の主張

本件補正は、当初明細書の段落【0048】、【0049】における S 及び St の定義の誤りを正して、当初明細書の上記段落の記載事項中の矛盾の解消を図るもの以外のなにものでもなく、また、上に記したことから明らかなように、当初明細書の段落【0048】、【0049】以外に記載されていることと整合するものでもあって、何ら、本件発明の実体を変更するものではなく、これを拡張するものでもない。

◇被告（特許庁）の主張

当初明細書における S 及び St の定義は、当初明細書全体の記載と何ら矛盾するものではなく、これを明白な誤記と解する余地はないから、その定義のとおりに解釈すべきである。

したがって、S 及び St の定義を変更する本件補正は、当初明細書に記載した事項の範囲内においてなされたものではなく、特許法17条の2第3項に違反

するものである。

◇裁判所の判断

(1)　誤記の有無について

　明細書中に記載されている数値につき、正常な数値との間に、当業者の常識からみて誤記であると判断し得るほどの乖離があるとして、これを誤記と認めることが許されるのは、当業者が、その数値をみて、正常とされる数値に照らし技術常識上絶対にあり得ない、と判断できる乖離がある場合、具体的には、明らかに実施不可能であるか、実用上想定し得ない程度の数値である場合である、と解するのが妥当である。

　この観点に立った場合……ガスケットの1個のピークの接触幅が0.5mm程度のものを、明らかに実施不可能であるとも、実用上用いることが想到できない程度のものであるとも、認めることはできないのである。

(2)　新規事項の追加について

　明細書における明白な「誤記」とは、もともと、その字句又は語句が、本来記載されるべき字句又は語句を誤って記載したものであることが一見して明らかであり、誤記であることについて議論の余地がない場合をいうのである。

　前後関係などから誤記であることが一見して明らかであるとはいうことのできない本件においては、当初明細書中の文言が「誤記」と判断されるためには、少なくとも、補正される前の当初明細書における当該文言と当該文言以外の表現との間に明らかな矛盾があることが、当然の前提として必要とされることになる。

　しかし、当初明細書においては、上記認定のとおり……S及びStの定義と当初明細書のその余の記載との間には特段の矛盾はない、と解することが可能であり、同明細書に記載された発明を明確に把握することができる。

　そうである以上、本件補正前の当初明細書におけるS及びStの定義が上記の意味での明白な誤記であると認めることは到底できないのである。……

　以上のとおりであるから、本件補正により、当初明細書において記載されていた……SとStの概念の定義を変更し……補正することは、明白な誤記の訂正ではなく、当初明細書に記載されていない新規事項を追加するものであることが明らかである。

◇考　察

(1)　誤記の定義および取扱いについての一般的な判示がなされている。

(2)　補正または訂正事項が、誤記についてのものか否か自体が争われるケースは少なく、補正・訂正の結果のものが、（出願当初の）明細書等に記載した事項の範囲内か否か、および／または特許請求の範囲の実質的な拡張、変更の有無で争われることが多い。

(3)　誤記には、「明白な誤記」と、「誤記」が存在するとの判断がある。「明白な誤記」は「誤記であることについて議論の余地がない場合」をいい、したがって、誤記であることの特段の立証は不要となる。これに対して、「誤記」は誤記であることを立証する必要があることとなる。

　　誤記であることの立証には、①誤記が存在すること、および、②正しいとする記載の誤記であること、の2点を立証する必要がある。

(4)　誤記を補正・訂正した結果は、形式的には、出願当初の明細書等に記載した事項の範囲内でなくなる場合や、特許請求の範囲の拡張・変更が生じる場合がある。しかし、誤記を正しい記載にする補正・訂正は、実質的には、出願当初の明細書等の記載事項の範囲内とされ、また、実質上特許請求の範囲を拡張し、または変更するものでないと考えてよい。

◇誤記に対する特許庁の審査基準および審判便覧の取扱い

　誤記の取扱いについては、特許庁の審査基準よりも審判便覧が詳しい。審査基準では、誤記の補正・訂正を「軽微な補正」（審査基準第Ⅲ部第Ⅲ節6.1／現行は、第Ⅰ部第2章第2節）と規定するが、単に軽微な誤記にとどまらず、発明の本質的部分に係ることも少なくない。したがって、誤記の補正・訂正の是非をめぐって訴訟に至るケースが生じるのが実情である。

　審判便覧での誤記の取扱いは以下のとおりとされる（現行は38-03）。

　　誤記の訂正（特§126①ただし書き二号、旧実§39①ただし書き二号）「誤記の訂正」とは、錯誤により本来の意を表示していないものとなっている記載を、本来の意を表す記載に訂正することをいう。

　　誤記の訂正が認められるためには、
①特許明細書、特許請求の範囲又は図面中の記載に誤記が存在すること、及び、
②訂正後の記載が、出願当初の明細書、特許請求の範囲又は図面（又は外国語書面）に記載した事項の範囲内のものであること、

すなわち、訂正後の記載が、

①通常の日本語出願に係る特許にあっては出願当初の明細書、特許請求の範囲又は図面に明示的に記載された事項、あるいはそれらの記載から自明な事項であり、

②外国語書面出願に係る特許にあっては仮想翻訳文（外国語書面の語句を一対一に文脈に沿って適正な日本語に翻訳した翻訳文）に明示的に記載された事項、あるいはそれらの記載から自明な事項であること、

が必要である。

　請求項中の記載が、それ自体で、又は特許明細書の記載との関係で、誤りであることが明らかであり、かつ、特許明細書、特許請求の範囲又は図面の記載全体から、正しい記載が自明な事項として定まる場合において、その誤りを正しい記載にする訂正は、<u>実質上特許請求の範囲を拡張し、又は変更するものでない</u>。

　これに対し、<u>出願当初の明細書又は外国語書面を参酌して</u>、初めて正しい記載が定まるときは、あらためて訂正前と訂正後の特許請求の範囲を対比し、訂正が実質上特許請求の範囲を拡張し、又は変更するものか否かを審理することを要する。

（54-01 訂正審判の請求の対象、訂正のできる範囲）

判決例4-5　「明りょうでない記載の釈明」の適用範囲について

平成19年（行ケ）第10159号「プラズマ処理装置及びプラズマ処理方法」（知財高裁平成20.3.19）（田中信義裁判長）

「特許法17条の2第4項（現第5項）4号は、『明りょうでない記載の釈明（拒絶理由通知に係る拒絶の理由に示す事項についてするものに限る）』と規定しているから、『明りょうでない記載の釈明』を目的とする補正は、法律上、<u>審査官が拒絶理由中で特許請求の範囲が明りょうでない旨を指摘した事項について、その記載を明りょうにする補正を行う場合に限られており</u>、原告の主張する『新規事項の追加状態を解消する』目的の補正が特許法17条の2第4項4号に該当する余地はない」と判示され、明瞭でない記載の釈明の補正を行うには、拒絶理由中で特許請求の範囲が明瞭でない旨を指摘した事項について、その記載を明瞭にする補正を行う場合に限られ、<u>拒絶査定に付記された事項はこれに該当しない</u>との判断が示された事例。

◇事件の経緯

①拒絶査定：平成17年9月1日（拒絶査定の付記で新規事項追加を指摘）

②審判請求：平成17年10月12日（不服2005-19696号）

③手続補正：同上（拒絶査定の付記で新規事項として指摘された発明特定事項を、削除）

④審決：平成19年3月15日（補正却下、請求不成立）

⑤判決：平成20年3月19日（請求棄却）

◇本件補正

（1）　補正前

【請求項3】　……水平方向の距離は、膜厚の面内均一性を5％以下にするために0～70mmの範囲内に設定される……プラズマ処理装置。

（2）　補正後

【請求項3】　……水平方向の距離は、0～70mmの範囲内に設定される……プラズマ処理装置（補正前の下線部を削除）。

◇審決の内容

補正により、補正前の「膜厚の面内均一性を5％以下にするために」との記載が削除され、その結果、本願明細書に記載された「容器側壁とウエハエッジとの間は100mmに設定されており」の場合……水平方向の距離は0～70mmの範囲内に設定されることになるが、対応する膜厚の面内均一性（±％）は約8％となっている。

そうすると、膜厚の面内均一性は5％以下にはなっておらず、補正前には含まれなかった範囲が含まれることになるから、上記補正は、特許請求の範囲を拡張するものであって、特許請求の範囲の減縮を目的としたものには該当していない。

さらに、明らかに請求項の削除、誤記の訂正及び明りょうでない記載の釈明を目的としたものにも該当していない。

したがって、本件補正は、特許法17条の2第4項の規定に違反するものであり、同法159条1項において準用する同法53条1項の規定により却下すべきものである。

◇原告（請求人）の主張

（1）　本件補正は、拒絶査定における「膜厚の面内均一性の上限値を5％以下とするという出願当初明細書に記載のない、新たな発明を記載した」との指摘

に基づき、この記載上の不備を解消するために、請求項3の記載から「膜厚の面内均一性を5％以下にするために」との記載を削除したものであり、「明りょうでない記載の釈明」を目的とした補正に該当する。

(2)　新規事項の追加状態を解消する補正は、記載不備状態を解消するためのものであり、第三者に不測の不利益を与えることもないから、特許請求の範囲の不明りょうな記載を明りょうな記載に補正するものとして取り扱うべきである。

◇被告（特許庁）の主張

(1)　原告が指摘する拒絶査定の記載は、拒絶査定の本文とは別に、前回補正によって補正された明細書に拒絶の理由があることを付言した部分である。

そこに記載された指摘事項は、前回補正が新規事項を含むということであって、特許請求の範囲が明りょうでないことを指摘しているのではない。

(2)　「膜厚の面内均一性を5％以下にするために」との記載は、記載上の不備を生じているものではなく、明りょうでない記載とはいえない。

◇裁判所の判断

(1)　拒絶査定については、次の記載がある。

　　この出願については、平成16年5月14日付け拒絶理由通知書に記載した理由2（第29条第2項）によって、拒絶をすべきものである。
……

現時点において、以下の拒絶の理由が存在する。
・特許法第17条の2第3項の違反
・請求項1-16
　平成16年7月26日付けの手続補正によって……「前記ガス噴射孔の先端と前記処理体のエッジとの間の水平方向の距離は、膜厚の面内均一性を5％以下にするために0～70mmの範囲内に設定される」ことを付加している。しかし、上記事項は、膜厚の面内均一性の上限値を5％以下とするという出願当初明細書に記載のない、新たな発明を記載したものである。つまり、出願当初明細書の何れの記載を検討しても、膜厚の面内均一性の上限値を5％という数値で区切るという記載も示唆もない。
　よって、上記補正によって付加された事項は、出願当初明細書の記載の範囲内において行われた事項とは認められない。」

　上記の記載によれば、拒絶査定をした審査官は、前回補正の内容を検討したが、進歩性を有しないという先に通知した拒絶理由は覆らないという理由で、拒絶査定をしたことが明らかである。

　そして、拒絶査定の上記横線以下の記載（以下「付言」という。）は、前回補正により付加された事項は、出願当初明細書に記載された事項の範囲内においてされたものではなく、特許法17条の2第3項の規定に反することを指摘しているものと解される。

　(2)　原告は、上記の付言を審査官による補正の示唆と解し、本件補正をしたと主張しているが、拒絶査定の理由は、付言より前に記載された部分であることは明らかであり、付言は、出願人が分割出願をする場合を考慮して、記載されたものと解される。

　すなわち、付言は、拒絶査定の理由を解消しても、なお付言に記載した拒絶理由があることを指摘したものである。したがって、これと異なる理解に立って審決の判断を非難する原告の主張を採用することはできない。……

　(3)　原告は、新規事項の追加状態を解消する補正は、記載不備状態を解消するためのものであり、第三者に不測の不利益を与えることもないから、特許請求の範囲の不明りょうな記載を明りょうな記載に補正するものとして取り扱うべきであると主張する。

　しかし、特許法17条の2第4項4号は、「明りょうでない記載の釈明（拒絶理由通知に係る拒絶の理由に示す事項についてするものに限る。）」と規定しているから、「明りょうでない記載の釈明」を目的とする補正は、法律上、審査官が拒絶理由中で特許請求の範囲が明りょうでない旨を指摘した事項について、その記載を明りょうにする補正を行う場合に限られており、原告の主張する「新規事項の追加状態を解消する」目的の補正が特許法17条の2第4項4号に該当する余地はない。

◇考　察

　(1)　平成5年改正特許法により導入された「最後の拒絶理由通知」に対する補正および審判請求時の補正について規定した特許法17条の2第3項4号（現5項4号：明りょうでない記載の釈明）の補正の留意点について考察する。

　　条文では、明瞭でない記載の釈明を目的とする補正は「拒絶理由通知に係る拒絶の理由に示す事項についてするものに限る」と規定され、補正が可能

な場合が限定されているが、「に係る」との規定ぶりからか、補正が可能な場合の該当性につき争われるケースがみられる。

(2) 本判決では、拒絶査定の付言で拒絶理由として指摘された事項は、「拒絶理由通知に係る拒絶の理由に示す事項」には該当せず、拒絶査定の付言に対する補正は、「拒絶理由通知に係る拒絶の理由に示す事項」についてなされた補正に該当しないと判示された。

(3) 「明りょうでない記載の釈明」を目的とする補正ができるのは、原則、拒絶理由通知で不明瞭記載が指摘された事項に限られる。特許庁の審査基準の運用も同じ。拒絶査定の付言やなお書きは、たとえ拒絶の理由として記載されていても、「拒絶理由通知に係る」事項とは認められないので、これら付言やなお書きへの対応には注意が必要となる。

　ただ、特許法では拒絶の理由を明細書等の記載不備に限定していないので、新規性、進歩性等の他の拒絶理由通知の場合でも、明瞭でない記載の釈明としての補正が可能な場合がありうるとは考えられる。

判決例4-6　36条以外の拒絶理由通知に対する明瞭でない記載の釈明の補正の可能性

平成20年（行ケ）第10394号「押しピンおよびそのカートリッジ」（知財高裁平成21.5.26）（滝澤孝臣裁判長）

「補正事項2は……当該発明の対象とするものであることを明示することにより、上記拒絶理由通知書において指摘された本願発明2に係る拒絶の理由を回避しようとするものであると認められるから、補正事項2が『拒絶理由通知に係る拒絶の理由に示す事項についてするもの』であるということが妨げられるものではなく」と判示して、拒絶査定不服審判の請求時に、特許法29条2項の拒絶理由通知に係る拒絶の理由に対して出願人がした補正が、「明りょうでない記載の釈明」を目的とするものというべきであるとして、補正を認めた事例。

◇事件の経緯

　①特許出願：平成15年2月20日（特願2003-42143号）

　②拒絶査定：平成18年3月22日（特許法29条1、2項）

　③審判請求：平成18年4月27日（不服2006-8167号）

④手続補正：平成18年 5 月26日

⑤前置報告：平成18年 8 月 2 日

⑥審決：平成20年 9 月12日（補正却下、請求不成立）

⑦判決：平成21年 5 月26日（請求棄却）

◇拒絶査定（特許法29条 1 、 2 項）

拒絶査定

特許出願の番号　　　　　　特願2003-042143

起案日　　　　　　　　　　平成18年 3 月22日

……………………………………………………………………………

　この出願については、平成17年 8 月22日付け拒絶理由通知書に記載した理由（注：<u>特29条①及び②</u>）によって、拒絶をすべきものである。
……

◇本件補正

(1)　補正前発明

「……押しピンを内部に収納しうる空洞部と、

　……押しピンを前記一方の端部側に移動させる弾性部材を有する、<u>押しピンのカートリッジ</u>」。

(2)　補正後発明

「……押しピンと、該押しピンを内部に複数収納しうる空洞部と、

　……押しピンを前記一方の端部側に移動させる弾性部材を有する、<u>押しピンおよびそのカートリッジ</u>」。

◇本件図面

非使用時押しピン　　　　　　　　使用時押しピン

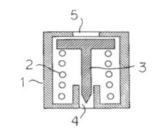
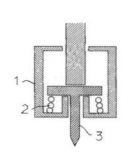

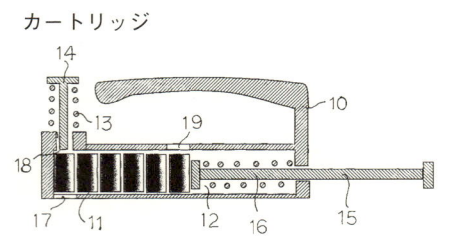

カートリッジ

（1：筒状部、2：弾性部材、3：ピン部、11：押しピン、12：空洞部、14：ロッド、15：ロッド、16：弾性部材）

◇審決の内容

　（本補正は）補正前の請求項2に係る発明の構成に含まれていない「押しピン」を新たに構成として付加するものであって、請求項に記載した発明を特定するために必要な事項を限定するものではない。

　よって、（本補正は）……請求項の削除、特許請求の範囲の減縮、誤記の訂正、明りょうでない記載の釈明のいずれを目的とするものではない。

◇原告（請求人）の主張

　本願発明は引用刊行物に記載された画鋲とは異なる特定の構成の押しピンとカートリッジの組合せに係るものであることを明瞭にすることを目的としたものであるから、同補正事項に係る補正は「拒絶理由通知に係る拒絶の理由に示す事項についてするもの」にほかならない。

◇被告（特許庁）の主張

　「明りょうでない記載の釈明」は、本来、拒絶理由通知において拒絶の理由が示された事項についてのみ許容されるものであるところ……拒絶理由通知及び……補正却下の決定のいずれにおいても、「押しピンのカートリッジ」が「明りょうでない」との拒絶の理由は示されていないから、本補正が「明りょうでない記載の釈明」であるとする原告の主張は……失当である。

◇裁判所の判断

　（1）　本件補正前の請求項の記載からは、「押しピン」と「カートリッジ」と、その両者を本願発明の対象とするものであったと解することが可能であったところ、その反面、「押しピン」を当該発明の対象とするものではなく、「カートリッジ」のみを対象とするものであったと解する余地もないわけではなく、明りょうでない記載といわざるを得ないものであったのであるから、本補正は正にその明りょうでない記載を釈明するものであるということができる。

(2) 本補正は、前記認定の経緯からして、本願発明が「押しピン」と「カートリッジ」と、その両者を当該発明の対象とするものであることを明示することにより、上記拒絶理由通知書において指摘された本願発明に係る拒絶の理由を回避しようとするものであると認められるから、本補正が「拒絶理由通知に係る拒絶の理由に示す事項についてするもの」であるということが妨げられるものではなく、被告の主張を採用することはできない。

以上によると、本補正は、法17条の2第4項4号が規定する「明りょうでない記載の釈明」を目的とするものというべきである。

◇考 察

(1) 「明りょうでない記載の釈明」は、本来、「明りょうでない」との拒絶理由通知がなされた場合についてのみ許容されるとの特許庁の主張、および審査基準の取扱いに対して、29条2項（すなわち36条以外）の拒絶理由通知の場合にも、「明りょうでない記載の釈明」を目的とした補正が可能な場合があることを判示した事例。

　　ただし、補正前の特許請求の範囲に、引用発明との相違の明確化上、明瞭でない記載が存在することが前提となる。

(2) 最後の拒絶理由通知や審判請求時の補正において、記載不備の拒絶理由通知のない事項について補正を行うことが必要な場合、あるいは行ってしまった場合に、補正が適法であるとする論拠の参考事例になりうると考えられる。

判決例4-7　補正により誤って削除した記載を正す訂正が誤記の訂正として認められた事例

平成18年（行ケ）第10268号「自動食器洗浄機用粉末洗浄剤」（知財高裁平成19.11.28）（塚原朋一裁判長）

原告が、特許請求の範囲の記載が不統一で不明確であるとする拒絶理由通知を受け、これに対する手続補正を行った際、特許請求の範囲の他の箇所の記載において、誤って従前の記載を一部削除してしまい、特許権者が、特許査定後にこれに気づいて削除前の記載に戻す旨の訂正審判を請求したところ、特許庁が実質上特許請求の範囲を変更するとした審決が取り消された事例。

◇**事件の経緯**

①出願：平成8年4月5日

②拒絶理由通知

③本件補正（<u>正しい記載を誤って削除</u>）

④設定登録：平成16年10月22日（特許第3609532号）

⑤特許権者による訂正審判請求（訂正2006-39011号）

⑥審決：平成18年5月1日（請求不成立）

⑦審決取消判決：平成19年11月28日

◇**補正前後の記載、訂正後の記載**

(1)　本件補正前

【請求項1】　0.5重量％<u>以上5重量％以下</u>の水酸化ナトリウム又は／及び<u>0.5重量％以上5重量％以下</u>の水酸化カリウムと……を特徴とする自動食器洗浄機用粉末洗浄剤。

(2)　本件補正後（「以上5重量％」を誤って削除）

【請求項1】　0.5重量％<u>以上5重量％以下</u>の水酸化ナトリウム又は／及び<u>0.5重量％以下</u>の水酸化カリウムと……を特徴とする自動食器洗浄機用粉末洗浄剤。

(3)　訂正後（本件補正前の記載に戻す）

【請求項1】　0.5重量％<u>以上5重量％以下</u>の水酸化ナトリウム又は／及び<u>0.5重量％以上5重量％以下</u>の水酸化カリウムと……を特徴とする自動食器洗浄機用粉末洗浄剤。

◇**審決（請求不成立）の内容**

　請求人が訂正を求める「0.5重量％以下」の記載は、特許請求の範囲における発明を特定するために必要と認める事項の1つであって、この記載は、<u>それ自体きわめて明瞭で、明細書の他の記載を参酌しなければ理解し得ない性質のものではなく</u>、しかも、発明の詳細な説明には、「0.5重量％以下」に含まれる0.5重量％の実施例が存在する。……

　そうしてみると、<u>請求人の立場からすれば誤記であることが明らかであるとしても</u>、特許請求の範囲の項の重要性は極めて大きいものであって、これを安易に訂正すれば、特許請求の範囲の表示を信頼する一般第三者の利益を害することになり、本件明細書の請求項1に係る発明が発明の詳細な説明の項の記載から<u>全くもって不自然である</u>とすることもできない以上、本件訂正は、水酸化カリウムの含有量について、その範囲を変更するもの、すなわち、<u>実質上特許</u>

請求の範囲を変更するものであると認めざるを得ない。

◇裁判所の判断

(1)　誤記の有無について

「0.5重量％以下」との記載は、確かに、被告が主張するように、その記載自体を独立したものとして見る限り、数値及びその範囲として明確であり、疑問が生じることはない。しかしながら、特許請求の範囲の意味内容を確定する場合には、当該記載の前後の単語・文章、文脈、当該請求項の全体の意味内容との関係で検討すべきであり、被告が主張するように、問題となった記載を前後から切り離して取り上げて意味内容を把握し、その単純な総和として、確定すべきものではない。

(2)　誤記の有無について

請求項1を概観すると、その記載に接した当業者は、……含有量が0の場合も含まれるのか、含まれるとすれば……共に含有量が0になる場合も発明に含まれるのではないか、と容易に疑問を抱くことになり、その疑問を解決するために、請求項1の記載だけでは解決するに足りず、発明の詳細な説明を参酌確認する契機をもつものといわざるを得ない。

(3)　誤記の有無について

出願人は、本件補正により大部分の権利範囲を失うことになる。しかも、特許出願に係る発明が境界域である「0.5重量％の水酸化カリウム」の場合に限定されるというだけではなく、特許請求の範囲に提示された「0.5重量％未満」の範囲は特許法36条4項の定める要件を欠如することになりかねない。仮に、出願人が真意に基づきそのような補正をしたというのであれば、権利化の際に通常選択する合理的な経済行為からは、大きく乖離するものであったといわざるを得ない。

(4)　本来の記載について

本件明細書の……記載によれば、本件発明は、水酸化ナトリウムと水酸化カリウムの双方またはいずれか一方を含むものとして記載されており、その双方とも含まないことを前提とした記載は一切なく請求項1の「0.5重量％以下の水酸化カリウム」との記載は、「0.5重量％以上5重量％以下の水酸化カリウム」の誤記であると容易に理解することに至ることは明らかである。

(5)　実質的な拡張、変更について

「0.5重量％以下の水酸化カリウム」は、「0.5重量％以上5重量％以下の水酸

化カリウム」の誤記であることが明らかであるというのであるから、その<u>実質</u>
<u>を捉えて考察すると、特許請求の範囲の拡張や変更はされていない</u>ということ
ができ、同法126条4項違反の問題は生じないものというべきである。

◇考　察
(1)　文言上からは誤記とは直ちに判断できない場合において、「出願人が真意
　　に基づきそのような補正をしたというのであれば、権利化の際に通常選択す
　　る合理的な経済行為からは、大きく乖離するものであったといわざるを得な
　　い」との社会的な妥当性に基づき、誤記と判断した例。
(2)　裁判所では、明細書の文言のみに基づく機械的な判断によらず、判決結果
　　の社会的な妥当性が重要視されることがある。特許庁の特に審判では裁判所
　　に支持される審決を行おうとする傾向があり、裁判所の判断を見据えた主張
　　を行うことが有効な場合がある。
(3)　誤記の訂正の結果、形式上、特許請求の範囲の拡張または変更となる場合
　　でも、「実質を捉えて考察すると、特許請求の範囲の拡張や変更はされてい
　　ない」との判断がなされている。

判決例4-8　有効数字の誤記としての訂正の可否について

平成18年（行ケ）第10204号「光ファイバケーブル」（知財高裁平成18.10.18）
（中野哲弘裁判長）
有効数字の桁数が争われた事例。発明の詳細な説明における「曲率0.92」の記
載が誤りで「曲率0.9」が正しいことが、本件特許明細書等から明らかである
とは認めることができず、訂正は誤記の訂正に当たらないと判示された。

◇事件の経緯
　　①無効審決：平成17年3月28日
　　②審決取消訴訟提起（平成17年（行ケ）第10453号）
　　③訂正審判請求：平成17年7月8日（訂正2005-39118号）
　　④審決：平成18年3月29日（訂正不認、特許無効）
　　⑤判決：平成18年10月18日（請求棄却）

◇本件訂正

（1）　訂正前

【請求項１】　……光ファイバの少なくとも接続端部近傍に発生する曲りの曲率半径（R）が、光ファイバの波長帯（λ）において λ/<u>1.41</u> よりも大きいことを特徴とする光ファイバケーブル。

（2）　訂正後

①【請求項１】　……光ファイバの少なくとも接続端部近傍に発生する曲りの曲率半径（R）が、光ファイバの波長帯（λ）において λ/<u>1.4</u> よりも大きいことを特徴とする光ファイバケーブル。

②発明の詳細な説明中、「1.3/<u>0.92</u> ＝約<u>1.41</u>」を、誤記の訂正を目的として「1.3/<u>0.9</u> ＝約<u>1.4</u>」に訂正。

◇本件図面

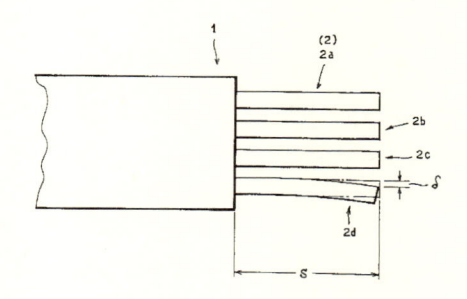

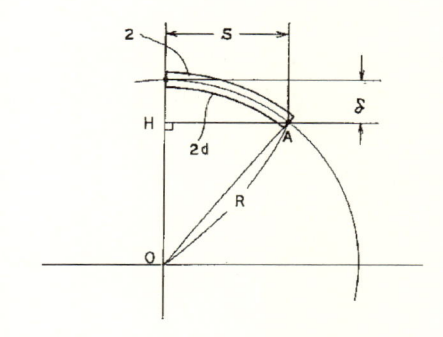

（１：光ファイバケーブル、２（2a、2b、2c、2d）：光ファイバ心線、R：曲がり部の曲率半径、δ：軸ずれ、S：曲がり部分の長さ）

（1）　誤記の訂正について

　曲率は、x 軸の目盛のとおりに読み取ればよいのであって、それをあえて読取り値を10分の 1 位に丸めて有効数字を 2 桁にする操作が、測定誤差の観点からみても、誤記の訂正にあたるとはいえない。

（2）　実質的な拡張、変更について

　有効数字0.9の意味する範囲の方が有効数字0.92の範囲より広いのであるから、有効数字 3 桁の曲率0.92を有効数字 2 桁の曲率0.9に変更する訂正は（注： λ が1.41→1.4となって）数値範囲の拡張である。

◇**原告（特許権者）の主張**

（1）　誤記の訂正について

　当時の測定方法で測定しても大きな誤差を生じているのであるから、曲率を0.92と読むことは意味がない。

（2）　実質的な拡張、変更について

　「0.92と読み取ることに意味が無いために0.9とする」のであり、実質的には数値範囲の拡張に該当しない。

◇**裁判所の判断**

（1）　数値の技術的意味について

　本件特許明細書及び図面には、「曲率」の測定値は100分の 1 位の数値に技術的意味がない旨の記載はない……

　本件特許の本件訂正前の明細書及び図面の記載から、「曲率」の測定値は100分の 1 位の数値に技術的意味がなく、「発明の詳細な説明」の段落【0022】における「曲率0.92」の記載は誤りで「曲率0.9」が正しいと認めることはできない。

（2）　数値の技術的意味について

　「曲率」の測定値は100分の 1 位の数値に技術的意味がないことが、当業者にとって、本件特許の優先日より前から技術常識であったと認めることは到底できない。その他に、「曲率」の測定値は100分の 1 位の数値に技術的意味がないことが、当業者にとって、本件特許の優先日より前から技術常識であったと認めるに足りる証拠もない。

（3）　誤記との認定について

　「曲率0.92」の記載は誤りで「曲率0.9」が正しいことが、本件特許の本件訂

正前の明細書及び図面の記載や当業者の技術常識などから明らかで、<u>当業者で</u><u>あればそのことに気付いて訂正後の趣旨に理解するのが当然であると認めるこ</u><u>とはできない</u>から、「発明の詳細な説明」の段落【0022】における「曲率0.92」の記載は「曲率0.9」の誤記であると認めることはできない。

◇考　察

(1)　数値を限定した発明において、数値はそれ自体重要な発明特定事項であることから、数値そのものを誤記として補正または訂正することは困難なことが多い。特許請求の範囲の実質的な拡張または変更となる場合も生じる。

　　原告は、100分の1位の数値に意味がないとの実質面からの主張を行ったが、認められなかった。

　　数値のほか、単位（μm／nm、℃／℉）、化合物名（アセテート／アセタール、アリル／アリール）、元素記号（B／Br、Ta／Tl）等も、誤記の訂正として困難な場合が多い。

(2)　特許庁の審査基準では、数値限定の補正については、「数値限定が明示的に記載されている場合には、その数値限定を請求項に導入することができる」（第Ⅲ部第Ⅰ節「新規事項」）とされ、数値の補正には、補正後の数値が原明細書に明示的に記載されていることが必要との立場である。

判決例4-9　詳細な説明を参酌して誤記の訂正を認めた事例

平成11年（行ケ）第7号「ベルト金具係合用レール」（東京高裁平成11.10.26）（永井紀明裁判長）

「訂正前の登録請求の範囲の『ベルト本体』を構成要件とするものにおいては<u>考案の要旨が全体として理解することができず</u>、訂正後の登録請求の範囲における<u>ように『ベルト本体』を『レール本体』の誤記とみなすことによってのみ</u><u>理解することができるものというべきである</u>」と判示して、考案の詳細な説明を参酌することにより、誤記の訂正を認めた事例。

◇本件考案および本件訂正

(1)　訂正前の考案

　……多数の係合穴が<u>ベルト本体</u>にその長さ方向に沿って一定間隔をおいて設

けられて、コンテナ車などの側板の内側に取付けられるベルト金具係合用レールであって、

　前記係合穴が、縦穴と横穴とを直交させた形状になっていて、同一係合穴に対してベルト金具が縦横両方向に係合可能になっていることを特徴とするベルト金具係合用レール。

(2)　訂正後の考案

　……多数の係合穴が<u>レール本体にその長さ方向に沿って</u>……（中略）……ベルト金具係合用レール（下線部が訂正個所）。

◇本件図面

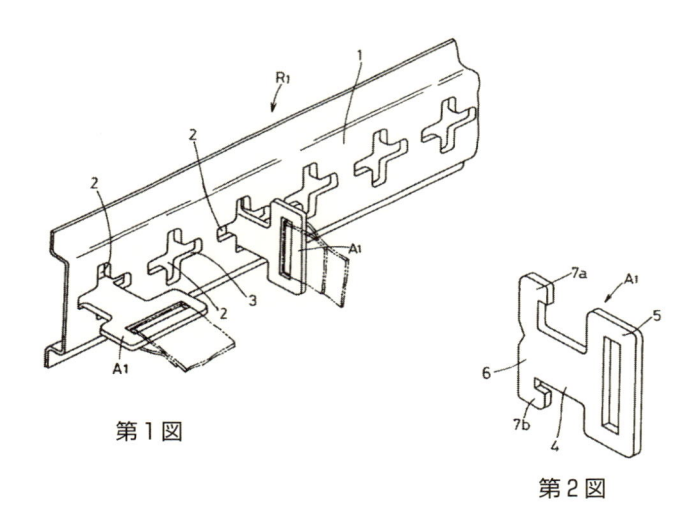

第1図

第2図

（A_1：ベルト金具、R_1：レール、1：レール本体、2：十字状係合穴、
　6：挿入板、7a、7b：係合板）

◇審決（訂正認容）の内容

(1)　誤記であることについて

　ベルト本体という用語をレール本体という用語に置き換えれば、訂正前明細書及び訂正前図面の記載がすべて整合することになるが、当業者であれば訂正前明細書及び訂正前図面の記載特に所期の目的及び効果の記載に基づけば、訂正前明細書には誤記があり、しかもその誤記は、<u>レール本体という用語を用いるべき箇所にベルト本体という用語を使用したためであると容易に理解することができる</u>ものである。

212

(2)　実質上の拡張、変更について

ベルト本体をレール本体に変更する訂正は、<u>本来その意味で記載されていた表現を真の意味を有する表現に直したもの</u>にすぎず、形式的には登録請求の範囲を変更するものではあっても、実質上登録請求の範囲を変更するものではない。

◇裁判所の判断

(1)　誤記の訂正について

<u>考案の詳細な説明の記載において</u>、係合穴をレール本体に設けることが記載されているから、訂正前明細書の登録請求の範囲に記載されていた、係合穴が設けられた「ベルト本体」は、「レール本体」の<u>誤記であること</u>が明らかである。

しかも……「ベルト本体」は「ベルト金具係合用レール」との関係で理解することができることが可能なので、この観点からも「ベルト本体」を「レール本体」と<u>読み替えて解釈するのが自然でかつ相当</u>というべきである。

以上のとおりであるから、本件考案は、訂正前の登録請求の範囲の「ベルト本体」を構成要件とするものにおいては<u>考案の要旨が全体として理解することができず</u>、訂正後の登録請求の範囲におけるように「ベルト本体」を「レール本体」の<u>誤記とみなすことによってのみ理解することができる</u>ものというべきである。

(2)　実質上の拡張、変更について

訂正前考案は、係合穴を設ける部材を「ベルト本体」とすることに起因して、それとの関係において本件考案の「ベルト金具係合用レール」の技術思想が明確に特定できないものとなっていることが明らかであり、この「ベルト本体」を「レール本体」に<u>訂正することによって、この部分においてのみ不明であった「ベルト金具係合用レール」との共働関係が明確になり</u>、しかも、荷締ベルトのベルト金具を係合穴に対して縦横両方向に係合できるようにするという<u>本件考案の目的効果に、訂正前後を通じて何の変更がないことも明らか</u>である。

したがって、訂正後考案は登録請求の範囲を実質上変更するものではないというべきである。

◇考　察

(1)　単独の用語自体（「ベルト本体」）としては不明瞭といえない場合でも、考

案の詳細な説明および図面を参酌し、考案全体を把握することにより、他の用語（レール本体）の誤記として補正・訂正が可能とした事例。

用語の解釈については、特許庁の審査基準に、「請求項の記載がそれ自体で明確でない場合は、明細書または図面中に請求項の用語についての定義又は説明があるかどうかを検討し……用語を解釈する」（第Ⅰ部第Ⅰ章）と説明されている。しかし、用語が明確でない場合に限らず、誤記の場合にも、同様に、発明（考案）の詳細な説明に基づいて、誤記と認定する取扱いがなされる可能性があるといえる。

(2) 明瞭でない記載の釈明との対比

①誤記の補正では、最後の拒絶理由通知、審判請求時等の補正において「拒絶理由通知に係る拒絶の理由」が必要とされない（17条の2第5項）。

②誤記の訂正では、設定登録後に、出願当初の明細書等に戻って訂正が可能（126条3項）。

③実務面では、誤記の訂正と明瞭でない記載の釈明の両面から補正・訂正を行うことが有効な場合がある。

判決例4-10　新規事項の追加（「除くクレーム」への補正、訂正の可否）——特許請求の範囲に商標を記載する是非

平成18年（行ケ）第10563号「感光性熱硬化性樹脂組成物及びソルダーレジストパターン形成方法」（知財高裁平成20.5.30）（塚原朋一裁判長）

(1) 「除くクレーム」とする補正についても、当該補正が明細書等に「記載した事項の範囲内において」するものということができるかどうかについては……明細書等に記載された技術的事項との関係において、補正が新たな技術的事項を導入しないものであるかどうかを基準として判断すべきことになるのであり、「例外的」な取扱いを想定する余地はないと判示し、いわゆる「除くクレーム」とする補正（または訂正）は、特許庁の審査基準が示す例外的な場合にのみ許されるべきものではなく、新たな技術的事項を導入しないものであるかどうかを基準として判断すべきとの判断が、知財高裁大合議部で示された事例。

(2) 本判決では、登録商標を特許請求の範囲に記載する是非につき、「『TEPIC』との登録商標によって特定された物が技術的に明確でないとい

うことはできない」と判示し、特許請求の範囲に（登録）商標を記載することが可能な場合があるとの判断も示された。

◇事件の経緯

①無効審決：平成17年11月29日（無効2005-80204号）

②審決取消訴訟提起：平成18年1月6日

③訂正審判請求：平成18年3月30日（本訂正）

④審決：平成18年11月28日（訂正認容、請求不成立）

⑤判決：平成20年5月30日（請求棄却）

◇訂正前、および訂正後の発明

(A)……、(B)……、(C)……、及び(D)……を含有してなる感光性熱硬化性樹脂組成物。

　ただし、

(A)「クレゾールノボラック系エポキシ樹脂及びアクリル酸を反応させて得られたエポキシアクリレートに無水フタル酸を反応させて得た反応生成物」と、

(B)光重合開始剤に対応する「2-メチルアントラキノン」及び「ジメチルベンジルケタール」と、

(C)「ペンタエリスリトールテトラアクリレート」及び「セロソルブアセテート」と、

(D)「1分子中に少なくとも2個のエポキシ基を有するエポキシ化合物」である多官能エポキシ樹脂（TEPIC：△△(株)製、登録商標）

とを含有してなる感光性熱硬化性樹脂組成物を除く（下線部が訂正個所）。

◇「除くクレーム」への補正についての判決当時の特許庁の審査基準の取扱い

　本判決では特許庁の当時の審査基準について直接言及された。特許庁の当時の審査基準における「除くクレーム」への補正の取扱いは次のとおりである。

　「『除くクレーム』」とは、請求項に係る発明に包含される一部の事項のみを当該請求項に記載した事項から除外することを明示した請求項をいう。

　補正前の請求項に記載した事項の記載表現を残したままで、補正により当初明細書等に記載した事項を除外する『除くクレーム』は、除外した後の『除くクレーム』が当初明細書等に記載した事項の範囲内のものである場合には、許される。

215

なお、次の(i)、(ii)の『除くクレーム』とする補正は、<u>例外的に</u>、当初明細書等に記載した事項の範囲内でするものと取扱う。

(i)　請求項に係る発明が、先行技術と重なるために<u>新規性等（第29条第1項第3号、第29条の2又は第39条）</u>を失う恐れがある場合に、補正前の請求項に記載した事項の記載表現を残したままで、<u>当該重なりのみを除く補正</u>。……」（第Ⅲ部第1節(4)）。

　なお、審査基準では補正を対象としているが、訂正についても同様の取扱いと考えられる。

◇裁判所の判断

(1)　「除くクレーム」への補正・訂正の是非

①「除くクレーム」は、「消極的表現」による除外

　本件明細書の特許請求の範囲の記載及び上記(イ)の先願明細書の実施例2の記載によると、本件各訂正は、本件訂正前の各発明から先願発明と<u>同一の部分を除外</u>するために、除外の対象となる部分である引用発明の内容を、本件訂正前発明1及び2の成分(A)〜(D)及び同(A)〜(E)ごとに分説し、各成分に該当し得る物質又は製品の一部を、同実施例2の特定の物質又は製品の記載を引用しながら特定し、<u>消極的表現（いわゆる「除くクレーム」）によって除外</u>するものであるということができる。

②本件へのあてはめ

　訂正が、当業者によって、<u>明細書又は図面のすべての記載を総合することにより導かれる技術的事項との関係において、新たな技術的事項を導入しないもの</u>であるときは、当該訂正は、「<u>明細書又は図面に記載した事項の範囲内において</u>」するものということができるというべきところ、上記イによると、本件各訂正による訂正後の発明についても、成分(A)〜(D)及び同(A)〜(E)の組合せのうち、引用発明の内容となっている特定の組合せを除いたすべての組合せに係る構成において、使用する希釈剤に難溶性で微粒状のエポキシ樹脂を熱硬化性成分として用いたことを最大の特徴とし……効果を奏するものと認められ、<u>引用発明の内容となっている特定の組合せを除外することによって、本件明細書に記載された本件訂正前の各発明に関する技術的事項に何らかの変更を生じさせているものとはいえない</u>から、本件各訂正が本件明細書に開示された技術的事項に<u>新たな技術的事項を付加したものでないこと</u>は明らかであり、本件各訂正は、当業者によって、<u>本件明細書のすべての記載</u>

を総合することにより導かれる技術的事項との関係において、新たな技術的事項を導入しないものであることが明らかであるということができる。

　したがって、本件各訂正は、平成６年改正前の特許法134条２項ただし書にいう「願書に添付した明細書又は図面に記載した事項の範囲内において」するものであると認められる。

③判決当時の特許庁の審査基準について

　ア．審査基準の「第Ⅲ部　明細書又は図面の補正」……「(4)　除くクレーム」の項には、次のような記載がある。

　　「『除くクレーム』とは、請求項に係る発明に包含される一部の事項のみを当該請求項に記載した事項から除外することを明示した請求項をいう。

　　補正前の請求項に記載した事項の記載表現を残したままで、補正により当初明細書等に記載した事項を除外する『除くクレーム』は、除外した後の『除くクレーム』が当初明細書等に記載した事項の範囲内のものである場合には、許される。

　　なお、次の(i)、(ii)の『除くクレーム』とする補正は、例外的に、当初明細書等に記載した事項の範囲内でするものと取扱う。

　　(i)　請求項に係る発明が、先行技術と重なるために新規性等（第29条第１項第３号、第29条の２又は第39条）を失う恐れがある場合に、補正前の請求項に記載した事項の記載表現を残したままで、当該重なりのみを除く補正。

　　(ii)　……省略……」。

　イ．審査基準の上記記載は、「除くクレーム」とする補正について、「例外的に」明細書等に記載した事項の範囲内においてする補正と取り扱うことができる場合について説明されたものであるが、「例外的」とする趣旨は、上記「基本的な考え方」に示された考え方との関係において「例外的」なものと位置付けられるというものであると認められる。

　　しかしながら、上記アにおいて説示したところに照らすと、「除くクレーム」とする補正が本来認められないものであることを前提とするこのような考え方は適切ではない。

　　すなわち、「除くクレーム」とする補正のように補正事項が消極的な記載となっている場合においても、補正事項が明細書等に記載された事

217

項であるときは、積極的な記載を補正事項とする場合と同様に、特段の事情のない限り、新たな技術的事項を導入するものではないということができる。

ウ．したがって、「除くクレーム」とする補正についても、当該補正が明細書等に「記載した事項の範囲内において」するものということができるかどうかについては、最終的に、上記アにおいて説示したところに照らし、明細書等に記載された技術的事項との関係において、補正が新たな技術的事項を導入しないものであるかどうかを基準として判断すべきことになるのであり、「例外的」な取扱いを想定する余地はないから、審査基準における「『除くクレーム』とする補正」に関する記載は、上記の限度において特許法の解釈に適合しないものであり、これと同趣旨を述べる原告の主張は相当である。

(2) 特許請求の範囲に（登録）商標を記載する是非について

①本件各訂正は……先願発明と同一の部分を除外することを内容とする訂正であるから、本件各訂正における「TEPIC」は、先願明細書……に記載された「TEPIC」を指すものであると認められる。

そうすると、本件各訂正における「TEPIC」は、先願明細書に基づく特許出願時において「TEPIC」の登録商標によって特定されるすべての製品を含むものであるということができるから、その限度において、「TEPIC」との登録商標によって特定された物が技術的に明確でないということはできない。

②本件各訂正の内容は……先願明細書の……記載を引用しながら、消極的な表現形式（いわゆる「除くクレーム」の形式）によって特定しているものであり、引用発明と同一の部分を過不足なく除外するためには、このような方法によるほかないと考えられることから、本件各訂正において、引用発明を特定する要素となっている「TEPIC」との商標の記載を使用して除外部分を表示したことが、特許法施行規則24条に反するものということはできない。

◇考　察

(1) 本件は、「明細書又は図面に記載した事項」とは、当業者によって、明細書または図面のすべての記載を総合することにより導かれる技術的事項であ

218

り、補正が、このようにして導かれる技術的事項との関係において、新たな技術的事項を導入しないものであるときは、当該補正は、「明細書又は図面に記載した事項の範囲内において」するものということができるとして、「除くクレーム」とする本件訂正は、「明細書又は図面に記載した事項の範囲内において」するものということができるとした事例である。

(2)　「除くクレーム」とは、たとえば、「ヒト以外の動物」を表現するために、「動物（ただし、ヒトを除く）」とするように（ヒト以外の動物をすべて列挙することは困難であり、このように表現する方が簡明、かつ、明確となる）、特許請求の範囲（クレーム）の記載について、このような「除く」表現形式を使用する場合のことをいう。

　本件では、特許出願時に公開されていなかった先願特許の明細書に、本件発明の一部が記載されていたために、特許権者は「除くクレーム」とする訂正によって重なる部分を除いた。

(3)　一方、特許法では、補正および訂正について、（当初）明細書等に記載した事項の範囲内においてしなければならないと定めており、これを厳格に解釈すると「ただし、……を除く」のうち「……」の部分だけでなく、「を除く」という部分についても、明細書等に何らかの形で記載されていなければならないのではないかと考えられてきた。

　この結果、審査では、ある特定の事項を「除くこと」が当初明細書等に記載されていないため、「除く」補正が新規事項と判断され、補正が認められない場合が生じる。

(4)　これについて、当時の審査基準では、「除くクレーム」への補正は、「除外した後の『除くクレーム』が当初明細書等に記載した事項の範囲内のものである場合には、許される」とし、新規事項違反とならない限りにおいて許される補正であるとし、例外的に新規事項違反とならないと取り扱う場合として、①請求項に係る発明が、先行技術と重なるために新規性等を失う恐れがある場合に、当該重なりのみを除く補正、および、②「ヒト」を包含しているために、特許法29条柱書の要件、または32条に規定する不特許事由に該当する場合を挙げ、現実の審査では、「除くクレーム」補正のほとんどが、例外的とされる上記2つの場合に限って許されてきた。

(5)　本件は、このような問題等について、特許法の解釈が正面から争われた初めての事案であり、これに対し、判決は、審査基準を引用した原告の主張に

対して、「除くクレーム」の審査基準における例外的な取扱いの是非について、「『除くクレーム』とする補正が本来認められないものであることを前提とするこのような考え方は適切ではない」と判示して、「除くクレーム」とする補正が本来認められない補正とし、上記2つの場合に限り例外的に許容するとの考えは適切でないと判示した。

そのうえで、判決は、「除くクレーム」とする（消極的な）補正についても、通常の（積極的な）補正と同様に、「新たな技術的事項を導入するものではない」場合は、当初明細書等に記載した事項の範囲内といえ、補正が認められるべきものであると判示した。

(6) ここで問題となるのは、従来の新規事項の追加の判断基準では、「明細書等に記載した事項」とは、明細書等に明示的に記載された事項だけではなく、明示的な記載がなくても明細書等の記載から自明な事項も含むとされており、この自明な事項と本判決でいう明細書または図面のすべての記載を総合することにより導かれる技術的事項とはその範囲が異なるものであるか否か本判決の内容からは判然としないことである。少なくとも、本判決において「もっとも、明細書又は図面に記載された事項は、当該明細書又は図面によって開示された技術的思想に関するものであるから、例えば、……付加される訂正事項が当該明細書又は図面に明示的に記載されている場合や、その記載から自明である事項である場合には、そのような訂正は、特段の事情のない限り、新たな技術的事項を導入しないものであると認められ、『明細書又は図面に記載された範囲内において』するものであるということができるのであり、実務上このような判断手法が妥当する事例が多いものと考えられる」と判示されているところから、明細書または図面のすべての記載を総合することにより導かれる技術的事項は、自明な事項を含むものといえるが、自明な事項の範囲を超えた事項も含むか否かはこれからの判決を注視する必要がある。

(7) 本判決を取り入れた特許庁の改訂審査基準（平成22年6月改訂）によると、従前の実務を変更しないとしつつも、「明示的記載＋自明」以外にも補正が許される類型を示し、この類型に該当する場合は新規事項の追加にあたらないとしている。

◇「除くクレーム」補正、訂正についての、その後の判決

本判決以降、以下に示す、本判決と同旨の知財高裁判決が出された。

平成20年（行ケ）第10065号（平成21.3.31判決）

「本件補正は、このR値が1.4以上である球状活性炭を特許請求の範囲の記載から除くことを目的とするものであるところ、上記本件当初明細書の記載内容によれば、本件補正は、当業者……によって、明細書、特許請求の範囲又は図面のすべての記載を総合することにより導かれる技術的事項との関係において、新たな技術的事項を導入するものではないと認めるのが相当である。そうすると、本件補正は、法17条の2第3項に違反するものではないから、補正要件違反の無効理由は認められない」（他に、平成21年（行ケ）第10358号〔平成21年3月31日判決〕）。

◇記載された事項のみを除くことの困難性

本判決を取り入れた特許庁の改訂審査基準（平成22年6月改訂）では、「補正前の請求項に記載した事項の記載表現を残したままで、特許法第29条第1項第3号、第29条の2又は第39条に係る先行技術として頒布刊行物等又は先願の明細書等に記載された事項（記載されたに等しい事項を含む）のみを当該請求項に記載した事項から除外することを明示した請求項」をいい、補正を認めるとされる（第III部第1節）。

しかし、先願明細書等に記載された事項のみを除くことが困難、あるいは補正・訂正により除く部分の構成が不明確なため、結果的に補正・訂正が認められない場合が生じるので注意を要する。たとえば以下のような例がある。

例：平成17年（行ケ）第10608号「車輌用衝突補強材の製造方法」

　　①登録：平成15年1月17日（特許第3389562号）

　　②判決：平成18年6月20日（請求棄却）

　(1)　訂正請求クレーム

「……高張力鋼であって……不可避的不純物として含まれる量を超える量のアルミニウムを含まない鉄系材料からなる板材である金属材を……車輌用衝突補強材の製造方法」（下線部が除く訂正部分）。

　(2)　裁判所の判断

「本件特許明細書の記載はもとより、本件出願時の当業者の技術常識、その他弁論の全趣旨を参酌しても、鉄系材料におけるアルミニウムの含有量が

「不可避的不純物として含まれる量を超える量」が、どのような量であるか
が明確であるとは認められない以上……引用発明との重なりが除かれるとは
直ちには認めることができない」。

判決例 4-11　新規事項の追加

平成21年（行ケ）第10133号「杭埋込装置及び基礎用杭の埋込方法」（知財高裁
平成22.3.3）（滝澤孝臣裁判長）

本件訂正は、特許請求の範囲に記載された発明の特定の部材の構成について、
設計的事項に類する当業者に周知のいくつかの構成のうちのひとつに限定する
にすぎないものであり、この程度の限定を加えることについて、新たな技術的
事項を導入するものとまで評価することはできないとして、本件訂正は本件明
細書および図面に記載した事項の範囲内においてするものとした審決を支持し
た事例。

◇本件発明

　【請求項1】　基礎用杭を地盤に埋め込むための杭埋込装置であって、油圧式
ショベル系掘削機（9）と、当該油圧式ショベル系掘削機（9）のアーム先端部
に取り付けてあり、四角形の台板（14）の上部に設けられており油圧モーター
（21）を有する振動装置（2）と杭上部に被せるために当該台板（14）の下面に
設けられている円筒状の嵌合部（15）を有する埋込用アタッチメント（A）と、
当該埋込用アタッチメント（A）の上部嵌合部（15）の側部に設けられている
相対向するピン孔（16、16）に自在継手を介して着脱可能に取り付けられる穿
孔装置（4）と、を備えており、上記四角形の台板（14）の四辺は、上記円筒
状の嵌合部（15）よりも張り出しており、上記台板（14）の四辺のうち油圧式
ショベル系掘削機（9）側の辺は、油圧式ショベル系掘削機（9）側にある上記
振動装置（2）の油圧モーター（21）の端よりも油圧式ショベル系掘削機（9）
側にあり、上記穿孔装置（4）は、油圧モーター（43）と、当該油圧モーター
（43）により回転駆動される穿孔ロッド（44）と、を備えており、上記穿孔装
置（4）と上記嵌合部（15）は、穿孔時と杭埋込時において選択的に使用され
ることを特徴とする、杭埋込装置（訂正後。下線の部分が訂正箇所）。

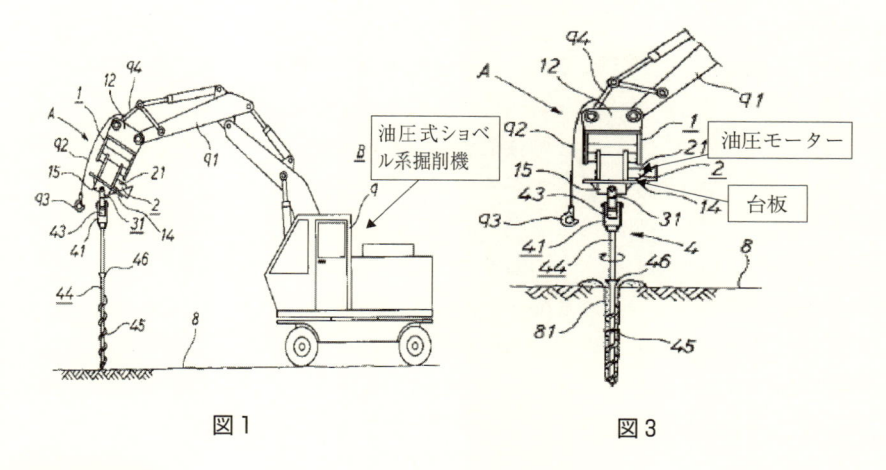

図1　　　　　　　　　　　　図3

◇審決の内容

　本件訂正は、特許請求の範囲の減縮、誤記の訂正及び明りょうでない記載の釈明を目的とするものであり、願書に添付された明細書及び図面の記載の範囲内において行われたものであって、実質上特許請求の範囲を拡張又は変更するものでもないから、訂正要件を満たすものである。

◇裁判所の判断

　本件特許出願時における当業者にとって、油圧式ショベル系掘削機のアーム先端部に取り付ける埋込用アタッチメントとして、四角形の台板の上部に振動装置を備えるとともに、その下部略中央部に杭との嵌合部を備えるものはよく知られており、振動装置、四角形の台板及び嵌合部相互の関係については、四角形の台板を油圧モーターを含む振動装置が納まる程度の大きさとし、振動装置が隠れるように配置する構成のものが知られ、作業現場において長年にわたって使用されてきたものとして周知であったということができる。

　そうすると、本件訂正のうち、特許請求の範囲の【請求項1】について「上記台板⑭の四辺のうち油圧式ショベル系掘削機⑼側の辺は、油圧式ショベル系掘削機⑼側にある上記振動装置⑵の油圧モーター㉑の端よりも油圧式ショベル系掘削機⑼側にあり、」との限定を加える部分は、本件特許出願時において既に存在した「台板の上部に振動装置を設けるとともに、下面中央部に嵌合部を設ける」という基本的な構成を前提として、「振動装置の油圧モーターが油圧式ショベル系掘削機側にある」という当業者に周知の構成のうちの1つ

を特定するとともに、「台板」と「振動装置」の関係について、同様に当業者に周知の構成のうちの1つである「四角形の台板の上に油圧モーターが隠れるように振動装置を配置するという構成」に限定するものである。

そして、上記……で認定した技術状況に照らすと、上記周知の各構成はいずれも設計的事項に類するものであるということができる。

したがって、<u>本件明細書及び図面に接した当業者は、当該図面の記載が必ずしも明確でないとしても、そのような周知の構成を備えた台板が記載されていると認識することができたものというべきである</u>から、本件訂正は、特許請求の範囲に記載された発明の特定の部材の構成について、設計的事項に類する当業者に周知のいくつかの構成のうちの1つに限定するにすぎないものであり、この程度の限定を加えることについて、新たな技術的事項を導入するものとまで評価することはできないから、本件訂正は本件明細書及び図面に記載した事項の範囲内においてするものとした本件審決の判断に誤りはない。

◇考　察

(1)　本件は、本件訂正は、特許請求の範囲に記載された発明の特定の部材の構成について、設計的事項に類する当業者に周知のいくつかの構成のうちのひとつに限定するにすぎないものであり、この程度の限定を加えることについて、新たな技術的事項を導入するものとまで評価することはできないとした事例である。

(2)　特許庁の審査基準によると、周知・慣用技術についても、その技術自体が周知・慣用技術であるということだけでは、当初明細書等の記載から自明な事項とはいえない（新たな技術的事項を導入するものではないとはいえない）としている。

(3)　本判決では、四角形の台板を油圧モーターを含む振動装置が納まる程度の大きさとし、振動装置が隠れるように配置する構成のものが知られ、作業現場において長年にわたって使用されてきたものとして周知であったとするだけでなく、<u>本件明細書および図面に接した当業者は、当該図面の記載が必ずしも明確でないとしても、そのような周知の構成を備えた台板が記載されていると認識することができたものというべきである</u>として、本件訂正は、この程度の限定を加えることについて、新たな技術的事項を導入するものとまで評価することはできないと判断している。

(4)　訂正（補正）された事項が、周知であっても、「当初明細書等の記載から自明な事項」といえるためには、これに接した当業者であれば、周知の事項に照らして、その事項がそこに記載されているのと同然であると理解する事項でなければならないことに注意する必要がある。

判決例 4 -12　新規事項の追加（数値限定）

平成22年（行ケ）第10234号「無水石膏の製造方法及び無水石膏焼成システム」（知財高裁平成23.3.23）（中野哲弘裁判長）

「本体の内部で該石膏廃材を、該本体出口における粉粒体温度が330℃以上500℃以下になるように加熱しながら」という訂正について、「500℃」という値は当初明細書等に明示的に表現されているものではないが、当初明細書等に記載された事項の範囲内においてなされたものであるとした審決を支持した事例。

◇訂正の内容

(1)　訂正前発明の内容

【請求項1】　内筒の内部で燃料を燃焼させて該内筒の下部の開口部から燃焼ガスを噴出させ、前記内筒を囲繞し、下部が逆円錐状に形成された本体に石膏廃材を供給し、該本体の内部で該石膏廃材を330℃以上840℃以下に加熱しながら、前記燃焼ガスによって流動化させ、生じた無水石膏を前記本体の内部から外部に排出することを特徴とする無水石膏の製造方法。

(2)　本件訂正の内容

【請求項1】　内筒の内部で燃料を燃焼させて該内筒の下部の開口部から燃焼ガスを噴出させ、前記内筒を囲繞し、下部が逆円錐状に形成された本体にナフタレンスルホン酸基を含む石膏廃材を供給し、該本体の内部で該石膏廃材を、該本体出口における粉粒体温度が330℃以上500℃以下になるように加熱しながら、前記燃焼ガスによって流動化させ、生じたⅡ型無水石膏を前記本体の内部から外部に排出することを特徴とする無水石膏の製造方法。

◇審決の内容

本件訂正は願書等に記載されている事項の範囲内の訂正であり、また、実質上特許請求の範囲を拡張し又は変更するものでもないから適法である。

◇裁判所の判断

　a　訂正事項a(ii)の「……該石膏廃材を、……粉粒体温度が330℃以上500℃以下になるように加熱しながら」という事項は、……訂正前の数値限定の範囲の上限値を「840℃以下」から「500℃以下」に変更するものである。

　ところで、上記「500℃」という値は当初明細書等に明示的に表現されているものではない。……しかし、「500℃」という特定温度は、もともと訂正前の「330℃以上840℃以下」の温度の範囲内にある温度であるから、上記「500℃」という温度が当初明細書等に明示的に表現されていないとしても、硫黄酸化物の発生抑制のための温度として分解温度以下である以上他の温度と異なることはなく、実質的には記載されているに等しいと認められること、当初明細書等に記載された実施例においては、炉出口粉粒体温度が460℃になることを目標とした旨が記載され、当初明細書等の【表2】には、実施例における「炉出口粉粒体温度（℃）」が、「460℃」、「470℃」、「450℃」、「470℃」であったことが記載されていることからすれば、具体例の温度自体にも開示に幅があるといえること、したがって、具体的に開示された数値に対して30℃ないし50℃高い数値である近接した500℃という温度を上限値として設定することも十分に考えられること、また、訂正後の上限値である「500℃」に臨界的意義が存しないことは当事者間に争いがないのであるから、訂正前の上限値である「840℃」よりも低い「500℃」に訂正することは、それによって、新たな臨界的意義を持たせるものでないことはもちろん、500℃付近に設定することで新たな技術的意義を持たせるものでもないといえるから、「500℃」という上限値は当初明細書等に記載された事項から自明な事項であって、新たな技術的事項を導入するものではないというべきである。

　b　……新たな技術的事項を導入しないものか否かを判断するに際しては、「500℃」という特定の温度が当初明細書等を総合した場合に自明といえるか否かが問題となるのであって、本件各発明においては、もともと「500℃」という特定の温度には何ら技術的意義はないのであるから、「500℃」という特定の温度が当初明細書等に記載された実施例の目標温度や実測値と比較して多少高めの温度であったとしても、臨界的意義はもちろん技術的意義の面でも実質的な差はない当初明細書等の「330℃以上840℃以下」という数値の範囲内である限り、「500℃」の訂正は、特許明細書等の記載事項に新たな技術的事項を導入するものとはいえないというべきであり、この点に関する原告の主張は採用す

226

ることができない。

◆考　察

(1)　本件は、「500℃」という値は当初明細書等に明示的に表現されているものではないが、「500℃」という上限値は当初明細書等に記載された事項から自明な事項であって、新たな技術的事項を導入するものではないとされた事例である。

(2)　数値限定に関する新規事項の追加の審査基準は以下のとおりである。

　　数値限定を追加する補正は、その数値限定が、当初明細書等に記載した事項の範囲内のものである場合は、許される。例えば、発明の詳細な説明中に「望ましくは24〜25℃」との数値限定が明示的に記載されている場合には、その数値限定を請求項に導入することができる。

　　また、24℃と25℃の実施例が記載されている場合は、そのことをもって直ちに「24〜25℃」の数値限定の補正が許されることにならないが、当初明細書等の記載全体からみて24〜25℃の特定の範囲についての言及があったものと認められる場合（例えば、24℃と25℃が、課題・効果等の記載からみて、ある連続的な数値範囲の上限・下限等の境界値として記載されていると認められるとき）もある。このような場合は、実施例のない場合と異なり、数値限定の記載が当初からなされていたものと評価でき、新たな技術的事項を導入するものではないので、補正は許される（明細書の複数箇所の記載から補正に係る数値が導かれるとされた例：東京高裁平成13.12.11〔平成13年（行ケ）第89号特許取消決定取消請求事件「ディープ紫外線リソグラフィー」〕）。

　　また、補正により、例えば、請求項に記載された数値範囲の最小値を変更して新たな数値範囲とした場合、新たな数値範囲の最小値が当初明細書等に記載されており、かつ、補正後の数値範囲が当初明細書等に記載された数値範囲に含まれている場合は、当該補正は許される。

(3)　審査基準では、数値限定を追加する補正は、その数値が、当初明細書等に記載されていれば、許されるが、当初明細書に記載されていなければ、新規事項の追加となり、許されないとしている。この判決では、数値限定が、当初明細書に記載されていなくても、その数値限定が、補正前の数値の範囲内にあり、また、当初明細書等に、複数の数値が記載されていて、具体例の数値自体にも開示に幅があるといえること、数値限定で新たな技術的意義を持

227

たせるものでもないという場合は、新規事項の追加に当たらないと判示するものである。

(4)　このような判決例は他に、平成21年（行ケ）第10175号「『熱損失係数が1.0〜2.5kcal/m^2・h・℃の高断熱・高気密住宅』（補正によって付加された構成）との構成について、本件発明全体における意義を検討すると、形式的には、数値を含む事項によって限定されてはいるものの、……同構成は、補正前と同様に、本件発明の解決課題及び解決機序に関係する技術的事項を含むとはいいがたく、むしろ、本件発明における課題解決の対象を漠然と提示したものと理解するのが合理的である。……そうすると、本件補正は、本件発明の解決課題及び解決手段に寄与する技術的事項には当たらない事項について、その範囲を明らかにするために補足した程度にすぎない場合というべきであるから、結局のところ、明細書、特許請求の範囲又は図面のすべての記載を総合することにより導かれる技術的事項との関係において、新たな技術的事項を導入していない場合とみるべきであり、本件補正は不適法とはいえない。」がある。

(5)　なお、判決は、もともと上限値を「500℃以下」と設定した点については臨界的意義はもちろんのこと何らの技術的意義も存しないのであるから、「500℃」という特定の温度を設定することについては格別の創意工夫を要しないこと等から、上限を「500℃以下」と設定することは、当業者が容易に想到し得ることであると認めるのが相当であるとして、当業者が容易に想到し得たものではないとした審決が取り消されている。

判決例4-13　技術的に不明確な訂正事項が存在する場合の訂正要件の判断

平成26年（行ケ）第10204号「経皮吸収製剤、経皮吸収製剤保持シート、及び経皮吸収製剤保持用具」（知財高裁平成27.3.11）（石井忠雄裁判長）

訂正後の特許請求の範囲の請求項1の記載は、技術的に明確であるとはいえないから、該訂正事項は、特許請求の範囲の減縮を目的とするものとは認められないと判断された事例。

◇**本件訂正発明（下線部は訂正箇所）**

【請求項1】水溶性かつ生体内溶解性の高分子物質からなる基剤と、該基剤

に保持された目的物質とを有し、皮膚に挿入されることにより目的物質を皮膚から吸収させる経皮吸収製剤であって、

　前記高分子物質は、コンドロイチン硫酸ナトリウム、ヒアルロン酸、グリコーゲン、デキストラン、キトサン、……からなる群より選ばれた少なくとも1つの物質（但し、デキストランのみからなる物質は除く）であり、

　尖った先端部を備えた針状又は糸状の形状を有すると共に前記先端部が皮膚に接触した状態で押圧されることにより皮膚に挿入される、経皮吸収製剤（但し、目的物質が医療用針内に設けられたチャンバに封止されるか、あるいは縦孔に収容されることによって基剤に保持されている経皮吸収製剤、及び経皮吸収製剤を収納可能な貫通孔を有する経皮吸収製剤保持用具の貫通孔の中に収納され、該貫通孔に沿って移動可能に保持された状態から押出されることにより皮膚に挿入される経皮吸収製剤を除く）。

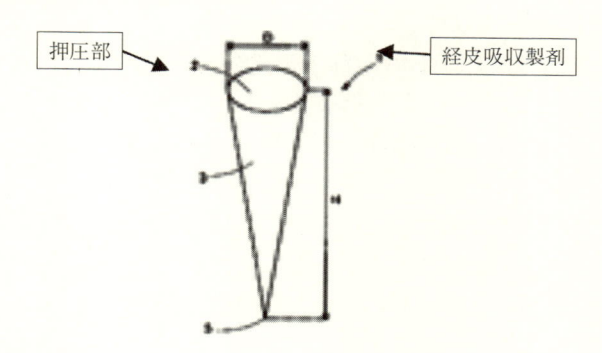

押圧部　　　経皮吸収製剤

◇審決の内容

　・本件訂正について

　該訂正（以下「訂正事項3」という。）は、訂正前の請求項1に記載の「経皮吸収製剤」から「経皮吸収製剤を収納可能な貫通孔を有する経皮吸収製剤保持用具の貫通孔の中に収納され、該貫通孔に沿って移動可能に保持された状態から押出されることにより皮膚に挿入される経皮吸収製剤」を除くものであるから、特許請求の範囲の減縮に該当し、特許法134条の2第1項ただし書1号に掲げる事項を目的とするものである。

◇裁判所の判断

　特許法134条の2第1項ただし書は、特許無効審判における訂正は、特許請求の範囲の減縮（1号）、誤記又は誤訳の訂正（2号）、明瞭でない記載の釈明

（3号）等を目的とする場合に限って許容される旨を定めているところ、訂正が特許請求の範囲の減縮（1号）を目的とするものということができるためには、訂正前後の特許請求の範囲の広狭を論じる前提として、訂正前後の特許請求の範囲の記載がそれぞれ技術的に明確であることが必要であるというべきである。

　これを訂正事項3について見ると、訂正事項3は、訂正前の特許請求の範囲の請求項1に「皮膚に挿入される、経皮吸収剤」とあるのを、「皮膚に挿入される、経皮吸収製剤（但し、……及び経皮吸収製剤を収納可能な貫通孔を有する経皮吸収製剤保持用具の貫通孔の中に収納され、該貫通孔に沿って移動可能に保持された状態から押し出されることにより皮膚に挿入される経皮吸収製剤を除く）」に訂正するものである。

　そうすると、本件発明は、「経皮吸収製剤」という物の発明であるから、本件訂正発明も、「経皮吸収製剤」という物の発明として技術的に明確であることが必要であり、そのためには、訂正事項3によって除かれる「経皮吸収製剤を収納可能な貫通孔を有する経皮吸収製剤保持用具の貫通孔の中に収納され、該貫通孔に沿って移動可能に保持された状態から押し出されることにより皮膚に挿入される経皮吸収製剤」も、「経皮吸収製剤」という物として技術的に明確であること、言い換えれば、「経皮吸収製剤を収納可能な貫通孔を有する経皮吸収製剤保持用具の貫通孔の中に収納され、該貫通孔に沿って移動可能に保持された状態から押し出されることにより皮膚に挿入される」という使用態様が、経皮吸収製剤の形状、構造、組成、物性等により経皮吸収製剤自体を特定するものであることが必要というべきである。

　しかし、「経皮吸収製剤を収納可能な貫通孔を有する経皮吸収製剤保持用具の貫通孔の中に収納され、該貫通孔に沿って移動可能に保持された状態から押し出されることにより皮膚に挿入される」という使用態様によっても、経皮吸収製剤保持用具の構造が変われば、それに応じて経皮吸収製剤の形状や構造も変わり得るものである。また、「経皮吸収製剤を収納可能な貫通孔を有する経皮吸収製剤保持用具の貫通孔の中に収納され、該貫通孔に沿って移動可能に保持された状態から押し出されることにより皮膚に挿入される」という使用態様によるか否かによって、経皮吸収製剤自体の組成や物性が決まるというものでもない。

　したがって、上記の「経皮吸収製剤を収納可能な貫通孔を有する経皮吸収製

剤保持用具の貫通孔の中に収納され、該貫通孔に沿って移動可能に保持された状態から押し出されることにより皮膚に挿入される」という使用態様は、経皮吸収製剤の形状、構造、組成、物性等により経皮吸収製剤自体を特定するものとはいえない。

　以上のとおり、訂正事項3によって除かれる「経皮吸収製剤を収納可能な貫通孔を有する経皮吸収製剤保持用具の貫通孔の中に収納され、該貫通孔に沿って移動可能に保持された状態から押し出されることにより皮膚に挿入される経皮吸収製剤」は、「経皮吸収製剤」という物として技術的に明確であるとはいえない。

　そうすると、訂正事項3による訂正後の特許請求の範囲の請求項1の記載は、技術的に明確であるとはいえないから、訂正事項3は、特許請求の範囲の減縮を目的とするものとは認められない。

◇考　察

(1)　判決は、訂正が特許請求の範囲の減縮（1号）を目的とするものということができるためには、訂正前後の特許請求の範囲の広狭を論じる前提として、訂正前後の特許請求の範囲の記載がそれぞれ技術的に明確であることが必要であると明確に判示した。

(2)　被告は、訂正事項3は、物理的強度が、経皮吸収製剤保持用具を用いることなく皮膚へ挿入するのに十分でない、物理的強度の弱い経皮吸収製剤を除くものであるから、特許請求の範囲を減縮するものであることは明らかであると主張したが、判決は、訂正事項3の「経皮吸収製剤を収納可能な貫通孔を有する経皮吸収製剤保持用具の貫通孔の中に収納され、該貫通孔に沿って移動可能に保持された状態から押出されることにより皮膚に挿入される」は、経皮吸収製剤の物理的強度には何ら言及するものではなく、単に、経皮吸収製剤保持用具を用いて皮膚に挿入されることをいうだけであり、そして、経皮吸収製剤保持用具は、物理的強度が低く、単独では皮膚に挿入できないような経皮吸収製剤のみならず、十分な強度を有し、単独でも皮膚に挿入できる経皮吸収製剤についても用いることができるものであるから、訂正事項3の上記記載をもって、経皮吸収製剤の物理的強度を限定するものであると認めることはできないとして、被告の主張を採用しなかった。

第 5 章

発明の成立性（第29条柱書）

　特許法29条1項柱書には、産業上利用することができる発明をした者は、……その発明について特許を受けることができると規定している。

　29条1項柱書に規定されている「産業上利用することができる発明」の要件は、「発明」であることの要件と「産業上利用することができる発明」であることの要件（いわゆる「産業上の利用性」）とに分けられる。

　「発明」については、特許法2条1項において定義されている。すなわち、発明とは、自然法則を利用した技術的思想の創作のうち高度のものをいう。

　したがって、特許法の保護を受ける発明であるためには、自然法則を利用した技術的思想の創作でなければならない。

1　「発明」に該当しないものの類型

　特許庁の審査基準では、以下の類型のものは、「自然法則を利用した技術的思想の創作」ではないから、「発明」に該当しないとしている。

　(1)　自然法則自体

　「発明」は、自然法則を利用したものでなければならないから、エネルギー保存の法則、万有引力の法則などの自然法則自体は、「発明」に該当しない。

　(2)　単なる発見であって創作でないもの

　「発明」の要件のひとつである創作は、作り出すことであるから、発明者が意識して何らの技術的思想を案出していない天然物（例：鉱石）、自然現象等の単なる発見は「発明」に該当しない。

　しかし、天然物から人為的に単離した化学物質、微生物などは、創作されたものであり、「発明」に該当する。

　(3)　自然法則に反するもの

　発明を特定するための事項の少なくとも一部に、エネルギー保存の法則などの自然法則に反する手段（例：いわゆる「永久機関」）があるときは、請求項に係る発明は「発明」に該当しない。

　(4)　自然法則を利用していないもの

　請求項に係る発明が、自然法則以外の法則（たとえば、経済法則）、人為的な取決め（たとえば、ゲームのルールそれ自体）、数学上の公式、人間の精神活動に当たるとき、あるいはこれらのみを利用しているとき（たとえば、ビジネスを行

う方法それ自体）は、その発明は、自然法則を利用したものとはいえず、「発明」に該当しない。

　発明を特定するための事項に自然法則を利用している部分があっても、請求項に係る発明が全体として自然法則を利用していないと判断されるときは、その発明は、自然法則を利用していないものとなる。

　逆に、発明を特定するための事項に自然法則を利用していない部分があっても、請求項に係る発明が全体として自然法則を利用していると判断されるときは、その発明は、自然法則を利用したものとなる。

(5)　技術的思想でないもの

①技能（個人の熟練によって到達しうるものであって、知識として第三者に伝達できる客観性が欠如しているもの。例：フォークボールの投球方法）

②情報の単なる提示（提示される情報の内容にのみ特徴を有するものであって、情報の提示を主たる目的とするもの。例：機械の操作方法または化学物質の使用方法についてのマニュアル、録音された音楽にのみ特徴を有するCD、デジタルカメラで撮影された画像データ、文書作成装置によって作成した運動会のプログラム、コンピュータプログラムリスト）

③単なる美的創造物（例：絵画、彫刻など）

(6)　発明の課題を解決するための手段は示されているものの、その手段によっては、課題を解決することが明らかに不可能なもの（例：中性子吸収物質を溶融点の比較的高い物質で包み、これを球状とし、その多数を火口底へ投入することによる火山の爆発防止方法）。

　最近の知財高裁の判決では、発明の一部に人為的取決めを含む部分があったとしても、全体としてみると、自然法則を利用しているといえる場合は、特許法にいう発明にあたり、また、請求項に記載された内容を全体として考察した結果、発明の本質が、精神活動それ自体に向けられている場合は特許法上の発明に該当するとはいえないが、人の精神活動による行為が含まれている、または精神活動に関連する場合であっても、発明の本質が、人の精神活動を支援する、またはこれに置き換わる技術的手段を提供するものである場合は「発明」にあたらないとしてこれを特許の対象から排除すべきものではないという判断が多数示されている。

　特に、請求項の一部に、人為的取決めや精神活動に関連する事項すなわち自然法則を利用していない部分が含まれている場合、その請求項に係る発明が全

体として自然法則を利用しているか否かをどのような基準で判断するかは難しいところである。

　最近の知財高裁の判決では、その請求項に係る発明が全体として自然法則を利用しているか否かの判断基準について判示していないが、請求項の一部に、人為的取決めや精神活動に関連する事項が含まれている場合であっても、全体として自然法則を利用していると判断する傾向にある。

2　「産業上利用することができる発明」に該当しないものの類型

　以下に、「産業上利用することができる発明」に該当しないものの類型についても紹介する。

　(1)　人間を手術、治療または診断する方法

　人間を手術、治療または診断する方法は、通常、医師（医師の指示を受けた者を含む。以下同じ）が人間に対して手術、治療または診断を実施する方法であって、いわゆる「医療行為」といわれているものである。

　人間に対する避妊、分娩等の処置方法は、上記「人間を手術、治療又は診断する方法」に含まれる。

　(2)　その発明が業として利用できない発明

　次の①、②は、その発明が業として利用できない発明であって、「産業上利用することができる発明」に該当しない。

　①喫煙方法のように、個人的にのみ利用される発明

　②学術的、実験的にのみ利用される発明

　ただし、「髪にウエイブをかける方法」のように、個人的に利用されうるものであっても、業として利用できる発明であれば、「個人的にのみ利用される発明」にあたらない。また、学校において使用される「理科の実験セット」のように、実験に利用されるものであっても、市販又は営業の可能性があるものは、「学術的、実験的にのみ利用される発明」に該当しない。

　(3)　実際上、明らかに実施できない発明

　理論的にはその発明を実施することは可能であっても、その実施が実際上考えられない発明は、「産業上利用することができる発明」に該当しない。

　例：オゾン層の減少に伴う紫外線の増加を防ぐために、地球表面全体を紫外線吸収プラスチックフィルムで覆う方法。

判決紹介

判決例 5 - 1　　数学的な解法

平成16年（行ケ）第188号「回路のシミュレーション方法」（東京高裁平成16.12.21）（青柳馨裁判長）

本件発明は自然法則を利用した技術的思想の創作でなく特許を受けることができないとした審決を維持した事例。

◇本件発明

(1)　特許請求の範囲

【請求項 1 】　回路の特性を表す非線形連立方程式を、BDF 法を用いて該非線形連立方程式をもとに構成されたホモトピー方程式が描く非線形な解曲線を追跡することにより数値解析する回路のシミュレーション方法において、BDF 法を用いた前記解曲線の追跡における解曲線上の j + 1（ j は整数）番目の数値解を求めるステップは、予測子と修正子とのなす角度 $\phi j + 1$ を算出し、この角度 $\phi j + 1$ が所定値より大きいか否かを判定する判定ステップと、前記判定ステップにおいて、前記角度 $\phi j + 1$ が所定値より大きいと判断された場合には、前記解曲線の追跡の数値解析ステップの j + 1 番目の数値解を求めるステップをより小さな数値解析ステップ幅によって再実行し、j + 1 番目の数値解を新たに求め直すステップと、を含むことを特徴とする回路のシミュレーション方法。

(2)　発明の概要

LSI 等の回路のシミュレーションのための連立方程式を BDF（後退差分公式）法によって解を求める発明である。図のとおり、BDF 法では、追跡する解曲線に沿ってステップ幅を半径とする球面を設定し、各ステップにおいて、直前 2 つのステップの解と現在のステップの球面の交点である予測子の位置を、修正子方程式を用いて同じ球面上の修正子の位置に修正することを繰り返して、解曲線を追跡する。なお、計算の効率上はステップ幅が大きい方が望ましいが、大きすぎると追跡に問題が生じる。

ここで、「j + 1 」番目のステップで予測子と修正子のなす角度 ϕ が所定値よ

りも大きい場合、そのステップのステップ幅すなわち球面の半径を小さくして予測子と修正子を求め直す。図(a)では、「j＋1」番目のステップの球面の半径を小さくして再計算したところであるが、まだφが大きいために、その直前の「j」番目のステップの球面の半径を破線の半径から実線の半径まで小さくして再計算を行い、追跡を続けたのが(b)図である。それによって、追跡が他の解曲線に乗り移ることがない。

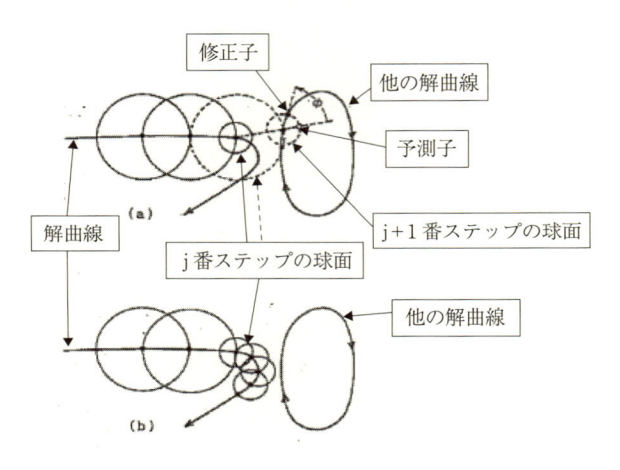

◇審決の内容

（1）　本願発明は、全体として、純粋に数学的な計算手順のみからなり、自然法則を利用した技術思想の創作とは認められないから、特許法2条でいう「発明」に該当せず、特許法29条1項柱書きに規定する要件を満たしていない。

（2）　本願発明のシミュレーション方法の処理対象は、非線形連立方程式で表された「数学モデル」であって、現実の回路そのものを処理対象としていない。

また、本願発明の処理は、非線形連立方程式が現実の回路を表現しているか否かにかかわらず、非線形方程式の数値解析を、疑似解に収束してしまうことを防止して、実行できるものであり、処理（数値解析）手法中に回路固有の自然法則を利用しているものでもない。解曲線が非線形であることは回路固有の物理的性質ではなく、疑似解発生の問題も非線形方程式の問題であり、回路固有の問題ではない。

したがって、本願発明の処理手法は、現実の回路固有の物理的性質に依存するものではなく、非線形連立方程式そのものに対する処理手法であって、純粋

に数学的である。

　そして、本願特許請求の範囲の請求項 1 には「コンピュータで処理」する構成がない。また、仮に「コンピュータで処理」するものとしても、「コンピュータを用いて処理すること」のみである場合には「発明」とはしない。

◇**裁判所の判断**

　(1)　原告は、本願発明の回路シミュレーションの処理対象は、純粋数学モデルではなく、回路を構成する各素子の電気特性を反映した、自然法則であるキルヒホッフの法則から得られるモデルであって、現実の回路から乖離したモデルとして存在するのではないと主張する。しかし、本願発明の処理対象とされる「回路の数学モデル」について、特許請求の範囲には、「回路の特性を表す非線形連立方程式」と記載されるのみであって、回路の特性を物理法則に基づいて非線形連立方程式として定式化するという以上に、当該非線形連立方程式が現実の回路を構成する各素子の電気特性をどのように反映するものであるかは全く示されておらず、しかも、定式化されたモデルは数学上の非線形連立方程式そのものであるから、このような「回路の特性を表す非線形連立方程式」を解析の対象としたことにより、本願発明が、「自然法則を利用した技術的思想の創作」となるものでないことは明らかである。

　(2)　原告が主張するように、非線形な解曲線が、設計された回路の入力電圧に対する出力電圧や出力電流等の関係を示す特性曲線であるとしても、この非線形な解曲線を BDF 法を用いて追跡することは、元の非線形連立方程式の解を求めることにほかならないから、このプロセスは、一般の非線形連立方程式の解法と何ら相違するものではなく、回路の物理的、技術的性質への考察を含むものでない。言い換えれば、本願発明において、現実の回路の物理的特性は非線形連立方程式に反映されるだけであって、その解析には何ら利用されないものであり、一旦非線形連立方程式の形になってしまえば、その解法は数学の領域に移行し、数学的な処理により解析が行われるにすぎないものといえる。

　したがって、上記解曲線を追跡することは、数学的な手法といえるものであって、「自然法則を利用した技術的思想の創作」を含むものということはできない。

◇**考　察**

(1)　本件は、本願発明は「自然法則を利用した技術的思想の創作」である発明

に該当しないとして、いわゆる「発明の成立性」を否定した事例である。

　本願の出願当初の発明の名称が「連立方程式解法」であるように、明細書の内容も BDF 法による連立方程式の解法についての記載がほとんどである。電気回路の設計におけるシミュレーションに用いることや、トンネルダイオード直列回路、定電圧電源用 IC、大規模回路の直流動作点解析に適用したことが実施例として記載はされているが、具体的に回路と方程式をどのように対応づけるかや、回路の構成要素や物理量が方程式の解法に際してどのように関連づけられているか等の説明は何らされていない。そのため、判決も判示するように、特許請求の範囲には、「回路の特性を表す非線形連立方程式」と記載されるのみであり、それ以上に、補正によっても回路の特性や電圧、電流等の物理量との関係を特定することができなかったと考えられる。

(2)　特許庁の審査基準では、計算方法は、自然法則を利用していないものの事例に挙げられており、審決は、本願発明については、発明全体としてみても、計算方法に関するもので自然法則を利用したとはいえないと判断し、判決もそれを支持したものである。なお、特定技術分野の審査基準である「コンピュータ・ソフトウェア関連発明」審査基準においては、「自然法則を利用した技術的思想」であるためには、ソフトウェアによる情報処理がハードウェア資源を用いて具体的に実現されていることを要件としている。また、「対象の物理的性質又は技術的性質（例：エンジン回転数、圧延温度）に基づく情報処理を具体的に行うもの」については、「コンピュータ・ソフトウェア関連発明」に関する判断を要することなく、一般的な基準によって「自然法則を利用した技術的思想」であると記載している。

　以上から、本願発明の場合、当初明細書の段階から、コンピュータのハードウェア資源と協働する処理とするか、電流や電圧等の物理量に基づく処理を行うものとした内容とする必要があったと考えられる。

(3)　最近になって、発明の成立性の判断を行った判決が相次いでなされているが、本件の判決の以前においては、稀であった。その中で、著名なものを以下に挙げる。

　①昭和31年（行ナ）第12号「電柱による公告方法」（東京高裁昭和31.12.25）。審査基準に掲載されている事例であり、広告板の拘止具による掲示に関しては自然法則を利用しているが、循環して掲示する公告については人為的取決め、精神活動であるため、発明でないとした事例である。

②平成9年（行ケ）第206号「ビデオ記録媒体」（東京高裁平成11.5.26）。請求項は「歌うべき曲の伴奏となる音声情報と、該曲の歌詞となる文字情報および映像情報とが記録されたビデオ記録媒体において、前記文字情報のうちの前記音声情報の進行に伴なった歌うべき文字の色を上記文字情報に着色を行う色調変化器によって異ならしめて記録したことを特徴とするビデオ記録媒体」である。審決は、提示される情報の内容にのみ特徴を有する記録媒体であり、技術的思想としての発明ではないとした。判決は、本願発明は、歌うべき歌詞を文字として記録するようにし、その文字のうち現に歌うべき文字を他の文字と区別できるように色を変化させて記録するという構成を採用しており、文字に関する「情報の提示」に技術的特徴を有するとして、発明の成立性を認めた。

③平成14年（ワ）第5502号「資金別貸借対照表」（東京地裁平成15.1.20）。実用新案権に基づく侵害訴訟において、判決は、本件考案は、各資金に属する勘定科目を、貸方と借方に分類することにより、各部ごとの貸方と借方の差額により求めた現金預金を認識できるようにしたことに特徴があり、人間の精神活動そのものを対象とする創作であり、自然法則を利用した創作ということはできないとして、無効理由の存することが明らかであって、本件実用新案権に基づく本訴請求は権利の濫用にあたり、許されないとした。

判決例5-2　発明が人為的な取決めを含んでいる場合の発明の成立性の判断

平成19年（行ケ）第10056号「切り取り線付き薬袋の使用方法」（知財高裁平成19.10.31）（塚原朋一裁判長）

本件補正発明は、人為的な取決めを含む部分もあるが、全体としてみて、自然法則を利用した技術的思想の創作といえるものであり、特許法にいう発明にあたると認められるとして、自然法則を利用した技術的思想の創作にはあたらないとした審決の判断を否定した事例。

◇本件発明

【請求項1】　調剤薬局側において、……縦長の形状に形成されている薬袋であって、……第1の開口部と、……切り取り線部とを備えている薬袋を用意し、

(1)前記薬袋の表面側の前記切り取り線部より上方の上方部分に患者の氏名など
の個人情報を印刷すると共に、(2)前記薬袋の表面側の前記切り取り線部より約
１センチメートル以上下方の下方部分に「薬剤の名称、用法、及び写真などの、
前記患者に処方される薬剤に関する情報」を印刷する工程と、

前記印刷された薬袋の中に、前記患者に処方される薬剤を入れる工程と、

前記薬剤を入れた薬袋を患者側に交付する工程と、

前記交付された薬袋を、患者側において、前記切り取り線部に沿って前記薬
袋の表面側と裏面側の全体を切り取ることにより、前記薬袋の前記患者の個人
情報が印刷されている表面側とそれに対向する裏面側とを含む上方部分を、前
記薬袋の前記薬剤に関する情報が印刷されている表面側とそれに対向する裏面
側とを含む下方部分から分離し、前記第１の開口部が形成されている位置から
「前記薬袋の縦方向の長さの約５分の１から約３分の１までの間の距離」だけ
前記薬袋の底部に近づく位置に、第２の開口部を新たに形成する工程と、
を含むことを特徴とする、切り取り線付き薬袋の使用方法。

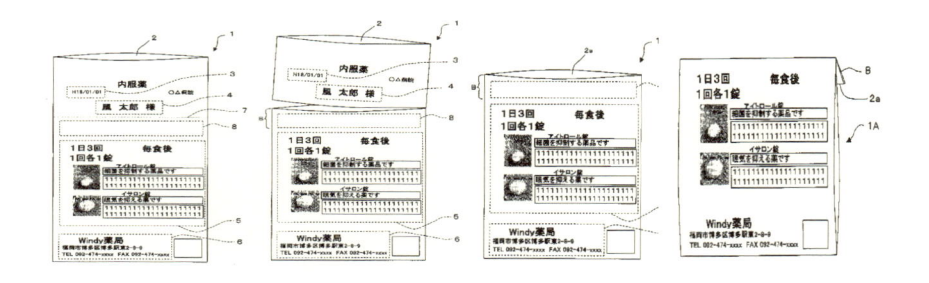

◇審決の内容

本願補正発明は、人為的取り決めである個々の使用方法をその工程として時
系列的に組み合わせたものに過ぎず、発明全体としても自然法則を利用した技
術的思想の創作であるとは認められないので、特許法第29条第１項柱書に規定
する「発明」に該当しない。

◇裁判所の判断

技術的思想の創作には、自然法則を利用しながらも、自然法則を利用してい
ない原理、法則、取り決め等を一部に含むものもあり、それが発明といえるか
は、その構成や構成から導かれる効果等の技術的意義を検討して、問題となっ
ている技術的思想の創作が、全体としてみて、自然法則を利用しているといえ

るものであるかによって決するのが相当である。

　薬袋の切り取り線部に沿って切り取りを行って第２の開口部を新たに形成する主体について、これを「患者側」とすることは、人為的な取り決めである。

　しかし、本願補正発明の「使用方法」に係る技術的思想の創作は、「第２の開口部を新たに形成する工程」の主体を誰と決めることについての技術的思想の創作のみではなく、使用される薬袋の形状やそれが切り取り線部を備えることを特定し、印刷工程における印刷内容、印刷場所を特定することにより、切り取り線部に沿って切り取りを行って開口部を形成するという工程を経ると、一定の効果を奏するというものである。

　本願補正発明は、その構成や構成から導かれる効果等の技術的意義に照らせば、物理的に特定の形状、内容の物について、印刷機等の機器により特定の物理的な操作がされる工程を含むことによって、第２の開口部を形成する工程を経たとき、薬袋を捨てたときに個人情報の悪用を防止できるなどの効果を奏するのであり、切り取り線部の目的は同線部に沿って切り取りを行うことを容易にすることであるので、切り取り線部に沿った切り取り等を行い第２の開口部を形成する工程は、特定の形状、内容の物を利用したことに伴う工程を規定したものとみることができることから、上記の本願補正発明の効果は、結局、印刷機等の機器による特定の物理的な操作がされる工程によって実現しているということができるものであり、これは自然法則を利用することによってもたらされるものであるから、本願補正発明は、全体としてみると、自然法則を利用しているといえるものである。

　そうすると、本願補正発明は、人為的な取り決めを含む部分もあるが、全体としてみて、自然法則を利用した技術的思想の創作といえるものであり、特許法にいう発明に当たると認められる。

◇考　察

(1)　本件は、発明の一部に人為的取決めを含む部分があったとしても、全体としてみると、自然法則を利用しているといえる場合は、特許法にいう発明にあたると判断した事例である。

(2)　全体としてみると自然法則を利用しているといえる場合とはどのような場合かその基準が必ずしもはっきりとしていないが、本事例は、少なくとも、発明の一部に、自然法則を利用していない発明特定事項があったとしても、

特許法にいう発明にあたる場合があることを明確にしている。

判決例5-3　発明が精神活動を含んでいる場合の発明の成立性の判断

平成19年（行ケ）第10369号「双方向歯科治療ネットワーク」（知財高裁平成20.6.24）（塚原朋一裁判長）

本件発明1は、人による行為、精神活動が含まれているが、全体としてみると、「データベース1630を備えるネットワークサーバ1610」、「通信ネットワーク1620」、「歯科治療室に設置されたコンピュータ1640」および「画像表示と処理ができる装置」とを備え、コンピュータに基づいて機能する、歯科治療を支援するための技術的手段を提供するものと理解することができるとして、自然法則を利用した技術的思想の創作とすることはできないとした審決を取り消した事例。

◇本件発明

【請求項1】　歯科補綴材の材料、処理方法、およびプレパラートに関する情報を蓄積するデータベースを備えるネットワークサーバと；

前記ネットワークサーバへのアクセスを提供する通信ネットワークと；

データベースに蓄積された情報にアクセスし、この情報を人間が読める形式で表示するための1台または複数台のコンピュータであって少なくとも歯科診療室に設置されたコンピュータと；

要求される歯科修復を判定する手段と；

前記歯科修復の歯科補綴材のプレパラートのデザイン規準を含む初期治療計画を策定する手段とからなり、

前記通信ネットワークは初期治療計画を歯科技工室に伝送し；また

前記通信ネットワークは必要に応じて初期治療計画に対する修正を含む最終治療計画を歯科治療室に伝送してなる、コンピュータに基づいた歯科治療システム。

◇審決の内容

請求項1には、「要求される歯科修復を判定する手段」と「前記歯科修復の歯科補綴材のプレパラートのデザイン規準を含む初期治療計画を策定する手段」とが発明特定事項として記載されている。……「判定する手段」、「策定す

る手段」に関して、……歯科医師が主体の精神活動に基づく判定、策定することを、上記「手段」と表現したものであるから、請求項 1 に係る発明全体をみても、自然法則を利用した技術的創作とすることはできない。

◇**裁判所の判断**

　請求項に何らかの技術的手段が提示されているとしても、請求項に記載された内容を全体として考察した結果、発明の本質が、精神活動それ自体に向けられている場合は特許法上の発明に該当するとはいえない。他方、人の精神活動による行為が含まれている、又は精神活動に関連する場合であっても、発明の本質が、人の精神活動を支援する、又はこれに置き換わる技術的手段を提供するものである場合は「発明」に当たらないとしてこれを特許の対象から排除すべきものではないということができる。

　本件発明 1 について検討するに、……「判定する手段」、「策定する手段」には、人による行為、精神活動が含まれると解することができる。さらに、そもそも、最終的に、「要求される歯科修復を判定」し、「治療計画を策定」するのは人であるから、本願発明 1 は、少なくとも人の精神活動に関連するものであるということができる。

　しかし、……明細書に記載された発明の目的や発明の詳細な説明に照らすと、本願発明 1 は、精神活動それ自体に向けられたものとはいい難く、全体としてみると、むしろ、「データベース1630を備えるネットワークサーバ1610」、「通信ネットワーク1620」、「歯科治療室に設置されたコンピュータ1640」及び「画像表示と処理ができる装置」とを備え、コンピュータに基づいて機能する、歯科治療を支援するための技術的手段を提供するものと理解することができる。

　したがって、本願発明 1 は、「自然法則を利用した技術的思想の創作」に当たるものと理解することができる。

◇**考　察**

　本件は、本件発明に、人による行為、精神活動が含まれていても、全体としてみると、コンピュータに基づいて機能する、歯科治療を支援するための技術的手段を提供するものと理解することができるから、「自然法則を利用した技術的思想の創作」にあたると判断した事例である。

　知財高裁においては、このような判決が続いており、この考え方は、知財高裁では確立していると考えられる。

判決例5−4　発明未完成と立証責任、および明細書記載の真実性

平成15年（行ケ）第166号「ニトロイミダゾール系化合物を含むアトピー性皮膚炎治療用の外用剤」（東京高裁平成17.1.18）（塚原朋一裁判長）

(1)　「拒絶査定不服審判の不成立審決に対する取消訴訟においてはもとより、特許の設定登録後の特許無効審判の無効審決又は無効不成立審決に対する取消訴訟においても、目的とする技術効果を挙げることができるものであること（特許法29条1項柱書きの発明性）については、特許権者（出願人）において、立証責任を負うものと解するのが相当であり、このことは、上記各審判手続においても同様であると解される」

(2)　「特許法29条1項柱書きの発明に当たることについては、特許査定がされた後においても、特許無効審判及びその審決に対する取消訴訟において争いとなった場合に、改めて吟味されることが予定されているものというべきであり、特許査定がされたからといって、当該特許に係る発明が目的とする技術効果を挙げることができないとの消極的事実の立証責任を特許の無効を主張する者に対して負担させる趣旨であるとは解されない」

と判示され、特許権設定登録後も発明未完成との無効理由が成立しうること、および、特許権者が発明未完成でなかったとする立証責任を負う場合があることを判示した事例。

◇事件の経緯

　①原出願：平成11年7月21日（特願平11-206508号）

　②無効審判請求：平成14年6月19日（無効2002-35252号）

　③審決：平成15年3月18日（請求不成立。未完成発明とできない）

　④判決：平成17年1月18日（審決取消。発明未完成と判断）

◇本件発明

　(1)　特許請求の範囲

　【請求項1】　次式（I）

　【化1】

$$\text{(I)}$$

……で示されるニトロイミダゾール系化合物又はその薬理学的に許容される塩を有効成分とする、アトピー性皮膚炎治療用外用剤。

(2)　発明の詳細な説明

「臨床実験例」として、「塗布開始後3〜7日で皮膚炎症状の改善が見られ、3〜4週間後には正常皮膚と変わりない状態になった。患者Bについては長期間ステロイド剤を使用していたためその副作用で皮膚がケロイド状になっているが、アトピー性皮膚炎は完治している」。

◇**審決の内容**

(1)　本件明細書に「臨床試験例」として記載のとおり実施可能なことが示されているから、産業上利用できる発明ではないとすることはできない。

(2)　甲5で採用されている……実験方法で効果を奏しなかったことのみをもって、本件発明がアトピー性皮膚炎の治療に利用できない未完成の発明であるとまですることはできない。

◇**裁判所の判断**

(1)　「発明」とは、自然法則を利用した技術的思想の創作のうち高度のものをいう（特許法2条1項）と規定され、「発明」は、技術的思想でなければならないとされているが、その技術内容は、目的とする技術効果を挙げることができるものであることが必要であって、そのような技術効果を挙げることができないものは、発明として未完成であり、特許法29条1項柱書きにいう「発明」に当たらず、特許を受けることができないものというべきである（最高裁昭和52年10月13日第一小法廷判決）。

目的とする技術効果を挙げることができるものであることは、そもそも「発明」といい得るための基本的かつ不可欠な要件であって、特許法29条1項柱書きは、当該発明についての特許権を根拠付ける規定であるというべきである。

よって、拒絶査定不服審判の不成立審決に対する取消訴訟においてはもとより、特許の設定登録後の特許無効審判の無効審決又は無効不成立審決に対する取消訴訟においても、目的とする技術効果を挙げることができるものであるこ

と（特許法29条1項柱書きの発明性）については、特許権者（出願人）において、立証責任を負うものと解するのが相当であり、このことは、上記各審判手続においても同様であると解される。

(2)　特許制度としては、特許法29条1項柱書きの発明に当たることについては、特許査定がされた後においても、特許無効審判及びその審決に対する取消訴訟において争いとなった場合に、改めて吟味されることが予定されているものというべきであり、特許査定がされたからといって、当該特許に係る発明が目的とする技術効果を挙げることができないとの消極的事実の立証責任を特許の無効を主張する者に対して負担させる趣旨であるとは解されない。

実質的にみても、特許権者（出願人）は、発明が目的とする技術効果を挙げることができることを明細書に記載したのであるから、その根拠となる実験ないし試験の原資料（データ）を自ら有するはずのものであり、通常はその原資料（データ）によって立証することができるのであるから、特許権者に対して不合理又は過重な立証責任を負担させることにはならない。

無効審判請求が特許査定により付与された特許権を剥奪する処分としての無効審決を求める性質を有することを考慮するとしても、上記立証責任の分配を別に考えるべき理由はないというべきである。

(3)　特許権者としては、特許査定後も上記原資料（データ）を保管し、争われた場合の立証に備えるのが適切な措置であり、これらを廃棄した場合には、原資料（データ）以外の手段によって、証明することも不可能ではないが、相当困難な立証になることも予想される。しかし、いずれにしても、証明ができなかったことの不利益は、特許権者が負うべきものである。

(4)　原告が本件において、本件臨床試験の原資料（データ）が廃棄されて存在しないことを主張して、本件特許の無効を主張することが許されないものとすべき事情は、見当たらない。結局、被告は、最も有力な証拠を自ら廃棄したものであって、これにより立証が困難となる不利益は、被告が負うべきであることはいうまでもない。

(5)　本件明細書（甲2）においては、本件臨床試験結果が記載されてはいるものの、〔1〕本件臨床試験が実際にされたこと、〔2〕本件臨床試験に使用された薬剤が、真実上記（1-3)(c)に記載された外用軟膏剤及び外用クリーム剤であったこと、並びに〔3〕本件臨床試験の結果が本件明細書に正確に記載されていることを認めるに足りる証拠はないというほかなく、また、本件臨床試

験以外のものについて被告が主張する諸点を検討しても、本件薬剤に治療効果があることを認めるに足りる証拠はない。

　そうすると、本件発明の技術内容（技術手段）によってその目的とする技術効果を挙げることができるものであることを推認することはできないのであるから、本件発明とされるものは、発明として未完成であり、特許法29条1項柱書きにいう「発明」に当たらず、特許を受けることができないものというべきである。

◇考　察

(1)　明細書の記載からは直ちには発明未完成とも明細書の記載不備ともいい難い特許に対して、発明未完成が争われた事例である。

(2)　特許権設定登録後においても未完成発明という無効理由がありうるとの判断がなされた。

(3)　無効審判において、無効理由として未完成発明であることが主張された場合、未完成発明でないことの立証責任を特許権者側が負い、立証責任の転換がなされる場合があるとの判断がなされている。

(4)　特許権設定登録後であっても、実施例のデータ等、発明の完成、実施可能要件、サポート要件等の裏づけとなった原実験データを保存しておくことが必要な場合があるといえる。

◇考察未完成発明の概要

　「未完成発明」、「発明未完成」との用語は特許法にはない。しかし、長年、特許庁は発明として完成されていないと認められる発明を、「未完成発明」とし、「産業上利用することができる発明」には該当しないと認定し、通常の運用の一環として、当時の「特許・実用新案審査基準」（昭和47年版）にしたがい、実務上、特許法29条柱書違反を理由に出願を拒絶査定してきた。その根源はノーベル化学賞受賞者イレーヌ・ジョリオ・キュリー発明による「原子力エネルギー発生装置事件」（最高裁昭和39年（行ツ）第92号）にあるといえる。同判決では「発明の技術的内容がその技術分野における通常の知識経験をもつ者にとつて反覆実施できる程度にまで具体化、客観化されて記述されていないものは、技術的に未完成で、旧特許法（大正10年法律第96号）1条にいう工業的発明にあたらない」と判示されている。同判決は、危険抑止および安全面からの完成性

についても言及しており、核に敏感であった当時の世相を反映したとの見方もできる。

　ところが、東京高裁昭和48年（行ケ）第91号判決で、特許法に明文の規定がないとして、未完成発明を理由とする原査定を維持した特許庁の審決が違法とされた。

　この判決は当時の特許庁の実務を混乱させることになったが、本事件は上告され、その結果、最高裁で先の高裁判決は破棄されて、未完成発明を理由として拒絶する特許庁の運用が是認された（昭和49年（行ツ）第107号）。これにより、未完成発明に対する特許庁の従前の運用は、最高裁判決までの空白後再度復活、継続されることとなった。

　その後、平成5年の特許法の改正に伴い、改正された「特許・実用新案審査基準」（平成5年6月改正版）では、「未完成発明」の用語は削除され、未完成発明に対する取扱いは主として現行特許法36条4項1号に委ねられることになり、これ以後、実務上、未完成発明との用語はほとんど用いられなくなった、にみえる。

　しかし、未完成発明については、それが出願に係る発明である場合のみならず、先願（平成10年（行ケ）第401号「即席冷麺類用穀粉」事件等）、優先権（昭和43年（行ケ）第132号「酢酸ビニルの製法」事件等）、分割出願（昭和49年（行ツ）第2号「熱可塑性線状高分子ポリカルボネートの製法」事件等）、引用発明（平成7年（行ケ）第280号「体液中の唾液アルファアミラーゼを除く膵液アルファアミラーゼを特異的に定量する方法および試薬」事件等）、明細書記載の真実性・無効審判（上記平成15年（行ケ）第166号「ニトロイミダゾール系化合物を含むアトピー性皮膚炎治療用の外用剤」事件等）、および、化学分野以外・実用新案（平成2年（行ケ）第54号「折りたたみ式携帯用電子レンジ」事件等）等、種々のケースにおいて、現在でも実務上重要な判断要素とされている。

判決例5-5　人の手順を要素として含む場合の発明の成立性の判断
平成29年（行ケ）第10232号「ステーキの提供システム」（知財高裁平成30.10.17）（森義之裁判長）
本件発明は、特定の物品又は機器を、課題を解決するための技術的手段とするものであり、全体として「自然法則を利用した技術的思想の創作」に該当する

ということができる、として、本件発明は、その本質が、経済活動それ自体に向けられたものであり、全体として「自然法則を利用した技術的思想の創作」に該当しない、とした異議決定を取り消した事例。

◇本件発明

（1）　特許請求の範囲

【請求項1】

A　お客様を立食形式のテーブルに案内するステップと、お客様からステーキの量を伺うステップと、伺ったステーキの量を肉のブロックからカットするステップと、カットした肉を焼くステップと、焼いた肉をお客様のテーブルまで運ぶステップとを含むステーキの提供方法を実施するステーキの提供システムであって、

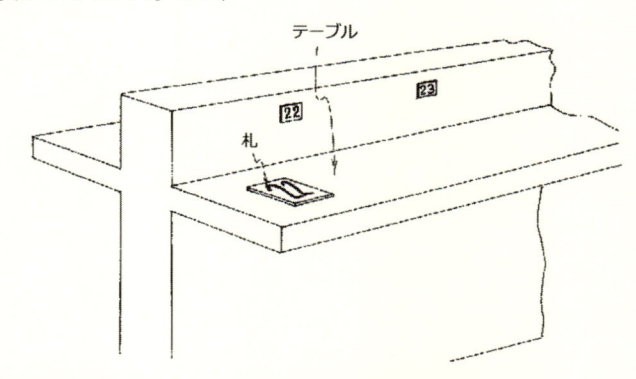

B　上記お客様を案内したテーブル番号が記載された札と、

C　上記お客様の要望に応じてカットした肉を計量する計量機と、

D　上記お客様の要望に応じてカットした肉を他のお客様のものと区別する印しとを備え、

E　上記計量機が計量した肉の量と上記札に記載されたテーブル番号を記載したシールを出力することと、

F　上記印しが上記計量機が出力した肉の量とテーブル番号が記載されたシールであることを特徴とする、

251

G　ステーキの提供システム。

(2)　本件発明の解決課題

お客様に、好みの量のステーキを、安価に提供すること。

(3)　課題を解決するための技術的手段の構成（裁判所が整理した構成）

①「お客様を立食形式のテーブルに案内するステップと、お客様からステーキの量を伺うステップと、伺ったステーキの量を肉のブロックからカットするステップと、カットした肉を焼くステップと、焼いた肉をお客様のテーブルまで運ぶステップとを含むステーキの提供方法（<u>本件ステーキ提供方法</u>）を実施する」ものであって（構成要件 A）、

②「上記お客様を案内したテーブル番号が記載された札」（構成要件 B）と、

③「上記お客様の要望に応じてカットした肉を計量」し、「計量した肉の量と上記札に記載されたテーブル番号を記載したシールを出力する」「計量機」（構成要件 C、E）と、

④「上記お客様の要望に応じてカットした肉を他のお客様のものと区別する印し」である、「上記計量機が出力した肉の量とテーブル番号が記載されたシール」（構成要件 D、F）と（<u>本件計量機等</u>）を備える、

⑤「ステーキの提供システム」（構成要件 A、G）

という構成。

(4)　構成から導かれる効果（裁判所が整理した効果）

<u>本件ステーキ提供方法</u>の実施に係る構成（前記①）により、お客様が好みの量のステーキを食べることができるとともに、少ない面積で客席を増やし、客席回転率を高めることができることから、ステーキを安価に提供することができる。

また、<u>本件計量機等</u>に係る構成（前記②〜④）により、お客様の要望に応じてカットした肉が他のお客様の肉と混同することを防止することができる。

◇異議決定の内容

本件発明の課題及びこの効果を踏まえ、本件発明の全体を考察すると、本件発明の技術的意義は、お客様を立食形式のテーブルに案内し、お客様が要望する量のステーキを提供するというステーキの提供方法を採用することにより、お客様に、好みの量のステーキを、安価に提供するという飲食店における店舗運営方法、つまり経済活動それ自体に向けられたものということができる。

本件発明において、「札」、「計量機」、「印し」及び「シール」は、それぞれ

の物が持っている本来の機能の一つの利用態様が示されているのみであって、これらの物を単に道具として用いることが特定されるにすぎないから、本件発明の技術的意義は、「札」、「計量機」、「印し」及び「シール」という物自体に向けられたものということは相当でない。

　本件発明における「ステーキの提供システム」は、本件発明の技術的意義が、前記のとおり、経済活動それ自体に向けられたものであることに鑑みれば、社会的な「仕組み」（社会システム）を特定しているものにすぎない。

　以上検討した本件発明の技術的意義に照らすと、本件発明は、その本質が、経済活動それ自体に向けられたものであり、全体として「自然法則を利用した技術的思想の創作」に該当しない。したがって、本件発明は、特許法 2 条 1 項に規定する「発明」に該当しない。

◇裁判所の判断

(1)　本件発明の技術的意義

ア　本件ステーキ提供方法は、ステーキ店において注文を受けて配膳をするまでに人が実施する手順を特定したものであると認められる。よって、本件ステーキ提供方法の実施に係る構成（前記①）は、「ステーキの提供システム」として実質的な技術的手段を提供するものであるということはできない。

イ　一方、本件計量機等は、「札」、「計量機」及び「シール（印し）」といった特定の物品又は機器（装置）であり、……「札」にテーブル番号を記載して、テーブル番号の情報を結合することには、他のお客様の肉との混同を防止するという効果との関係で技術的意義が認められる。また、……「計量機」がテーブル番号と肉の量とを組み合わせて出力することには、他のお客様の肉との混同を防止するという効果との関係で技術的意義が認められる。さらに、……シールを他のお客様の肉との混同防止のための印しとすることには、他のお客様の肉との混同を防止するという効果との関係で技術的意義が認められる。

　　　このように、「札」、「計量機」及び「シール（印し）」は、本件明細書の記載及び当業者の技術常識を考慮すると、いずれも、他のお客様の肉との混同を防止するという効果との関係で技術的意義を有すると認められる。

ウ　他方、他のお客様の肉との混同を防止するという効果は、お客様に好みの量のステーキを提供することを目的（課題）として、本件ステーキ提供

方法を実施する構成（前記ア）を採用したことから、カットした肉とその肉の量を要望したお客様とを1対1に対応付ける必要が生じたことによって不可避的に生じる要請を満たしたものであり、このことは、外食産業の当業者にとって、本件明細書に明示的に記載されていなくても自明なものということができる。

エ　このように、他のお客様の肉との混同を防止するという効果は、本件発明の課題解決に直接寄与するものであると認められる。

オ　以上によると、本件発明は、ステーキ店において注文を受けて配膳をするまでの人の手順（本件ステーキ提供方法）を要素として含むものの、これにとどまるものではなく、札、計量機及びシール（印し）という特定の物品又は機器（装置）からなる本件計量機等に係る構成を採用し、他のお客様の肉との混同が生じることを防止することにより、本件ステーキ提供方法を実施する際に不可避的に生じる要請を満たして、「お客様に好みの量のステーキを安価に提供する」という本件発明の課題を解決するものであると理解することができる。

(2)　本件発明の発明該当性

本件発明は、札、計量機及びシール（印し）という特定の物品又は機器（本件計量機等）を、他のお客様の肉との混同を防止して本件発明の課題を解決するための技術的手段とするものであり、全体として「自然法則を利用した技術的思想の創作」に該当するということができる。したがって、本件発明は、特許法2条1項所定の「発明」に該当するということができる。

◇考　察

全体として「自然法則を利用した技術的思想の創作」に該当するか否かで発明に該当するか否かを判断している点では、異議決定と判決との間に相違はない。そのような判断手法自体は、他の裁判例にも共通し、審査基準にも明記されているところである。

異議決定の判断と判決の判断が食い違った原因は、特許請求の範囲に記載された構成のうちの、判決がいう「本件ステーキ提供方法」の部分と「本件計量機等」の部分の評価の相違にあるように思われる。

本件は、各種メディアで話題になった事件であり、本件発明の発明該当性を認めた判決に違和感を覚える向きもあったようであるが、その違和感には、進

歩性に対する疑問も影響している可能性を否定できないように思われる。

　進歩性についての印象を切り離し、判決のように整理して考えると、判決の判断に納得感があるように思われる。

　特許性の有無を判断するに当たっては、発明の該当性を必要以上に厳しく見るべきではなく、新規性・進歩性の有無を中心に判断すべきである、という裁判所の姿勢の表れともいえるかもしれない。

第6章

分割出願（第44条）

概　説

1　制度の趣旨と現況

(1)　出願の分割、すなわち分割出願の制度を設けた趣旨は、特許出願が発明の単一性の要件を満たさない発明を含む場合、または、出願当初は特許請求の範囲に記載されていないが、明細書または図面に記載されている発明を含む場合、これらの発明も出願によって公開されるので、公開の代償として一定期間独占権を付与するという特許制度の趣旨からすれば、これらの発明に対してもできるだけ保護の途を開くべきであるということである。

その規定の内容は、二以上の発明を包含する特許出願（「原出願」）の一部を新たな特許出願（「分割出願」）として出願することができる機会を出願人に与え、この分割出願が適法なものであれば、分割出願に原出願の時に出願されたとする効果を認めようとするものである。

(2)　このように、分割出願を利用すると、原出願の出願当初の明細書に記載されている範囲であれば、新たな特許請求の範囲を記載した新たな特許出願を、原出願の出願日のものとして出願することができる。

そして、変更出願や国内優先権出願のように原出願が取下げとされることがなく、原出願も新たな分割出願も、ともに権利化を図ることができる。

また、優先権出願のように原出願から1年以内にしなければならないという制限がなく、また分割出願をさらに分割するというように分割を重ねることも可能であることから、原出願の出願日から長期間の後でも原出願日への遡及効のある分割出願が可能である。

(3)　特に、最近は審査において発明の単一性について厳しい運用がなされ、発明の単一性を満たさないとする認定が非常に多く、さらに、平成18年の特許法改正によって、このような発明の単一性の考え方を、拒絶理由通知に対する補正の前と後の請求項においても満たされなければならないという、シフト補正禁止の制度が導入されたことにより、分割出願の必要性はますます高まる傾向にある。

2　出願の分割の形式的要件

分割出願が適法と認められるための形式的要件は、次のとおりである。

(1)　出願の分割をすることができる者

　原出願の出願人と分割出願の出願人は出願の分割時において一致していなければならない。

　(2)　時期的要件

　分割出願をすることができるのは、以下の①から③までのいずれかの時期である。

　　①明細書、特許請求の範囲または図面について、補正をすることができる時期
　　②特許査定の謄本の送達があった日から30日以内
　　③最初の拒絶査定の謄本送達日から3月以内

3　出願の分割の実体的要件

　特許庁の審査基準によると、分割出願が適法と認められるための実体的要件は、次のとおりであり、そのすべてを満たす必要がある。

　(1)　出願の分割が補正をすることができる時期になされた場合

　　①原出願の分割直前の明細書等に記載された発明の全部が分割出願の請求項に係る発明とされたものでないこと
　　②分割出願の明細書等に記載された事項が、原出願の出願当初の明細書等に記載された事項の範囲内であること

　(2)　出願の分割が、特許査定の謄本の送達後30日以内、または拒絶査定の謄本の送達後3月以内であって補正をすることができる時期を除く期間内になされた場合

　　①原出願の分割直前の明細書、特許請求の範囲または図面に記載された発明の全部を分割出願に係る発明としたものでないこと
　　②分割出願の明細書、特許請求の範囲または図面に記載された事項が、原出願の出願当初の明細書、特許請求の範囲または図面に記載された事項の範囲内であること
　　③分割出願の明細書等に記載された事項が、原出願の分割直前の明細書等に記載された事項の範囲内であること

4　分割出願に関して多くみられる争点

　(1)　前記の実体的要件のうちで、通常、①の要件は満たされている。

　そのため、実際に問題となるのは、②および③の要件である。ただし、③の要件は、平成18年の特許法改正によって分割可能な時期が拡大されたことに伴う要件であり、問題となった事例は未だ見当たらない。

　これら②③の判断は、審査基準によると、明細書等の補正に際しての新規事

項か否かの判断と同様に行うとされている。すなわち、分割出願の明細書、特許請求の範囲または図面に記載された事項が、原出願の出願当初の明細書、特許請求の範囲または図面に記載された事項に対して新規事項を追加したと判断されると、分割の実体的要件を満たさず、不適法な分割とされる。

　(2)　しかし、分割出願が実体的要件を満たしておらず分割が不適法だとしても、そのこと自体は拒絶理由でも無効理由でもない。

　分割の実体的要件に違反することに起因して、特許が無効とされる、あるいは出願が拒絶される典型的なケースは、分割要件違反のために分割出願の出願日が原出願の出願日に遡及せず、実際に分割出願した日を出願日と認定され、その認定された出願日より前に原出願の公開公報が発行されていると、それに基づいて新規性欠如あるいは進歩性欠如とされることである。

判決紹介

判決例6-1　分割要件1
平成17年（行ケ）第10796号「機械室レスエレベータ装置」（知財高裁平成18.11.30）（三村量一裁判長）
駆動方式を限定しないエレベータ装置に係る発明は原明細書に包含されているとはいえないとして、分割要件を認めていた審決を取り消した事例。

◇本件発明（分割出願の発明）

　【請求項1】　昇降路内を昇降するかごおよび釣合おもりと、……巻掛手段は、平面図において、前記かごと離れて配置され、当該巻掛手段の回転面を前記昇降路壁に対して傾斜させて配置したことを特徴とする機械室レスエレベータ装置。

◇原明細書（原出願の出願当初明細書）

　(1)　特許請求の範囲

　【請求項1】　かごと、釣合おもりと、昇降路に設置され、……を備えたリニアモータ駆動方式エレベータ装置において、吊り車を釣合おもり用レールの中心線に対して90度未満の角度をもって設置したことを特徴とするリニアモータ

駆動方式エレベータ装置。

　【請求項2】～【請求項10】　末尾の記載は「リニアモータ駆動方式エレベータ装置」。

(2)　明細書の記載

①発明の名称、発明の属する技術分野等では、全て「リニアモータ駆動方式エレベータ装置」の用語とされている。

②【発明の効果】　この発明によれば吊り車を釣合おもり用レールの中心線に対して90度未満の角度をもって設置することにより、かごと釣合おもりを近接して設置することができるので昇降路の寸法を低減できる。

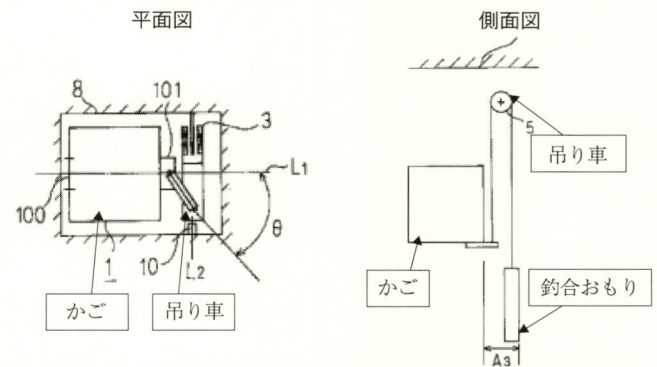

平面図　　　　　　　　　　側面図

注：下図の従来例に対して、吊り車を平面図において傾斜して設置
　　したので、吊り車で吊られて上下する釣合おもりとかごとの距
　　離A₃（従来例ではA₂）を短くできることが発明の特徴である。

従来例

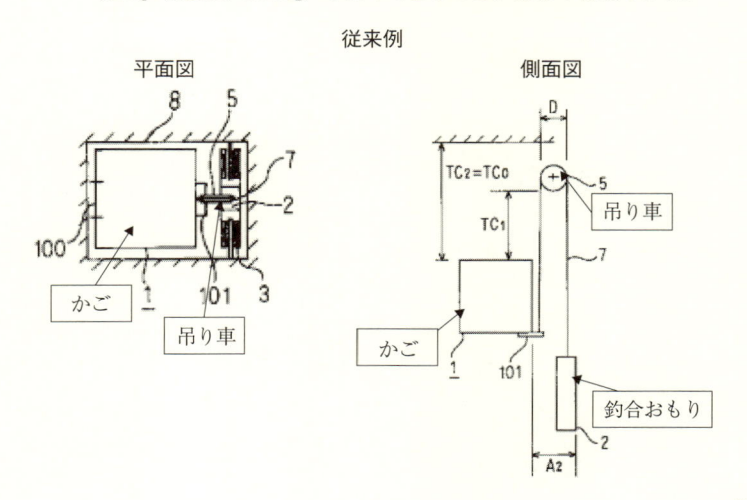

平面図　　　　　　　　　　側面図

261

(1) 原明細書に発明の効果として記載された「吊り車を釣合おもり用レールの中心線に対して90度未満の角度をもって設置することにより、かごと釣合おもりを近接して設置することができるので昇降路の寸法を低減することができる」という本件技術思想は、吊り車の釣合おもり用レールに対する配置により達成されるものであり、特定のエレベータの駆動方式を前提にするものといえず、リニアモータ駆動方式以外のエレベータ装置には適用し得ないものであるとする根拠を見いだすことはできない。そうすると、原明細書には、駆動方式に関わりなく本件技術思想を適用することにより成立する発明が包含されていると解される。

(2) 本件発明は、原明細書に包含されるものであって、本件出願は、適法な分割出願として、原出願の出願日に出願したものとみなされる。したがって、無効審判請求人が主張する、本件発明に係る出願は出願日が遡及せず、本件発明は原出願の公開公報（原明細書と同内容）に記載された発明と同一であって、特許法29条1項3号の規定に違反して特許されたものという無効理由は成立しない。

◇裁判所の判断

(1) 本件発明は駆動装置を具体的に特定するものではなく、技術的範囲に駆動装置がリニアモータ以外のエレベータも含まれる。しかし、原明細書には、「リニアモータ駆動方式エレベータ装置」についての記載があるのみで、これ以外の駆動方式の機械室レスエレベータ装置についての記載は一切存在しない。原明細書に本件発明が包含されるかどうかは、原明細書の記載に基づいて定められるべきものである。仮に、吊り車を傾斜させて昇降路の寸法を低減できるという効果を奏することがエレベータの駆動方式と関係しないとしても、そのことと原明細書に本件発明が開示されているか否かとは別問題であるから、そのことから原明細書に本件発明の開示があるということはできない。

原明細書には、吊り車を傾斜させることにより他の駆動方式によるエレベータにおいても昇降路の寸法を低減できるという効果を奏することができることを示す記載や、「リニアモータ駆動方式エレベータ装置」が「機械室レスエレベータ装置」の例示にすぎないことを示す記載は存在しない。また、原明細書の記載によれば、原明細書記載の発明は、「リニアモータ駆動方式エレベータ装置」につき吊り車の構成の工夫により昇降路の寸法を低減する改良を加えた

ものであって、その対象となるエレベータを駆動方式として「リニアモータ駆動方式」を用いるものに限定した発明というべきである。

(2)　駆動方式を限定しない「機械室レスエレベータ装置」に係る本件発明が原明細書に包含されているということはできないから、本件出願は分割出願の要件を満たさないものである。そうすると、本件出願の出願日は、本件出願が実際に出願された日である平成12年３月23日であり、平成６年に頒布された刊行物である原出願の公開公報は本件出願前に頒布された刊行物に該当するから、審決が本件発明を当該刊行物に記載された発明と対比しなかったことは誤りである。

◇考　察

(1)　本件の原明細書は、発明の名称、産業上の利用分野、発明の課題、全請求項の記載において、「リニアモータ駆動方式のエレベータ装置」とされていた。分割出願においては、このリニアモータ駆動方式との限定を外した請求項としたことから、リニアモータ駆動方式ではないエレベータ装置も含まれることになり、原明細書の発明を上位化したものといえる。このような上位化は、新規事項追加に関する考え方においてもそれ以前の明細書の要旨変更の考え方においても、通常認められない。

しかし、無効審判における最初の審決では分割要件違反とはされなかったように、リニアモータ駆動方式の限定を外した発明が原明細書の範囲内のものであるとの考えが必ずしも成り立たないとまではいえない。その場合の論理は、最初の審決が根拠としたとおり、発明の課題解決のための技術手段は吊り車を傾斜させて設置することであり、これは駆動方式によらずに効果を奏するということである。そして、原明細書の発明の効果の欄には、駆動方式については言及することなく、この吊り車の配置による発明の効果が記載されている。

(2)　知財高裁の大合議判決（平成18年（行ケ）第10563号）を受けて平成22年６月に改正された新規事項に関する審査基準には、「請求項の発明特定事項の一部を削除して概念的に上位の事項に補正する場合や、請求項の発明特定事項の一部を限定する補正であって限定した事項が当初明細書に記載された事項の概念的に上位の事項に該当する場合において、補正事項が、当初明細書等に明示的に記載された事項、当初明細書等の記載から自明な事項のいずれに

も該当しない場合であっても、この補正により新たな技術上の意義が追加されないことが明らかな場合は新たな技術的事項を導入するものではないので、補正は許される」とされている。

　また、この改正前から審査基準に存在する「新規事項の判断に関する事例1」においては、出願当初の請求項には、「位置座標及びユーザー情報」を通信することが記載され、明細書にもこのことだけしか記載されていない場合であっても、補正後の請求項では「ユーザー情報」を削除して「位置情報」だけを通信する補正が新規事項追加に当たらず、補正が許される例が示されている。この場合の根拠としては、「ユーザー情報」が課題解決に関係がないことが明らかであるというものである。

　これらからすると、本件の場合に駆動方式の限定を外したとしても、駆動方式は課題解決に関係がなく、また新たな技術上の意義が追加されないといえれば、分割要件が認められる可能性もある。ただし、本件については、原明細書があまりにも「リニアモータ駆動方式」であることを前提にした記載になっていたことから、分割要件違反とされたのも致し方ないと考えられる。

判決例6-2　分割要件2

平成18年（行ケ）第10159号「ポジ型レジスト組成物」（知財高裁平成18.11.21）（佐藤久夫裁判長）
原明細書には(a)成分と(b)成分の両方を含む樹脂のみが記載されていたところ、(b)成分を含まない本件発明は分割要件を満たさないとした審決を維持した事例。

◇事件の経緯

①原出願1の出願：平成7年10月30日

②原出願2の出願（原出願1の分割）：平成12年3月29日

③原出願3の出願（原出願2の分割）：平成13年5月7日

④本件出願の出願（原出願3の分割）：平成14年3月19日

⑤本件出願の特許権設定登録：平成15年9月12日

⑥本件特許への特許異議申立：平成15年12月22日

⑦審決（特許異議決定）（特許を取り消す）：平成18年2月27日

⑧特許異議決定の取消訴訟提訴：平成18年4月10日

◇本件発明（原出願 3 の分割出願の発明）

【請求項 1 】　(A)一般式……で表わされる……を有するポリ（ヒドロキシスチレン）誘導体からなる基材樹脂、及び……を含む酸発生剤を含有してなるポジ型レジスト組成物。

　　筆者注：請求項 1 の(A)は、原出願 1 の請求項 1 における(A)中の(a)に対応する成分であり、(A)中の(b)に対応する成分は含まない。

◇原明細書 1 （原出願 1 の出願当初明細書）

（1）　特許請求の範囲

【請求項 1 】　(A)酸の作用によりアルカリ水溶液に対する溶解性が増大する樹脂成分……を含有するポジ型レジスト組成物において、(A)成分が(a)水酸基の10〜60モル％が一般式化 1 【化 1 】……で表わされる残基で置換された重量平均分子量8000〜25000、分子量分布（Mw/Mn） 1.5以下のポリヒドロキシスチレンと(b)水酸基の10〜60モル％が tert-ブトキシカルボニルオキシ基で置換された重量平均分子量8000〜25000、分子量分布（Mw/Mn） 1.5以下のポリヒドロキシスチレンとの混合物であることを特徴とするポジ型レジスト組成物。

（2）　明細書の記載

①【発明が解決しようとする課題】　本発明者等は、酸の作用によりアルカリ水溶液に対する溶解性が増大する樹脂成分として、異なる 2 種の置換基を特定の割合でそれぞれ置換し、かつ特定の分子量と特定の分子量分布（Mw/Mn）を有するポリヒドロキシスチレンの混合物及び……を使用し、……高感度、高解像性で、……に感応する化学増幅型のポジ型レジスト組成物が得られることを見出し、本発明を完成したものである。

②【発明の効果】　本発明のポジ型レジスト組成物は、高感度であり、クオーターミクロン以下の高解像性を有し、かつ耐熱性、焦点深度幅特性、引置き経時安定性に優れ、基板依存性がなくプロファイル形状の優れたレジストパターンを形成できるレジスト組成物である。

◇審決（特許異議決定）の内容

　原明細書 1 には、樹脂成分として使用できることが確認されているのは、(a)成分と(b)成分とを混合した場合だけであって、本件発明のように(a)成分のみを樹脂成分として単独で使用した場合についても同様の作用効果を有する根拠は見出せず、原明細書 1 から自明でもない。

　そのため、本件出願の出願日は、原出願 1 の出願日に遡及せず、現実の出願

日である平成14年3月19日であり、本件発明は、その出願日より以前に発行された甲1に記載された発明と周知事項に基づいて、当業者が容易に発明をすることができたものである。

◆裁判所の判断

(1) 原明細書1には、従来技術の問題を克服するため、①「樹脂成分として、異なる2種の置換基を特定の割合でそれぞれ置換」したものを用いることとしたこと、②その異なる2種の置換基とその割合として、(a)成分と(b)成分をそれぞれ特定の割合で用いることとしたこと、③実施例1ないし3は、製造例1で製造された(b)成分及び製造例2で製造された(a)成分をともに用いたものであることが記載されている。

これらの記載によれば、原明細書1には、ポジ型レジスト用基材樹脂について、(a)成分及び(b)成分を双方ともに使用することが記載され、(a)成分について単独で用いることを示唆する記載はなく、(a)成分を単独で使用することが原明細書1に記載した事項から自明な事項であるとはいえない。

(2) 本件発明のポジ型レジスト用基材樹脂は、(b)成分を構成に含まず、(a)成分を単独で使用する構成のものであるところ、原明細書1には、(a)成分を単独で使用するという本件発明の技術的事項は記載されていないし、自明な事項であるともいえないから、本件出願は、原出願1との関係で特許法44条1項の分割要件を満たさないというべきであり、これと同旨の本件審決の判断は是認できる。

(3) 本件出願は原出願3との関係では特許法44条1項の分割要件を満たすものであり、原出願3の出願日である平成13年5月7日に遡るものと認められる。この点において、本件審決が本件出願の出願日を現実の出願日と認定したことは誤りである。しかし、本件審決において相違点の判断のための証拠とされた刊行物はいずれも原出願3の出願日より前に頒布された刊行物であることから、本件出願の出願日の認定の誤りは、本件審決の結論に影響を及ぼすものではない。

◆考　察

本件のように(a)と(b)が組み合わさることで発明の作用効果がなされるとしていたものを、権利範囲を広げるために、(a)または(b)を外した請求項の記載とすることはよく見受けられるケースである。それが明細書の補正であれば新規事

項追加とされ、本件のように分割出願の場合は、分割要件違反で出願日が原出願の日に遡及しないとされる。

　また、分割出願では本件のように、原出願1から本件出願まで何回も分割を重ねることもよくあることである。本件の審決では、本件出願を原出願1とだけの検討を行って、分割要件を満たさないために本件出願の現実の出願日を出願日として認定した。しかし、判決では、本件出願は原出願3に対しては分割要件を満たしていることから、本件の出願日は原出願3の出願日までは遡及するとした。

判決例6-3　分割要件3

平成21年（行ケ）第10352号「折畳コンテナ」（知財高裁平成22.2.25）（飯村敏明裁判長）

原出願の発明の特徴的構成を備えないとして分割要件を認めなかった審決に対し、分割要件は本件発明が原明細書に記載されているか否かを判断すれば足るとして審決を取り消した事例。

◇本件発明（分割出願の発明）

(1)　特許請求の範囲

【請求項1】　高さの途中に水平なヒンジ部を形成して内側に折り畳まれるようになっている側板を有する折畳コンテナにおいて、次の(a)〜(d)の要件を備えてなることを特徴とする。(a)二枚の段ボールライナーの間に中芯を有するプラスチック段ボールで前記側板を形成する。(b)前記プラスチック段ボールは、中芯の向きが側板の高さ方向に向かうように使用方向を設定する。(c)前記ヒンジ部は、プラスチック段ボールの内側から中芯を横断状に切断することにより形成する。(d)プラスチック段ボールの前記切断の切り口は、側板を起立させた状態で、寸断された中芯の端面同士が突き合わさる形態にする。

(2)　明細書の記載

【発明の効果】　本発明の折畳コンテナによれば、折畳側板を構成するのに蝶番や軸受部材を使用していた従来型の折畳コンテナに比べて、折畳側板の部品点数及び組立工数が激減し、従って飛躍的な低コスト化が可能である。

◇原明細書（原出願の出願当初明細書）

(1)　特許請求の範囲

【請求項１】　矩形枠状の上枠と、該上枠の相対向する２辺部に上端の保持部が固定される内側板と、該上枠の相対向する他の２辺部に上端の保持部が固定され該内側板の外側に配設される外側板と、を備え、該内側板は底板の両側に側板を連設してコ字状の開形状を持つように形成され、該外側板は底板の両側に側板を連設してコ字状の開形状を持つと共に、該内側板に対し十文字に交差し且つ該底板と該底板を重ね合せるように配設され、該内側板の側板と該外側板の側板の略中央部に折畳時に内側に入るヒンジ部が設けられたことを特徴とする折畳コンテナ。

(2)　明細書の記載

【発明の効果】　本発明の折畳コンテナによれば、上枠に両端を保持され十字状に交差して配置されたコ字状の内側板と外側板により、コンテナの側壁部を形成するため、フリーの端部によって強度が低下することはなく、複雑な構造の嵌合機構を必要としないため、構造が簡単で、低コストで容易に製造することができ、組立て・折畳み操作を簡単に行うことができる。また、コンテナの底部が内側板と外側板の底板により二重底となるため、コンテナの強度が増大し、重量物を収納して搬送することも可能となる。

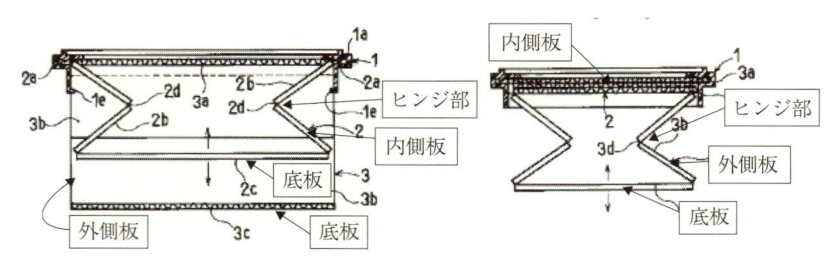

◆審決の内容

(1)　原明細書には、その目的、それを達成するための手段及びその効果の記載から見て、「該内側板は底板の両側に側板を連設してコ字状の開形状を持つように形成され、該外側板は底板の両側に側板を連設してコ字状の開形状を持つと共に、該内側板に対し十文字に交差し且つ該底板と該底板を重ね合せるように配設され」た構造（原出願発明の構造）を特徴的に有する折畳コンテナについての発明が記載されていた。

(2)　本件発明は、底板に側板を連設して形成されていることすら特定されて

268

いないことからも、原出願発明の構造を有することを、問わない発明といえる。一方、原明細書には、原出願発明の構造が記載されていたものの、本件発明が記載されていたとする理由は見当たらない。

　そのため、本件出願は、特許法44条 1 項の規定に違反しているから、原出願の出願のときにしたものとみなすことはできず、本件発明は、原出願の公開特許公報（原明細書と同内容）に記載された発明と同一であるから、特許法29条 1 項 3 号の規定に違反しており、無効理由に該当する。

◇裁判所の判断

　(1)　本件発明のすべての構成が、原明細書等に記載されている。すなわち、本件発明の構成中、「高さの途中に水平なヒンジ部を形成して内側に折り畳まれる側板を有する折畳コンテナであること」、及び(a)の構成は、原明細書等の図面に記載されている。本件発明の構成中、(b)、(c)及び(d)の構成は、図面及び「上記実施例の内側板 2 と外側板 3 では、プラスチック段ボールの厚さの一部を切断してヒンジ部とした」（段落【0018】）との記載を併せると、原明細書等に記載されているか又は同記載から自明であると認めることができる。

　(2)　特許法44条 1 項の要件を充足するためには、本件発明が、原出願に係る当初明細書、特許請求の範囲及び図面に記載されているか否かを判断すれば足りる。これに対して、審決は、本件発明が、原出願に係る当初明細書、特許請求の範囲及び図面に記載されているか否かを判断するのではなく、審決が限定して認定した「原出願発明の構造」と、本件発明を対比し、本件発明は、「原出願発明の構造」における構成中の「底板に側板を連設して形成されていること」が特定されていないことを理由として、本件発明が、原明細書等に記載されていないとの結論を導いた。

　しかし、審決の判断は、原明細書等の全体に記載された発明ではなく、何故「原出願発明の構造」に限定したものと対比をしなければならないのか、その合理的な説明がされていないこと、審決が限定的に認定した「原出願発明の構造」の「底板に側板を連設して形成されていること」との構成に関して、本件発明が特定していないことが、何故、本件発明が原明細書等に記載されていないことを意味するのか、その合理的な説明はなく、審決の判断手法及び結論は、妥当性を欠く。

◇考　察

(1)　分割の実体的要件を満たしているか否かの判断に際して、審決が、原出願の特徴的な構成を認定したうえで本件発明がその構成を備えていないとして分割要件を否定した論理は誤りといえる。ただ、原明細書の記載内容は、従来のコンテナの側板と底板との間の嵌合が必要となることや強度が十分でないことを課題とし、それを審決がいう「原出願発明の構造」によって解決したもので、発明の効果もその構成から生じるものであった。一方、分割出願に係る本件発明は、原明細書で課題解決のための特徴としていた構成を一切備えず、逆に特徴としていなかった段ボールのヒンジ部分のみを特定し、その特定事項も原出願の図面とさらに図面の記載に基づく自明な事項によって初めて記載されていると認められるものである。このような状況のためか、審決は分割要件を認めなかったが、その論理が不適当であったことは判決の判示するとおりと考えられる。

(2)　分割の実体的要件の判断は、出願日が平成5年12月31日以前の場合には、補正における新規事項追加禁止の規定ではなく、それ以前の明細書等の要旨を変更することを禁止する規定に沿ってなされる。しかし、両規定とも、当初明細書等（図面を含む）に記載された事項とそれから自明な事項であれば、許容されることでは同じであり、本件において、本件発明のすべての構成は、原出願の出願当初の明細書、図面に記載された事項であるか、それから自明な事項であって、分割の実体的要件を満たしているという判断は、どちらの規定の場合においても該当する。

判決例6−4　分割要件4

平成28年（行ケ）第10212号「接触端子」（知財高裁平成29.4.18）（髙部眞規子裁判長）

「本件発明1は、絶縁球を含まない接触端子という、原出願明細書、特許請求の範囲及び図面に記載されていない発明を含むものであるから、本件特許出願は、分割出願の要件を満たすものということはできない」として、分割要件を満たさないとした審決を維持した事例。

◆事件の経緯

①原出願（特願2011-271985）：平成23年12月13日

②原出願出願公開（特開2013-68593）：平成25年 4 月18日

③本件特許出願（特願2013-88790）：平成25年 4 月19日

④本件特許設定登録（特許5449597）：平成26年 1 月10日

⑤無効審判請求（無効2015-800030）：平成27年 2 月19日

⑥訂正請求：平成28年 4 月18日

⑦審決（訂正を認める。特許を無効とする。）：平成28年 8 月16日

◆本件発明（分割出願の発明）

【請求項 1 】管状の本体ケース内に収容されたプランジャーピンの該本体ケースからの突出端部を対象部位に接触させて電気的接続を得るための接触端子であって、／前記プランジャーピンは前記突出端部を含む小径部及び前記本体ケースの管状内周面に摺動しながらその長手方向に沿って移動自在の大径部を有する段付き丸棒であり、前記プランジャーピンの前記突出端部を前記本体ケースから突出するように前

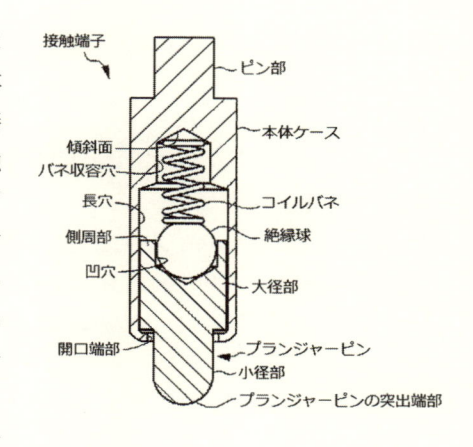

記本体ケースの管状内部に収容した絶縁体被膜を有するコイルバネで付勢し、／前記プランジャーピンの中心軸とオフセットされた中心軸を有する前記大径部の略円錐面形状を有する傾斜凹部に、球の球状面からなる球状部を前記コイルバネによって押圧し、前記大径部の外側面を前記本体ケースの管状内周面に押し付けることを特徴とする接触端子。

◆原明細書（原出願の当初明細書等）

（1）　特許請求の範囲

【請求項 1 】本体ケースに設けられた非貫通長穴に挿入したプランジャーピンの該本体ケースからの突出端部を対象部位に接触させて電気的接続を得るための接触端子であって、／前記プランジャーピンは前記突出端部を含む小径部及び前記非貫通長穴の内面に摺動しながらその長手方向に沿って移動自在の大径部を有する段付き丸棒であり、前記大径部の端部からその長手方向に沿って

前記大径部の少なくとも側面部の一部を残すように切削部を与えて前記切削部内に少なくとも絶縁表面を有する絶縁球を収容し、／前記非貫通長穴と前記絶縁球との間にコイルバネを介在させて前記プランジャーピンの前記突出端部を前記本体ケースから突出するように付勢していることを特徴とする接触端子。

(2) 原出願明細書に記載された原出願発明の課題と解決手段

原出願明細書には、コイルバネの焼き切れを防ぐために、コイルバネに電流を流すことなく、プランジャーピンから本体ケースへ確実に電流を流すことができ、比較的大なる電流を流し得る接触端子を提供するという前記アの課題の解決手段として、プランジャーピンの大径部の切削部とコイルバネとの間に絶縁球を介在させ、この絶縁球によって、①プランジャーピンとコイルバネを絶縁してコイルバネに電流が流れないようにするとともに、②プランジャーピンの大径部の外側面を本体ケースの非貫通長穴の内周面に押し付けてプランジャーピンから本体ケースへ確実に電流を流すことにより、比較的大なる電流を流し得る接触端子、すなわち、プランジャーピンの大径部とコイルバネとの間にあって、プランジャーピンの大径部の外側面を本体ケースの内周面に押し付ける部材が絶縁球である接触端子が記載されている。

他方、原出願明細書には、絶縁球を備えない接触端子は記載されていない。

◇争　点

原出願明細書に絶縁球を備えない接触端子の発明が記載されていたといえるか否か。

◇裁判所の判断

(1) 本件特許出願の分割出願の要件

本件発明1には、プランジャーピンの大径部とコイルバネとの間にあって、プランジャーピンの大径部の外側面を本体ケースの内周面に押し付ける「球の球状面からなる球状部」が導電性を有し、絶縁球を備えない接触端子も含まれる。

他方、本件原出願に係る特許請求の範囲請求項1から9に係る構成のいずれも、プランジャーピンの大径部とコイルバネとの間に介在する絶縁球を含むものである。また、原出願明細書においては、絶縁球を備えない接触端子は記載されておらず、プランジャーピンとコイルバネとの間に介在する絶縁球は必須の構成とされているものと解される。

よって、本件発明1は、絶縁球を含まない接触端子という、原出願明細書、

特許請求の範囲及び図面に記載されていない発明を含むものであるから、本件特許出願は、分割出願の要件を満たすものということはできない。

(2)　原告の主張について

ア　原告は、コイルバネに電流を流さないことは、原出願明細書の背景技術に記載された公知技術によって既に解決された課題であるから、原出願発明の課題にはならないとして、原出願発明の課題は、プランジャーピンを本体ケースに対してより確実に押し付け、プランジャーピンから本体ケースへ確実に電流を流すことである旨主張する。

しかし、既存の技術によって解決可能な課題であっても、例えばより効率よく解決する、解決による効果をより高めるなど解決方法等につき改善の余地がある場合も考えられる。よって、コイルバネの焼き切れを防ぐためにコイルバネに電流を流さないことが、原出願明細書の背景技術に記載された公知技術によって解決されていることをもって、直ちに、原出願発明の課題から除外されるとはいえない。

イ　原告は、仮に原出願明細書において、コイルバネに電流を流さないことが課題として記載されていたとしても、これとは別の独立した課題として、プランジャーピンを本体ケースに対してより確実に押し付け、プランジャーピンから本体ケースへ確実に電流を流すという課題も記載されており、同課題に焦点が当てられている旨主張する。

しかし、原出願発明の目的は、比較的大なる電流を流し得る接触端子の提供であり、そのような接触端子を得るためには、プランジャーピンを介して本体ケースへ比較的大なる電流を確実に流すことが必要となるが、その際、コイルバネに電流が流れるとコイルバネが焼き切れてしまうことがあるので、これを防ぐために、コイルバネに電流を流さないようにする必要がある。したがって、コイルバネに電流を流さないという課題は、比較的大なる電流を流し得る接触端子を得るためにプランジャーピンから本体ケースへ確実に電流を流すという課題を解決する際に生じ得るコイルバネの焼き切れの防止を目的とするものであるから、上記両課題は別個独立のものということはできない。

ウ　原告は、原出願明細書の【0005】には、プランジャーピンを本体ケースに押し付ける押付部材としての導電球が明記されているなどとして、原出願明細書を全体として見れば、押付部材としての導電球も開示されており、

よって、絶縁球に代えて、例えば絶縁被膜を与えない導電球を用いることも想定されている旨主張する。

確かに、原出願明細書の【0005】には、背景技術として記載された公知技術の1つとして、プランジャーピンとコイルバネとの間に絶縁球及び導電球が介在し、導電球がプランジャーピンを本体ケースに押し付ける接触端子が記載されている。

しかし、本件発明1は、絶縁球を備えない接触端子を含むものであるところ、原出願明細書においては、プランジャーピンとコイルバネとの間に必ず絶縁球を介在させてコイルバネに電流が流れないようにすることによりコイルバネの焼き切れ防止に確実を期しており、コイルバネに電流を流れるのを防ぐその他の手段と併用することはあっても、同手段をもって絶縁球に代えること、すなわち、接触端子を、絶縁球を含まないものとすることは、想定されていないものと解すべきである。

エ　原告は、仮に、原出願明細書に押付部材としての導電球が直接記載されていないとしても、押付部材として導電球を用いることは技術常識であるから、押付部材としての導電球は、原出願明細書に記載されているに等しい事項である旨主張する。

しかし、仮に押付部材として導電球を用いることが技術常識であったとしても、前記ウのとおり、本件発明1が、絶縁球を備えない接触端子を含むという点において、原出願明細書に記載されていない発明を含むものであることに変わりはない。

◆考　察

本件は、平成17年（行ケ）第10796「機械室レスエレベータ装置」（判決例6-1）と同様に、原明細書の発明を上位化した発明が、原明細書に記載されていたといえるか否か、言い換えれば、新たな技術的事項を導入しないものに該当するといえるか否かが争われた事例である。

発明の上位化が新たな技術的事項を導入するものに該当するか否かについての現行審査基準（平成27年10月1日以降の審査に適用されている審査基準）の記載は次のとおりであるが、本判決は、この審査基準でいう「補正により新たな技術上の意義が追加されないことが明らかな場合」についてのより具体的な指針を与えてくれているように見える。

〈審査基準の記載〉

「(1)　発明特定事項を上位概念化、削除又は変更する補正の場合

　　a　請求項の発明特定事項を上位概念化、削除又は変更する補正は、新たな技術的事項を導入するものである場合には、許されない。

　　b　他方、請求項の発明特定事項を上位概念化、削除又は変更する補正であっても、特に請求項の発明特定事項の一部を削除する場合において、この補正により新たな技術上の意義が追加されないことが明らかな場合は、新たな技術的事項を導入するものではない。したがって、このような補正は許される。

　　　　例えば、削除する事項が発明による課題の解決には関係がなく、任意の付加的な事項であることが当初明細書等の記載から明らかである場合には、この補正により新たな技術上の意義が追加されない場合が多い。」

　特に、上記裁判所の判断の(2)イの説示は、原告が原明細書に記載されていると主張する複数の課題は相互に別個独立のものとはいえないとして、原告の主張を斥けているが、これを裏読みすると、原明細書に記載された複数の課題が、相互に別個独立なものといえる場合には、その課題の1つのみを解決し得る構成を取り出して新たなクレームとすることは許容される、換言すれば、「新たな技術上の意義を追加するもの」には該当しない、ということがいえそうである。

　なお、原告が本件原明細書に記載されていると主張する「コイルバネに電流を流さないこと」と「プランジャーピンを本体ケースに対してより確実に押し付け、プランジャーピンから本体ケースへ確実に電流を流す」という事項とが別個独立の課題といえるか否かについては、裁判所がいうような見方と原告がいうような見方の両方があり得るのではないかと考える。

判決例6-5　分割要件5

平成15年（行ケ）第65号「コンクリート埋設物」（東京高裁平成15.9.3）（篠原勝美裁判長）

孫出願は親出願および子出願に対する分割要件を満たしているにかかわらず、子出願の分割要件不適法により、孫出願の出願日が親出願に遡及せず親出願の公開公報に基づき無効とした審決を維持した事例。

◇事件の経緯

①親出願の出願：昭和59年１月17日

②子出願の出願（親出願の分割）：平成元年11月24日

③本件出願の出願（子出願の分割で、孫出願である）：平成５年10月29日

④本件出願の特許権設定登録：平成８年10月３日

⑤本件特許への無効審判請求：平成12年10月30日

⑥審決（特許無効）：平成15年１月22日

⑦無効審決の取消訴訟提訴：平成15年２月20日

◇本件発明（孫出願の発明）

【請求項１】　手による三次元方向に自在に折り曲げが可能で……<u>線状の複数</u><u>の支持部材</u>の各々を……コンクリート埋設物。

◇親出願の出願当初明細書

【請求項２】　……<u>線状の支持部材</u>よりなる……支持部材は手による折り曲げが可能で……コンクリート埋設物。

◇子出願の発明

（1）　出願当初の特許請求の範囲

【請求項１】　手による折り曲げが可能で……<u>線状の支持部材</u>……コンクリート埋設物。

（2）　平成５年10月29日の補正書で補正され、その後無効とされたときの請求項。

【請求項１】　手による三次元方向に自在に折り曲げが可能で……<u>支持部材</u>……コンクリート埋設物の固定方法。

◇審決の内容

（1）　子出願の発明は、平成５年10月29日付け手続補正により、「線状の支持部材」を「支持部材」としたことで「支持部材」は「線状」でないものも含むこととなり、親出願から適法に分割されたものではないこととなって、子出願の出願日は、現実に出願された平成元年11月24日となるべきところ、さらに同補正は、当初明細書の要旨を変更するものでもあるから、特許法40条（平成６年法律改正前）により、子出願の出願日は、手続補正書の提出日である平成５年10月29日とみなされる。

なお、子出願は、特許の登録がされた後の無効審判において、分割の不適法を前提として、無効審決がされ同審決は確定したので、子出願の出願日が親出

願の出願日まで遡及する余地はなくなった。

(2)　本件特許に係る出願は、子出願から適法に分割されたものであるが、子出願の出願日が親出願に遡及しないため、その出願日は、親出願までは遡及せず、子出願の出願日と同じ平成5年10月29日となる。したがって、本件発明は、親出願の公開公報に記載された発明であるから、本件特許は特許法29条1項3号の規定に違反してされたもので無効にすべきものである。

◇裁判所の判断

(1)　特許法には、分割出願として孫出願が可能か否かについての明文の規定はないが、「二以上の発明を包含する特許出願」（親出願）に対して分割要件を満たす「新たな特許出願」（子出願）をし、さらに子出願に対して分割要件を満たす「新たな特許出願」（孫出願）をすることを妨げる理由はないから、子出願及び孫出願の両者が分割要件を満たす場合には、孫出願の出願日を親出願の出願日に遡及させることを定めていたものと解するのが相当である。したがって、孫出願の出願日が親出願の出願日まで遡及するためには、子出願が親出願に対し分割の要件を満たし、孫出願が子出願に対し分割の要件を満たし、かつ、孫出願に係る発明が親出願の当初明細書等に記載した事項の範囲内のものであることを要する。

(2)　本件において、本件特許出願（孫出願）は、親出願からの分割出願である子出願を更に分割出願したものであるから、孫出願及び子出願がそれぞれ分割要件を満たし、かつ、本件発明が親出願の当初明細書等に記載した事項の範囲内のものである場合には、本件発明の出願日は、親出願の出願日まで遡及することになる。しかしながら、子出願に係る発明は、平成5年10月29日付け手続補正書により補正され、親出願の当初明細書等に記載した事項の範囲内のものでないこととなり、いったん特許権の設定登録がされた後、当該補正がされた発明のまま、その無効審決が確定し、子出願に係る特許権は、初めから存在しなかったものとみなされた。したがって、当該補正がされた発明はもはや訂正される余地はなく、子出願が分割の実体的要件を満たさないことは明らかである。そうすると、孫出願の分割の適否を検討するまでもなく、孫出願である本件特許出願の出願日が親出願の出願日まで遡及する余地はないというべきである。

◇考　察

(1)　本件のように、親出願、子出願、孫出願と分割を重ねた場合の出願日の遡及について、特許庁の審査基準では、「原出願（親出願という）から分割出願（子出願という）をし、さらに子出願を原出願として分割出願（孫出願という）をした場合には、子出願が親出願に対し分割要件のすべてを満たし、孫出願が子出願に対し分割要件のすべてを満たし、かつ孫出願が親出願に対し分割要件のうちの実体的要件のすべてを満たすときは、孫出願を親出願の時にしたものとみなす」とされている。

　　本件の判決は、この考え方と一致している。

(2)　本件のように、孫出願である本件出願が、親出願および子出願に対して分割要件を満たしていても、親出願から本件出願に至る途中の分割出願（本件では子出願）が親出願に対して分割要件を満たしていなければ、本件出願は親出願には出願日は遡及しないことになる。

　　本件では、子出願について分割要件が不適法とされたままで無効審決を確定させたことに主因があり、子出願について審決取消訴訟を提訴したうえで訂正審判によって特許請求の範囲を元の「線状の支持部材」に戻しておけば、たとえ他の理由によって無効となっても分割要件を確保しておけるため、子出願以降の分割出願への影響はなかったと考えられる。

　　また、分割する際には、分割の機会があるのであれば、できるだけ親出願から直接分割する方がリスクが少ないといえる。

判決例 6 - 6　分割要件 6

平成23年（行ケ）第10391号「発光ダイオード」（知財高裁平成24.9.27）（飯村敏明裁判長）

原出願の明細書の記載に接した当業者は、「フォトルミネセンス蛍光体」について、本件組成に属する蛍光体に限定されないと理解するとまでは容易に認め難いとして、本件出願は分割要件を満たすとした審決を取り消した事例。

◇本件発明

【請求項1】　窒化ガリウム系化合物半導体を有する LED チップと、該 LED チップを直接覆うコーティング樹脂であって、該 LED チップからの第1の光

の少なくとも一部を吸収し波長変換して前記第1の光とは波長の異なる第2の光を発光するフォトルミネセンス蛍光体が含有されたコーティング樹脂を有し、前記フォトルミネセンス蛍光体に吸収されずに通過した前記第1の光の発光スペクトルと前記第2の光の発光スペクトルとが重なり合って白色系の光を発光する発光ダイオードであって、前記コーティング樹脂中のフォトルミネセンス蛍光体の濃度が、前記コーティング樹脂の表面側から前記LEDチップに向かって高くなっていることを特徴とする発光ダイオード。

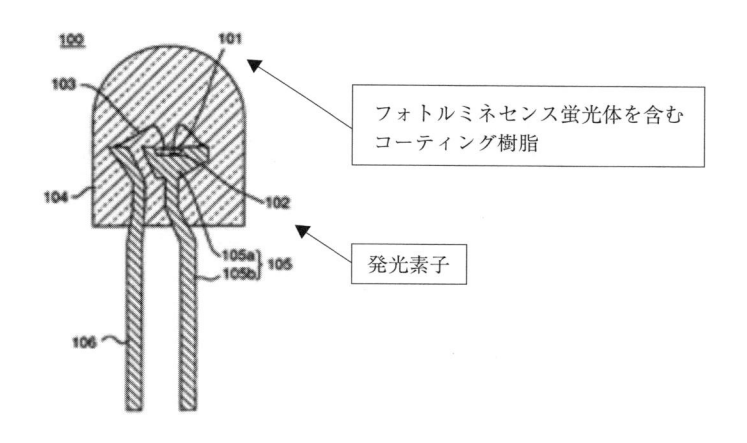

フォトルミネセンス蛍光体を含むコーティング樹脂

発光素子

◇審決の内容

　原出願には、使用する「フォトルミネセンス蛍光体」について、具体的には、「Y、Lu、Sc、La、Gd及びSmから選択された少なくとも1つの元素と、Al、Ga及びInから選択された少なくとも1つの元素とを含み、セリウムで付活されたガーネット系蛍光体である」（以下「本件組成」という。）とされてはいるものの、「フォトルミネセンス蛍光体が含有されたコーティング部やモールド部材の表面側から発光素子に向かってフォトルミネセンス蛍光体の分布濃度を高く」するとの構成を採用して「（フォトルミネセンス蛍光体の）水分による劣化を防止」するに際し、前記「フォトルミネセンス蛍光体」が、必ずしも上記の具体的組成（本件組成）のものに限られるものではないことは、当業者が容易に理解できる、すなわち、原出願には、（特定の組成の蛍光体に限定されない）本件発明が開示されているものといえるから本件出願は分割要件を満たし、原告の主張する理由及び提出した証拠方法によっては、本件特許を無効と

することはできない。

◇裁判所の判断

分割出願においては新たな特許出願はもとの特許出願の時にしたものとみなす（特許法44条2項）とされていることから、分割出願に記載された発明に係る技術的事項は、原出願の明細書に記載されていることを要する。……

【0047】は、同一段落中において、「コーティング部やモールド部材の表面側から発光素子に向かってフォトルミネセンス蛍光体の分布濃度を高く」する構成（以下「下部構成」という。）と「フォトルミネセンス蛍光体を、発光素子からモールド部材等の表面側に向かって分布濃度が高くなるように分布させる」構成（以下「表面構成」という。）の相反する2つの構成に区別した上で、下部構成では「水分による劣化を防止することができ」、表面構成では「発光素子からの発熱、照射強度などの影響をより少なくできる」と説明している。

さらに、【0047】に続く【0048】・【0049】には、本件組成に属する蛍光体を用いる実施形態1について、「高効率でかつ十分な耐光性を有するので、該蛍光体を用いることにより、優れた発光特性の発光ダイオードを構成できる」こと、「ガーネット構造を有するので、熱、光及び水分に強く、……励起スペクトルのピークを450nm付近にすることができる」ことが記載されている。

そして、【0101】以下の記載及び【図13】には、以下の実験結果について説明がされている。

①下部構成を採用した上で本件組成に属する蛍光体（「$(Y_{0.8}Gd_{0.2})_3Al_5O_{12}$：Ce蛍光体」）を使用した実施例1と、下部構成を採用した上で本件組成に属しない蛍光体（「$(ZnCd)S$：Cu、Al」）を使用した比較例1について、寿命試験を実施した。

②実施例1については、温度25℃20mA通電の条件下（【図13】の「(A)」のグラフ）でも、温度60℃90%RH下で20mA通電の条件下（同「(B)」のグラフ）でも、蛍光体に起因する変化は観測されなかったのに対し、比較例1については、後者の条件下〔温度60℃90%RH下で20mA通電の条件下（同「(B)」のグラフ）〕では、約100時間で外部環境から進入した水分の影響で蛍光体が劣化し出力がゼロになった。

③以上のとおり、下部構成を採用する等同一条件の下での実験において、本件組成に属する蛍光体を使用した場合（実施例1）では、水分による劣化を防止できるとの効果が得られたのに対し、本件組成に属しない蛍光体を

使用した場合（比較例１）では、高温多湿条件下で早期劣化の結果が生じ、その結果に相違が生じた。

【0101】の記載及び【図13】、特に前記③によれば、当業者であれば、「（下部構成を採用した場合には、）水分による劣化を防止することができる」との原出願の明細書の記載部分は、本件組成に属する蛍光体について述べたものであると認識、理解するのが自然であるといえる。また、【0048】と【0049】では、本件組成に属する蛍光体が「十分な耐光性を有」し、かつ、「熱、光及び水分に強」いとの性質を有することが言及されており、【0047】に続けてこれらの記載に接した当業者であれば、【0047】の記載のとおり表面構成と下部構成が選択可能であるのは、本件組成に属する蛍光体が有する性質によるものと認識、理解するのが自然であるといえる。そうすると【0047】に接した当業者において、【0047】に記載された表面構成と下部構成が本件組成に属しない蛍光体についても選択可能であると理解するとまでは認められない。……

この点に対し、被告は、本件組成に属しない蛍光体についても、効果が得られる場合がある旨の実験結果（乙１）を提出する。しかし、分割が許されるためには、原出願の明細書に本件発明についての記載、開示があること（当業者において、記載、開示があると合理的に理解できることを含む。）を要するから、訴訟過程で提出された上記実験結果（乙１）をもって、前記の結論を左右することはできないというべきである（仮に、被告の主張、立証が許されるとするならば、原出願の明細書に本件発明について、何ら記載、開示がないにもかかわらず、第三者が、本件組成に属しない蛍光体に、効果が得られた旨の発見をした場合に、そのような蛍光体を包含する分割出願を、当然に許容することになって、不合理が生じる。）。

以上のとおり、少なくとも、本件においては、当業者が、原出願の明細書中に本件発明が記載されていると合理的に理解できるとまでは認められないから、本件発明が記載、開示されていると解されるとした審決の判断には違法がある。

◇考　察

審査基準によると、分割出願の明細書、特許請求の範囲または図面に記載された事項が、原出願の出願当初の明細書、特許請求の範囲または図面に記載された事項の範囲内であるか否かの判断は、明細書等の補正に際しての新規事項か否かの判断と同様に行うとされている。

本件のように、権利範囲を広げるために、具体的組成の限定をなくすケースはよくみられることである。しかし、原明細書全体の記載からは、具体的組成により本件発明の課題を解決できるとしか把握できないときは（特に、化学分野でよくみられることである）、本件判決が判示したとおりとならざるをえない。

　なお、後に、実験データを提出しても、原出願の明細書に本件発明についての記載、開示があるか否かの判断においては、この実験データは採用されないことになる。

第7章

特許権存続期間の延長登録出願
（第67条、第67条の7、第68条の2）

概　説

1　背　景

(1)　特許発明の実施をする際に、法律の規定による許可を必要とするため、長期間、特許発明の実施が行えず、実質的な特許期間の侵食が生じる技術分野がある。

(2)　昭和62年の法改正で特許権存続期間延長登録出願制度が創設され（施行：昭和63年1月1日）、「政令で定める処分」が必要であった場合につき、5年を限度に延長できることになった。

制度の創設時には、不実施期間が「2年以上」との要件が付加されていたが、この規定は平成11年の法改正で削除されている。

(3)　適用対象となる「政令で定める処分」は、種々の処分への適用可能性が考えられ、適用対象となる具体的処分は政令に委任されたが、現在のところ、特許法施行令により、医薬品医療機器等法及び農薬取締法による処分、登録に限定されている。

(4)　医薬品については、医薬品医療機器等法により、品目ごとに承認を受けることが必要とされ、その項目は、医薬品の「名称、成分、分量、用法、用量、効能、効果、副作用その他の品質、有効性及び安全性に関する事項」と規定される（医薬品医療機器等法14条2項3号）。

(5)　延長が認められるためには、判例上特許権の範囲と処分の範囲とが重複することが必要とされる（平成7年（行ケ）第155号等）。そして、この特許権の範囲と処分の範囲との重複性について、特許庁は、制度創設から平成23年12月の審査基準改訂までの約24年間にわたり、薬事法（医薬品医療機器等法の前身）による承認項目の内、「有効成分」（医薬化合物）と「効能、効果」のみに限定し、また、有効成分、及び効能・効果が同一である場合は、最初の承認に限って延長登録を認める運用を行ってきた。

(6)　その結果、その間は、例えば、有効成分、及び効能・効果が同じ医薬品で、剤形（構造）等を変更したため新たに薬事法の承認が必要となった場合でも、有効成分及び効能・効果が従前の医薬品と同じであることから、延長登録は認められなかった。

(7)　こうした特許庁の限定した運用については従前から問題視されていたと

ころ、平成21年 5 月に、上記特許庁の運用を違法とする一連の判決（ 3 件）（平成20年（行ケ）第10458号、同10459号、同10460号〔判決例 7 - 4 〕）が出された（その後、上告、上告受理申立）。

　(8)　これら一連の知財高裁判決では、延長登録が認められる薬事法による処分の対象となる「物」は、従前の有効成分、及び効能・効果によって特定される物に限られず、「『成分』、『分量』及び『構造』によって特定された『物』」であると判示された。

　(9)　次いで、平成23年 4 月に、上記知財高裁判決（平成20年（行ケ）第10460号）の上告審で、最高裁判決（平成21年（行ヒ）第326号〔判決例 7 - 1 〕）が出されるに至った。最高裁判決では、延長登録可否の判断基準を「有効成分」及び「効能・効果」に限定した特許庁の従前の運用、法解釈を違法としたうえで、先行医薬品が特許発明の技術的範囲に対するか否かを判断基準とし、先行医薬品が特許発明の技術的範囲に属さない場合は、たとえ先行医薬品についての先行処分が存在していたとしても、これを理由としては延長出願を拒絶することはできず、延長を認めるべきとした。

　(10)　当該最高裁判決を受けて、特許庁は平成23年12月に審査基準を改訂し、「有効成分」及び「効能・効果」が同一であっても、医薬品のその他の事項を発明特定事項とする特許発明に限って、先行処分との相違点として延長登録を認めることとした。

　(11)　平成25年（行ケ）第10195号等知財高裁大合議判決は、そのような限定的な審査基準改訂では足らず、「用法・用量」等を発明特定事項としない特許発明においても、先行処分と「用法・用量」等に差異があれば特許期間を延長すべきである旨を判示し、最高裁でも支持された（平成26年（行ヒ）第356号〔判決例 7 - 2 〕等）。

　(12)　この最高裁判決を受けて、特許法67条の 3 第 1 項 1 号の判断において、本件処分と先行処分がされている場合、延長登録出願に係る特許発明の種類や対象に照らして、「医薬品等としての実質的同一性に直接関わることとなる審査事項」（成分、分量、用法、用量、効能及び効果）について両処分を比較し、先行処分の対象となった医薬品等の製造販売が、本件処分の対象となった医薬品等の製造販売を包含すると認められるときに限って、延長登録出願に係る特許発明の実施に本件処分を受けることが必要であったとは認めないこととする審査基準の更なる改訂が平成28年 4 月 1 日に行われた。

2 関連法規、審査基準

特許権存続期間延長登録出願に関連する法規、審査基準等は以下のとおりである。

(1) 特許法（以下は、令和2年3月10日以降適用）

①特許法第67条（存続期間）

1 特許権の存続期間は、特許出願の日から20年をもつて終了する。

4 第1項に規定する存続期間（……）は、その特許発明の実施について安全性の確保等を目的とする法律の規定による許可その他の処分であつて当該処分の目的、手続等からみて当該処分を的確に行うには相当の期間を要するものとして政令で定めるものを受けることが必要であるために、その特許発明の実施をすることができない期間があつたときは、5年を限度として、延長登録の出願により延長することができる。（旧第2項）

②特許法第67条の7（旧第67条の3：存続期間の延長登録）

審査官は、第67条第4項の延長登録の出願が次の各号のいずれかに該当するときは、その出願について拒絶をすべき旨の査定をしなければならない。

一 その特許発明の実施に第67条第4項の政令で定める処分を受けることが必要であつたとは認められないとき。

二 その特許権者又はその特許権についての専用実施権若しくは登録した通常実施権を有する者が第67条第4項の政令で定める処分を受けていないとき。

三 その延長を求める期間がその特許発明の実施をすることができなかつた期間を超えているとき。

四 その出願をした者が当該特許権者でないとき。

五 その出願が第67条の5第4項において準用する第67条の2第4項に規定する要件を満たしていないとき。

③特許法第68条の2（存続期間が延長された場合の特許権の効力）

第67条第4項の規定により、同条第1項に規定する存続期間が延長された場合（……）の当該特許権の効力は、その延長登録の理由となつた第67条第4項の政令で定める処分の対象となつた物（その処分においてその物の使用される特定の用途が定められている場合にあつては、当該用途に使用されるその物）についての当該特許発明の実施以外の行為には、及ばない。

(2) 特許法施行令

①特許法施行令第 2 条（延長登録の出願の理由となる処分）

　特許法第67条第 2 項の政令で定める処分は、次のとおりとする。

1 　農薬取締法……第 3 条第 1 項の登録、同法第 7 条第 1 項（同法第34条第 6 項において準用する場合を含む。）の変更の登録及び同法第34条第 1 項の登録

2 　次に掲げる処分

イ　医薬品、医療機器等の品質、有効性及び安全性の確保等に関する法律（……以下「医薬品医療機器等法」という。）第14条第 1 項に規定する医薬品に係る同項の承認、同条第 9 項（医薬品医療機器等法第19条の 2 第 5 項において準用する場合を含む。）の承認及び医薬品医療機器等法第19条の 2 第 1 項の承認

ロ　医薬品医療機器等法第23条の 2 の 5 第 1 項に規定する体外診断用医薬品に係る同項の承認、同条第11項（医薬品医療機器等法第23条の 2 の17第 5 項において準用する場合を含む。）の承認及び医薬品医療機器等法第23条の 2 の17第 1 項の承認

ハ　医薬品医療機器等法第23条の 2 の23第 1 項に規定する体外診断用医薬品に係る同項の認証及び同条第 6 項の認証

ニ　医薬品医療機器等法第23条の25第 1 項の承認（医薬品医療機器等法第23条の26第 5 項の申請に基づく医薬品医療機器等法第23条の25第 1 項の承認を除く。）、医薬品医療機器等法第23条の25第 9 項（医薬品医療機器等法第23条の37第 5 項において準用する場合を含む。）の承認及び医薬品医療機器等法第23条の37第 1 項の承認（同条第 5 項において準用する医薬品医療機器等法第23条の26第 5 項の申請に基づく医薬品医療機器等法第23条の37第 1 項の承認を除く。）

(3)　特許庁の審査基準

　平成26年（行ヒ）第356号最高裁判決を受けて平成28年 4 月 1 日に改訂された特許庁の審査基準（新審査基準）には、延長登録出願について以下のとおり記載されている。以下は、令和 2 年 3 月10日以降適用。

「2.5　延長の理由を記載した資料の記載事項

　願書には、延長の理由を記載した資料を添付しなければならない（第67条の 5 第 2 項）。

　願書に添付しなければならない延長の理由を記載した資料は、次のとおり

とする（特許法施行規則第38条の16）。

　(i)　その延長登録の出願に係る特許発明の実施に第67条第 4 項の政令で定める処分を受けることが必要であったことを証明するため必要な資料（特許法施行規則第38条の16第 1 号）

　……

(1)　特許発明の実施に政令で定める処分を受けることが必要であったことを証明するため必要な資料

　(i)　特許発明であること

　　医薬品等に係る延長登録の出願の対象となる特許権が存続していることを説明するため、特許権の設定登録の日、特許権の存続期間の満了日、特許料の納付状況等について記載する。

　(ii)　政令で定める処分を受けていること

　　政令で定める処分を特定するのに必要な事項（延長登録の理由となる処分〔以下この部において「本件処分」ということがある。〕、処分を特定する番号、処分を受けた日）、処分の対象となった物及びその処分においてその物の使用される特定の用途が定められている場合にあってはその用途を記載する。

　(iii)　本件処分の対象となった医薬品の製造販売の行為又は農薬の製造・輸入の行為が、医薬品等に係る延長登録の出願に係る特許発明の実施行為に該当すること

　　出願人は、本件処分の対象となった医薬品類又は農薬が含まれると考える請求項を特定し、当該請求項の発明特定事項と医薬品類の承認書（以下の(4)(ii)参照）又は農薬の登録票等（注）に記載された事項とを対比して、本件処分の対象となった医薬品類又は農薬が当該請求項に係る発明の発明特定事項の全てを備えていることを説明する。

　(iv)　先行医薬品類又は先行農薬についての処分（先行処分）の対象となった医薬品類の製造販売又は農薬の製造・輸入が、本件処分の対象となった医薬品類の製造販売又は農薬の製造・輸入を包含しないこと

　　出願人は、自己が知っている先行処分と本件処分とを対比して、先行処分の対象となった医薬品類の製造販売又は農薬の製造・輸入が、本件処分の対象となった医薬品類の製造販売又は農薬の製造・輸入を包含しないことを説明する（3.1.1(1)(ii)d 参照）。」

3　特許権存続期間延長登録出願制度

　特許権存続期間延長登録出願制度は、本来、医薬及び農薬に限らず、種々の分野の処分に適用できる潜在性を有する制度であることから、特許法自体はむしろ非限定的に曖昧さを含んだ形で規定され、具体的な法解釈及び運用は、最終的には裁判所の判断に委ねられる場合が多い。したがって、特許権存続期間延長登録出願制度における判例は、特許法を補完、解釈するための根拠として、本制度の運用上特に重要な地位を占めるといえる。

判決紹介

判決例 7 - 1　特許権存続期間延長登録における特許庁の従前の運用が否定され、平成23年の審査基準改訂の拠所となった判決

平成21年（行ヒ）第326号「放出制御組成物」（最高裁第一小法廷平成23.4.28）（横田尤孝裁判長）

先行医薬品が特許発明の技術的範囲に属さない場合は、先行医薬品についての先行処分が存在していたとしても、これを理由としては延長出願を拒絶することはできず、延長を認めるべきであると判示され、「有効成分」と「効能・効果」が先行医薬品と重複する場合は特許権の延長登録を認めなかった特許庁の従前の運用が違法と判断された事例。

◇事件の経緯

①平成12年12月 1 日　特許権設定登録（特許第3134187号）

　　（遅効性マイクロカプセルの発明。ただし、明細書中に、本件遅効性マイクロカプセルが、塩酸モルヒネ、及び、鎮痛の医薬を対象とし得ることの記載がある。）

②平成15年 3 月14日　部外先行医薬品の薬事法承認

　　（有効成分：塩酸モルヒネ、効能・効果：鎮痛、剤形：内服液）

③平成17年 9 月30日　本件医薬品の薬事法承認

　　（剤形：遅効性マイクロカプセル）

④平成17年12月16日　特許権存続期間延長登録出願

⑤平成18年8月9日　拒絶査定

　（理由：本件承認（③）前に、有効成分（塩酸モルヒネ）、及び、効能・効果（鎮痛）が重複する先行承認（②）が存在するので、本件承認は<u>最初の承認ではない。</u>）

⑥平成20年10月21日　審決（不服2006-20937号：請求不成立）

⑦平成21年5月29日　知財高裁判決（平成20年（行ケ）第10460号：審決取消）

⑧平成23年4月28日　最高裁判決（上告棄却）

◇本件発明

(1)　特許請求の範囲

【請求項1】薬物を含んでなる核が、

(1)水不溶性物質、(2)硫酸基を有していてもよい多糖類、ヒドロキシアルキル基またはカルボキシアルキル基を有する多糖類、メチルセルロース、ポリビニルピロリドン、ポリビニルアルコール、ポリエチレングリコールから選ばれる親水性物質および(3)酸性の解離基を有し pH 依存性の膨潤を示す<u>架橋型アクリル酸重合体を含む被膜剤で被覆された放出制御組成物。</u>

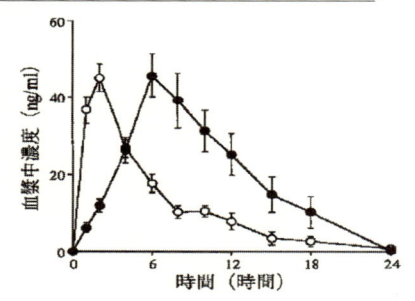

──○──：血漿中薬物濃度の経時変化（MSコンチン®）
───●───：血漿中薬物濃度の経時変化（実施例9の組成物）

(2)　発明の詳細な説明

「本発明で用いられる薬物は……<u>モルヒネ</u>またはその薬理学的に許容しうる塩（例、<u>塩酸塩</u>……）……などの<u>オピオイド化合物</u>……が用いられる。」（注：オピオイドは鎮痛性化合物の一種）

◇部外先行医薬品の薬事法承認（上記②）

　有効成分：<u>塩酸モルヒネ</u>

　効能・効果：癌における<u>鎮痛</u>

　剤形：<u>内服液</u>

◇**本件医薬品の薬事法承認**（上記③）

剤形：遅効性マイクロカプセル（本件特許の放出制御組成物に該当）

（有効成分および効能・効果は不特定）

◇**知財高裁（原審）での被告（特許庁）の主張**

（1）　特許法68条の 2 にいう「物」、「用途」は、医薬品の場合は、それぞれ「有効成分」、「効能・効果」を意味するものであることを前提として立法されたのである。

（2）　医薬品の本質は、「有効成分」、「効能・効果」であるから、薬事法の規制の対象も、「有効成分」、「効能・効果」であると解すべきである。

（3）　有効成分以外の成分、剤型、製造方法等は、ほとんどの場合、周知のものである。従って、新薬に関係する特許権は、大抵の場合、新規化学物質あるいは化学物質群についての物質特許のみである。

◇**知財高裁（原審）の判断（審決取消）**

（1）　審査官（審判官）が、当該出願を拒絶するためには、①「政令で定める処分」を受けたことによっては、禁止が解除されたとはいえないこと、又は、②「『政令で定める処分』を受けたことによって禁止が解除された行為」が「『その特許発明の実施』に該当する行為」に含まれないことを論証する必要があるということになる。

（2）　本件先行処分の対象となった先行医薬品は、（本件発明のマイクロカプセルの構成要件を具備しないので）本件発明の技術的範囲に含まれないこと……は当事者間に争いがなく、本件先行処分によって禁止が解除された先行医薬品の製造行為等は本件発明の実施行為に該当するものではない。

（3）　審決は……本件先行処分の存在を理由として、本件発明の実施に政令で定める処分を受けることが必要であったとは認められないから本件出願は特許法67条の 3 第 1 項 1 号により拒絶すべきである、と判断した点に誤りがある。

◇**最高裁の判断（上告棄却）**

（1）　特許権の存続期間の延長制度は、特許法67条 2 項の政令で定める処分を受けるために特許発明を実施することができなかった期間を回復することを目的とするところ、後行医薬品と有効成分並びに効能及び効果を同じくする先行医薬品について先行処分がされていたからといって、先行医薬品が延長登録出願に係る特許発明の技術的範囲にも属しない以上……特許発明を実施することができたとはいえない。

291

(2) 本件先行医薬品は、<u>本件特許発明の技術的範囲に属しない</u>のであるから……本件先行処分がされていることを根拠として、その特許発明の実施に<u>本件処分を受けることが必要であったとは認められないということはできない</u>。

◇考　察

(1) 延長が認められるためには、判例上、特許権の範囲と処分（薬事法の承認）の範囲とが重複することが必要とされるが、この重複性について特許庁は制度創設以来20数年間、薬事法による多数の承認項目のうち、「<u>有効成分</u>」と「<u>効能・効果</u>」のみに限定し、また、「有効成分」及び「効能・効果」が重複する医薬品の延長は、たとえ複数回の薬事法処分がなされた場合でも、延長が認められるのは最初の薬事法処分に基づく1回きり、との運用を行ってきた。

その結果、医薬品の剤形等の変更により新たな薬事法承認が必要となった新規な医薬品についても、「有効成分」と「効能・効果」が先行医薬品と重複する場合は、これを理由として、特許権の延長登録は認められなかった。

(2) こうした特許庁の限定した運用については従前から問題視されていたところ、平成21年5月にこのような特許庁の運用を違法とする一連の知財高裁判決（3件：平成20年（行ケ）第10460号。他に平成20年（行ケ）第10458、10459号）が出され、次いで、高裁判決を支持した本最高裁判決が平成23年4月に出されるに至った。

(3) 本最高裁判決では、判断基準を「有効成分」及び「効能・効果」に限定した従前の特許庁の運用（法解釈）を違法として、<u>先行医薬品が特許発明の技術的範囲に対するか否かを判断基準</u>とし、先行医薬品が特許発明の技術的範囲に属さない場合は、たとえ先行医薬品についての先行処分が存在していたとしても、これを理由としては延長出願を拒絶することはできず、延長を認めるべきとした。

薬事法による医薬の承認項目が、「有効成分」及び「効能・効果」のみに限られず、<u>成分、分量、構造、用法、用量、使用方法、効能、効果、性能、副作用、その他の品質、有効性及び安全性に関する事項等</u>（薬事法14条）の多項目に及ぶこと、「有効成分」及び「効能・効果」で特定される新規医薬化合物、ないし新規用途に基づく新規医薬品の開発が減速、停滞し、一方、新規医薬化合物、新規用途以外の構成（例えば、剤形）に基づく医薬品の開

発、特許出願、及び需要が現に存在する状況を鑑みれば、制度創設以来20数年を経て変化した時代の要請を反映した判決ともいえる。上記知財高裁判決以前の同種訴訟では特許庁は常に勝訴し続けていたが、知財高裁による結論変更、及び最高裁による本支持判決は、近年開発が盛んな DDS（ドラッグデリバリーシステム）の一つである、本件遅効性マイクロカプセルの特許訴訟が起爆剤になったといえる。

◇審査基準の改訂

(1)　本最高裁判決を受け、約 8 か月後の平成23年12月28日に、審査基準の「第Ⅵ部　特許権の存続期間の延長」が改訂され、継続中の延長登録出願を含め、即日、改訂基準が適用されることとなった。

　　改訂後の審査基準では、新たに創設された「発明特定事項に該当する事項」を延長認否の判断の拠り所としたほか、医薬特許の延長登録について、改訂後の主要項目は次のとおりである。

①承認の対象について：

　　67条の 3 第 1 項 1 号の判断において、「特許発明の実施」は、処分の対象となった医薬品の承認書に記載された事項のうち特許発明の発明特定事項に該当するすべての事項（「発明特定事項に該当する事項」）によって特定される医薬品の製造販売等の行為ととらえるのが適切である。

②処分を受けることが必要であったと認められない場合について：

　　(3-1)　特許発明における発明特定事項と、医薬品の承認書に記載された事項とを対比した結果、本件処分の対象となった医薬品が、いずれの請求項に係る特許発明についてもその発明特定事項のすべてを備えているといえない場合、拒絶理由が生じる。

　　(3-2)　本件処分の対象となった医薬品の「発明特定事項（及び用途）に該当する事項」を備えた先行医薬品についての先行処分が存在する場合には、特許発明のうち、本件処分の対象となった医薬品の「発明特定事項（及び用途）に該当する事項」によって特定される範囲は、先行処分によって実施できるようになっていたといえ、拒絶理由が生じる。

(2)　平成26年（行ヒ）第356号最高裁判決による更なる審査基準改訂

　　その後、上記審査基準も最高裁判所においてその不備が指摘され、平成28年 4 月 1 日に審査基準が更に改訂されることとなった。

判決例 7 - 2　　特許権存続期間延長登録出願

平成26年（行ヒ）第356号「ベバシズマブ」（最高裁第三小法廷平成27.11.17）
（木内道祥裁判長）

有効成分（ベバシズマブ）が同じ医薬品であっても用法・用量を変更すれば特
許期間の延長が認められるかが争われた審決取消訴訟の上告審であり、特許庁
側の上告を棄却し、延長を認めた知財高裁大合議判決を支持した最高裁判決。

◇事件の経緯

①平成15年 2 月14日：特許権設定登録（特許3398382号）

②平成19年 4 月18日：先行処分

③平成21年 9 月18日：本件処分（本件医薬品の薬機法14条 9 項の承認）

④平成21年12月17日：特許権存続期間延長登録出願

⑤平成23年 1 月 6 日：拒絶査定

⑥平成23年 4 月18日：拒絶査定不服審判請求（不服2011-8105号）

⑦平成25年 3 月 5 日：審決（請求不成立）

⑧平成26年 5 月30日：知財高裁大合議判決（審決取消：平成25年（行ケ）第
　　10195号；飯村敏明裁判長）

⑨平成27年11月17日：最高裁判決（上告棄却）

◇本件発明

【請求項 1 】抗 VEGF 抗体である hVEGF アンタゴニストを治療有効量含有
する、癌を治療するための組成物。

◇本件発明に係る医薬品の承認と先行処分の対比

（本件発明に係る医薬品の承認：本件処分）

用法及び用量を「他の抗悪性腫瘍剤との併用において、通常、成人にはベバ
シズマブとして 1 回7.5mg/kg（体重）を点滴静脈内注射する。投与間隔は 3
週間以上とする。」などとするもの。

（先行処分）

その用法及び用量を「他の抗悪性腫瘍剤との併用において、通常、成人には、
ベバシズマブとして 1 回 5 mg/kg（体重）又は10mg/kg（体重）を点滴静脈
内投与する。投与間隔は 2 週間以上とする。」とするもの。

◇**争　点**

　先行処分の存在により延長登録出願に係る本件特許発明の実施に本件処分（出願理由処分）を受けることが必要であったとは認められないとして、特許法67条の 3 第 1 項 1 号に該当することになるか否か。

◇**裁判所の判断**

　医薬品の製造販売につき先行処分と出願理由処分がされている場合については、先行処分と出願理由処分とを比較した結果、先行処分の対象となった医薬品の製造販売が、出願理由処分の対象となった医薬品の製造販売をも包含すると認められるときには、延長登録出願に係る特許発明の実施に出願理由処分を受けることが必要であったとは認められないこととなるというべきである。そして、このように、出願理由処分を受けることが特許発明の実施に必要であったか否かは、飽くまで先行処分と出願理由処分とを比較して判断すべきであり、特許発明の発明特定事項に該当する全ての事項によって判断すべきものではない。

　ところで、医薬品医療機器等法の規定に基づく医薬品の製造販売の承認を受けることによって可能となるのは、その審査事項である医薬品の「名称、成分、分量、用法、用量、効能、効果、副作用その他の品質、有効性及び安全性に関する事項」……の全てについて承認ごとに特定される医薬品の製造販売であると解される。もっとも、……医薬品としての実質的同一性に直接関わることとならない審査事項についてまで両処分を比較することは、……実施を妨げるとはいい難いような審査事項についてまで両処分を比較して、特許権の存続期間の延長登録を認めることとなりかねず、相当とはいえない。そうすると、先行処分の対象となった医薬品の製造販売が、出願理由処分の対象となった医薬品の製造販売を包含するか否かは、先行処分と出願理由処分の上記審査事項の全てを形式的に比較することによってではなく、延長登録出願に係る特許発明の種類や対象に照らして、医薬品としての実質的同一性に直接関わることとなる審査事項について、両処分を比較して判断すべきである。

　以上によれば、出願理由処分と先行処分がされている場合において、延長登録出願に係る特許発明の種類や対象に照らして、医薬品としての実質的同一性に直接関わることとなる審査事項について両処分を比較した結果、先行処分の対象となった医薬品の製造販売が、出願理由処分の対象となった医薬品の製造販売を包含すると認められるときは、延長登録出願に係る特許発明の実施に出

願理由処分を受けることが必要であったとは認められないと解するのが相当である。

　これを本件についてみると、本件特許権の特許発明は、血管内皮細胞増殖因子アンタゴニストを治療有効量含有する、がんを治療するための組成物に関するものであって、医薬品の成分を対象とする物の発明であるところ、医薬品の成分を対象とする物の発明について、医薬品としての実質的同一性に直接関わることとなる両処分の審査事項は、医薬品の成分、分量、用法、用量、効能及び効果である。そして、本件処分に先行して、本件先行処分がされているところ、本件先行処分と本件処分とを比較すると、本件先行医薬品は、その用法及び用量を「他の抗悪性腫瘍剤との併用において、通常、成人には、ベバシズマブとして1回5 mg/kg（体重）又は10mg/kg（体重）を点滴静脈内投与する。投与間隔は2週間以上とする。」とするものであるのに対し、本件医薬品は、その用法及び用量を「他の抗悪性腫瘍剤との併用において、通常、成人にはベバシズマブとして1回7.5mg/kg（体重）を点滴静脈内注射する。投与間隔は3週間以上とする。」などとするものである。そして、本件先行処分によっては、XELOX療法とベバシズマブ療法との併用療法のための本件医薬品の製造販売は許されなかったが、本件処分によって初めてこれが可能となったものである。

　以上の事情からすれば、本件においては、先行処分の対象となった医薬品の製造販売が、出願理由処分の対象となった医薬品の製造販売を包含するとは認められない。

　以上によれば、本件特許権についての延長登録出願に係る特許発明の実施に本件処分を受けることが必要であったとは認められないとする本件審決を違法であるとした原審の判断は、正当として是認することができる。

◇考　察
　平成21年（行ヒ）第326号（最高裁第一小法廷平成23.4.28）を受けて、「用法・用量」等を発明特定事項とする特許発明に限って、先行処分との相違点とする審査基準が作成されたものの、そのような限定的な基準改訂では足らず、本件発明のように「用法・用量」等を発明特定事項としない特許発明においても先行処分と「用法・用量」等の差異があれば特許期間を延長すべきである、との知財高裁の意向が支持された判決である。

　この判決を受けて、特許法67条の 7 （旧67条の 3 ）第 1 項 1 号の判断におい
て、本件処分と先行処分がされている場合、延長登録出願に係る特許発明の種
類や対象に照らして、「医薬品等としての実質的同一性に直接関わることとな
る審査事項」（成分、分量、用法、用量、効能及び効果）について両処分を比較し、
先行処分の対象となった医薬品等の製造販売が、本件処分の対象となった医薬
品等の製造販売を包含すると認められるときに限って、延長登録出願に係る特
許発明の実施に本件処分を受けることが必要であったとは認めないこととする
審査基準改訂が平成28年 4 月 1 日に行われた。

**判決例 7 - 3　特許権存続期間延長登録出願──特許発明の実施をすることが
できなかった期間**

平成10年（行ヒ）第43号「新規ポリペプチド類、その製造方法、そのポリペプ
チド類を含む医薬組成物およびその用途」（最高裁第二小法廷平成11.10.22）
（河合伸一裁判長）

(1)　「承認の効力は、特別の定めがない限り、当該承認が申請者に到達した時、
　　すなわち申請者が現実にこれを了知し又は了知し得べき状態におかれた時に
　　発生すると解するのが相当である」

(2)　「延長登録の理由となる処分としての承認は、申請者に到達した時にその
　　効力が発生するものというべきである」

と判示し、特許発明の実施をすることができなかった期間は、医薬品に関して
は、承認を受けるのに必要な試験を開始した日又は特許権の設定登録の日のう
ちのいずれか遅い方の日から、承認が申請者に到達することにより処分の効力
が発生した日の前日までの期間であると判示した事例。

◇事件の経緯

　①設定登録：平成元年 6 月28日

　②医薬品輸入承認事項一部変更承認（本件承認）：平成 3 年 6 月28日

　③特許権者が本件承認の承認書受領：平成 3 年 7 月11日（承認日と13日差）

　④延長登録出願（承認書受領日の前日までを、本件発明の不可実施期間として出願）

　⑤拒絶査定（請求不成立「実施できなかった期間を超えている」）

　⑥審決：平成 8 年10月31日（請求不成立）

⑦東京高裁判決（請求棄却）

⑧最高裁判決：平成11年10月22日（破棄自判）

◇本件発明

1式

$$H-(D)Phe-Cys-Phe-(D)Trp-Lys-$$

$$Thr-Cys-Thr-ol$$

を有するポリペプチドならびに酸付加塩および錯塩。

◇原判決（東京高裁）

「『特許発明の実施をすることができなかった期間』は、同法67条3項の政令で定める処分を受けるのに必要な試験の開始日又は特許権の設定登録の日のうちのいずれか遅い方の日から、右政令で定める処分を受けた日の前日までの期間である」と判断して上告人の請求を棄却。

◇最高裁判決

(1) 承認の効力の発生日

承認の効力は、特別の定めがない限り、当該承認が申請者に到達した時、すなわち申請者が現実にこれを了知し又は了知し得べき状態におかれた時に発生すると解するのが相当である。

そして、関係法令を検討しても承認の告知方法を定めた規定は存在しないが、薬事法14条1項、13条1項等の文理からすれば、告知に関する規定がないことをもって、同法が、承認について申請者への告知を不要としているものとは解されず、他に申請者への到達なしに承認の効力が生ずることをうかがわせる定めはない。

また、特許権の存続期間の延長に関する特許法の諸規定（旧法67条3項、67条の2第3項等）も、延長登録の理由となる処分はその処分が相手方に到達した時に効力を生ずることを前提としているものと解される。

したがって、延長登録の理由となる処分としての承認は、申請者に到達した時にその効力が発生するものというべきである。

(2) 承認が申請者に到達した日の前日

延長登録の理由となる処分である薬事法所定の承認が申請者に到達した時に、承認の効力が生じ、承認を受けることが必要であるために特許発明の実施をす

ることができない状態が解除されることになるから、その効力が生じた日は、旧法67条3項、67条の3第1項4号所定の処分を受けることが必要であるために特許発明の実施をすることができなかった期間には含まれず、右期間の終期は、承認が申請者に到達した日の前日となる。

(3)　特許発明の実施をすることができなかった期間

旧法67条の3第1項4号にいう「特許発明の実施をすることができなかった期間」は、医薬品に関しては、承認を受けるのに必要な試験を開始した日又は特許権の設定登録の日のうちのいずれか遅い方の日から、承認が申請者に到達することにより処分の効力が発生した日の前日までの期間であると解すべきものである。

(4)　承認書に記載された日付は不可（審理不尽）

本件承認がS社に到達した日を確定することなく、本件承認書に記載された日付である平成3年6月28日の前日をもって本件特許発明の実施をすることができなかった期間の終期と解し、本件出願が旧法67条の3第1項4号に該当することを理由に本件出願を拒絶した本件審決は、違法であって、取り消されるべきものである。

◇考　察

特許法および関係法規には承認の告知方法および起算日を確定する明文が存在せず、申請期間と認可期間の日数差（13日）のため最高裁まで争いとなったケース。

終期は「承認が申請者に到達した日の前日」との判断であり、特許庁の現在の運用となっている。

判決例7-4　「政令で定める処分」の対象となった物、薬事法の承認における「成分」の意味、および、複数回の延長登録の可能性について

平成20年（行ケ）第10460号「放出制御組成物」（知財高裁平成21.5.29）（飯村敏明裁判長）

(1)　「政令で定める処分」が薬事法所定の承認である場合、「政令で定める処分」の対象となった「物」とは、当該承認により与えられた医薬品の「成分」、「分量」及び「構造」によって特定された「物」を意味するものという

べきである。

(2) 薬事法所定の承認に必要な審査の対象となる「成分」とは、薬効を発揮する成分（有効成分）に限定されるものではない。

(3) 「一つの特許権について、2度以上存続期間の延長登録がされることがあり得るという前提で立法されたことがうかがわれる」
と判示され、特許庁の運用とは画した判断がなされた事例。

(4) 本判決に対し特許庁は上告したが、最高裁（前掲判決例7-1、平成21年（行ヒ）第326号）で上告棄却となり、結果的に、本判決が審査基準改正の契機となった。

◇**事件の経緯**

①設定登録：平成12年12月1日（特許第3134187号）

②薬事法による承認：平成17年9月30日

　（有効成分：<u>塩酸モルヒネ</u>、効能：中等度から高度の疼痛を伴う各種癌における鎮痛、剤形：<u>カプセル</u>、販売名：パシーフカプセル30mg）

③延長登録出願：平成17年12月16日（2005-700090号）

④拒絶査定：平成18年8月9日

⑤審決：平成20年10月21日（請求不成立）

⑥判決：平成21年5月29日（審決取消）

⑦上告受理申立、上告

◇**本件発明**

(1) 特許請求の範囲

【請求項1】　薬物を含んでなる核が、(1)水不溶性物質、(2)硫酸基を有していてもよい多糖類、ヒドロキシアルキル基またはカルボキシアルキル基を有する多糖類、メチルセルロース、ポリビニルピロリドン、ポリビニルアルコール、ポリエチレングリコールから選ばれる親水性物質および(3)酸性の解離基を有しpH依存性の膨潤を示す架橋型アクリル酸重合体を含む被膜剤で被覆された放出制御組成物。

(2) 発明の詳細な説明

　<u>薬物は特に限定されないが</u>、例えば、<u>モルヒネまたはその薬理学的に許容しうる塩（例、塩酸塩、硫酸塩等）</u>……等が用いられる。

◇裁判所の判断

（1）「政令で定める処分」が薬事法所定の承認である場合における「政令で定める処分」の対象となった物について

特許法68条の2によって、存続期間が延長された場合の特許権の効力の範囲を特定する要素について、実質的な観点から、詳細に検討する。

まず、品目を構成する要素のうち、「名称」は医薬品としての客観的な同一性を左右するものではない。また、「副作用その他の品質」、「有効性」及び「安全性」は、医薬品としての客観的な同一性があれば、これらの要素もまた同一となる性質のものであるから、特定のための独立の要素とする必要性はない。現に、薬事法所定の承認に際し、医薬品としての同一性の審査にかかわるのは、「成分、分量、構造、用法、用量、使用方法、効能、効果、性能等」（薬事法14条5項、及び平成16年法律第135号による改正前の薬事法14条4項参照）とされている。

さらに、「用法」、「用量」、「使用方法」、「効能」、「効果」、「性能」は、「用途発明」における「用途」に該当することがあり得るとしても……客観的な「物」それ自体の構成を特定するものではない。

したがって、「政令で定める処分」が薬事法所定の承認である場合、「政令で定める処分」の対象となった「物」とは、当該承認により与えられた医薬品の「成分」、「分量」及び「構造」によって特定された「物」を意味するものというべきである。なお、薬事法所定の承認に必要な審査の対象となる「成分」とは、薬効を発揮する成分（有効成分）に限定されるものではない。

以上のとおり、特許発明が医薬品に係るものである場合には、その技術的範囲に含まれる実施態様のうち、薬事法所定の承認が与えられた医薬品の「成分」、「分量」及び「構造」によって特定された「物」についての当該特許発明の実施、及び当該医薬品の「用途」によって特定された「物」についての当該特許発明の実施についてのみ、延長された特許権の効力が及ぶものと解するのが相当である。

（2）文理解釈について

特許法68条の2の規定は、存続期間が延長された特許権の効力の及ぶ範囲を特許発明のすべての範囲とはせず、「政令で定める処分の対象」となった「物」（又は「物」及び「用途」）に限定した規定である。

同規定について、存続期間が延長された特許権の効力の及ぶ範囲である「政

令で定める処分の対象」となった「物」（又は「物」及び「用途」）を、「有効成分」（ないし「効能・効果」）のみで画された範囲に拡大して解釈する文理解釈上の根拠はなく、また、その合理性もない。

　また、前記のとおり、特許法68条の2の規定は、医薬品の製造等に係る薬事法所定の承認に限らず、「政令で定める処分」一般を対象とすること、米国特許法では、延長の対象となる特許の範囲が「有効成分……」により画されることが明示的に規定されている（156条）が、我が国の特許法はあえてそのような規定を置かなかったことからすれば、特許法68条の2にいう「政令で定める処分の対象」となった「物」を、医薬品の承認の場合のみ、「有効成分」と解釈する文理上の根拠は、これを見いだすことができない。

(3)　立法の経緯について

①延長出願制度の適用対象について

　　昭和62年改正法を審議・成立させた当時の国会の議事録及び国会に提出された法案を検討しても、国会において、被告の解釈を前提とするような審議がされた事実は認められず、むしろ、特許権の存続期間の延長登録の理由となる処分は、薬事法所定の承認に限らないものであり、後に特許法施行令に追加された農薬取締法などに拡大することについて審議されたことが認められる。

　　このことは、「政令で定める処分」を薬事法所定の承認に限定せず、特許法68条の2の規定においてもあえて一般的な表現を用いたことを意味するから、「政令で定める処分の対象」となった「物」及び「用途」を、医薬品の場合には「有効成分」、「効能・効果」と読み替えなければならない特許法の規定上の根拠はないことを示す事情というべきである。

②2度以上の延長について

　　法案の準備及び起草過程に関する資料である工業所有権審議会の議事録、配付資料、答申、通商産業省及び内閣法制局による検討記録を検討しても、被告の解釈を前提とするような記載は見当たらない。

　　かえって、法案の起草段階では、内閣法制局の担当官から、処分が2度以上あり延長を2度以上申請する必要があるときはどうするかという疑問が示され、特許権の存続期間の延長登録の出願の拒絶理由として、「その特許権の存続期間が既に延長されたものであるとき。」という規定を挿入することが提案されたことが認められる。

　このような経緯があるにもかかわらず、特許法には、上記のような規定が設けられなかったことに照らすならば、一つの特許権について、２度以上存続期間の延長登録がされることがあり得るという前提で立法されたことがうかがわれる。

③法律の成立過程について

　(a)　通産省、特許庁の内部資料について

　　法案の準備及び起草過程に関する通商産業省及び特許庁の内部資料である「法令審査原案および関係資料」には、被告の主張に沿う記載がある。

　　しかし、上記資料は、法案が作成された当時の通商産業省及び特許庁の担当職員の見解を示すものとはいえても、国会に提出された資料ではなく、前記(ア)で検討した国会での審議の経緯に照らせば、立法府が上記担当職員の見解を支持したと認めることは困難である。

④その他の資料について

　　被告の指摘に係る昭和62年改正法の成立前後に作成された特許法に関する資料ないし文献は、製薬団体の要望を示すもの、特許庁の担当職員ないし関係者の執筆に係る文献、特許庁が作成・公表した審査基準、特許庁やその担当職員ないし関係者の見解を紹介した資料・文献であって、いずれも立法府の見解を示すものとはいえない。

(4)　小括、および結論

以上のとおり、特許法68条の２にいう「政令で定める処分の対象」となった「物」を「有効成分」であるとしてした審決の判断には、誤りがある。

　以上のとおり、原告主張の取消事由は理由があるから、審決を取り消すこととし、主文のとおり判決する。

◇考　察

(1)　「政令で定める処分」の対象となった「物」について

　　文理解釈からも立法の経緯からも、「政令で定める処分」の対象となった「物」とは、特許庁の現行運用及び既判決の「承認を受けた有効成分（又は有効成分と効能・効果）」とはいえないとの判断がなされた。

　　また、薬事法の承認項目から、消去法により「成分」、「分量」および「構造」を残し、「政令で定める処分」の対象となった「物」とは、「成分」、「分量」および「構造」によって特定された「物」を意味するとの判断がなされ

た。

(2) 「成分」について

　「成分」とは、特許庁の現行運用でいう「薬効を発揮する成分（有効成分）」に限定されないとの判断がなされた。

(3) 　2度以上の延長について

　一つの特許権について、2度以上存続期間の延長登録がされることがありうるとの判断がなされた。

(4) 　上記(1)〜(3)により、有効成分、および効能・効果が従前の医薬品と同じでも、分量、または剤形等のような医薬品の構造が相違し、または有効成分とは異なる付加的な非有効成分の配合、相違により、新たに薬事法の承認を受けた医薬品についても、延長登録が認められる可能性が広がったといえる。

(5) 　本判決のその後

　本判決については、控訴審被告（特許庁）より、上告受理の申立、上告がなされたところ最高裁で上告棄却となり（前掲判決例7-1、平成21年（行ヒ）第326号）、これを受けて審査基準が改正されることとなった。

第 8 章

共同出願（第38条）
共同審判（第132条）
冒認出願（第123条 1 項 6 号）
国内優先権（第41条）

　以下の判決紹介では、発明完成時点および発明者の立証における、電子メール通信記録の有効性に関する事例（判決例8-1）、共同審判に関する事例（判決例8-2）、冒認出願の審理に関する事例（判決例8-3）、国内優先権に関する事例（判決例8-4、8-5）を紹介する。

判決紹介

判決例8-1　発明完成時点および発明者の立証における、電子メール通信記録の有効性

平成19年（行ケ）第10278号「ウエーハ用検査装置」（知財高裁平成20.9.30）（飯村敏明裁判長）

P社、Q社およびR社の3社の開発協力による発明が、P社およびQ社のみで特許出願され、R社の開発担当者であるMが特許無効を主張して提訴した。

裁判所は、「被告の担当者であるMは……その後も仕様変更を行なう等して実験を継続し……本件発明は、この時点又はそれ以降に完成したというべきである。以上の経緯……に照らすならば、本件発明の発明者にMが含まれることは明らかである」として、電子メールの通信記録に基づき、発明の完成時点、およびMが発明者に含まれるとの判断がなされ、これにより、本件発明は共同によりその特許出願をしたものでないから特許法38条に違反してなされたものであるとして、本件特許を無効とした審決が支持された事例。

◇事件の経緯

①P社の従業者A、B、C、およびQ社の従業者D、E、Fを発明者としてP社およびQ社の共同で特許出願：平成14年2月19日（特願2002-42398）

②設定登録：平成16年12月17日（特許第3629244号）

③無効審判請求：平成18年11月17日（無効2006-80239号）

④審決：平成19年6月19日（特許無効）

⑤判決：平成20年９月30日（請求棄却）

◇本件発明

【請求項１】　周端縁に底部及び両側部を有して略Ｕ字状に切り欠かれたノッチがある円盤状のウエーハを検査するウエーハ用検査装置であって……上記ノッチ撮像部を、上記ノッチの厚さ方向の異なる部位を撮像するエリアセンサで構成した複数の撮像カメラを配置して構成したことを特徴とするウエーハ用検査装置。

◇審決の内容

本件各発明は、Ｐ社及びＱ社の従業者らのみが発明者ではなく、被告の従業者のＭも発明者であること、Ｍは、本件各発明について特許を受ける権利の持分を、Ｐ社又はＱ社のいずれにも譲渡していないこと、したがって、本件特許について特許を受ける権利は、Ｐ社、Ｑ社及びＭの共有であるにもかかわらず、共有者が共同で特許出願をしたものとはいえないから、特許法38条の規定に違反したものであるとするものである。

◇裁判所が認定した、本件発明に至るまでの経緯

（1）　被告は、平成12年12月11日……見積仕様書を作成し、Ｐ社に対して開発費を1000万円とする見積書を提出した。

（2）　Ｍは……平成13年２月17日から同月23日にかけて電子メールを送信した。このうち同年２月19日付け電子メールには……との記載があり、同月20日付け電子メールには……との記載があり、同月23日付け電子メールには……との記載がある。

そして、ＭはＡに対し平成13年３月１日に電子メールを送信し……と述べている。

（3）　Ｍは平成13年３月26日付けで……仕様書を作成した。

◇裁判所の判断

以上認定した事実によれば、Ｐ社は……被告に対して、平成12年９月末ころに上記装置の共同開発を、同年10月20日にはノッチ部の検査手法の検討を、それぞれ依頼したこと、これに対して、被告の担当者であるＭは……同年12月11日に本件発明１が含まれる仕様書をいったん作成、提供したが、その後も仕様変更を行なう等して実験を継続し……平成13年３月26日に本件各発明が記載された仕様書を作成して、これをＰ社に宛てて提示したものであり、本件発明１は、この時点又はそれ以降に完成したというべきである。

以上の経緯……に照らすならば、本件発明1の発明者にMが含まれることは明らかである。

◇考　察

(1)　近年、複数の発明者による産学官等の共同出願が増加している。一方、特許法38条には、特許を受ける権利が共有に係るときは、他の共有者と共同でなければ特許出願をすることができないと規定されている。

　　特許法には発明者の定義は見あたらない。しかし、学説および判例上、発明者とは、原則として、新規な着想の着想者、および新規な着想を具体化した者とされており、一方、単なる管理者、単なる補助者、単なる後援者や委託者などは、たとえ発明の過程に関与したとしても、発明者には該当しないとされる。

　　しかし、現実には、複数の開発者が関与する共同発明や共同出願の場合、発明者の特定が困難な場合が生じ、このため訴訟に至るケースが散見される。これは、ひとつには、発明がいつ完成し、誰がその着想をしたかの確定が困難なことによる。発明者が、自らが発明をしたと主張しても、従前は、それを立証する有効な手立てがなく、たとえ訴訟を行っても、勝訴することが困難であったのが実情といえる。

(2)　このような状況を変えたのが、電子メールであり、上に紹介した判決である。

　　従前、共同開発における発明の完成時点および発明者の立証は困難を極めた。しかし、電子メールで交わされた通信記録は、通信日時および通信内容が明白なことから、これらを一挙に解決する手立てとなることがある。

　　近年、電子メールはその利便性のため、発明のアイデア段階から、研究開発関係者間で利用されるケースが多くなっている。こうした電子メールの通信記録は、発明の成立過程が問題となった場合、訴訟での有効な立証、反論手段となりうる。したがって、電子メールの利用に注意を払うとともに、これが記録として残ることに留意し、不用意な通信を行わないことも必要と考えられる。

判決例8-2　共同審判

平成22年（行ケ）第10363号「チオキサントン誘導体、およびカチオン光開始剤としてのそれらの使用」（知財高裁平成23.5.30）（飯村敏明裁判長）

(1)　132条3項の共有者全員が「共同して請求した」といえるかどうかについては、審判請求書の請求人欄の記載のみによって判断すべきでなく、その請求書の全趣旨や当該出願について特許庁が知り得た事情等を勘案して、総合的に判断すべきであり、

(2)　本件審判請求は請求人が原告ら3名であるにもかかわらず、本件審判請求書には請求人として原告Cのみが記載されている場合であるから、131条1項の定める方式に不備があり、審判長は、133条1項に基づき補正を命じなければならなかった、

として、補正命令をせずに審判請求を却下した審決を取り消した事例。

◇審決の内容

　本件は、特許を受ける権利がA、B及びCの共有に係る特許出願の拒絶査定に対する審判請求であるから、この請求は、特許法第132条第3項の規定により、上記共有者の全員が共同して請求しなければならないところ、本件は、その一部の者であるCによってなされたものであるから不適法な請求であって、その補正をすることができないものである。

◇事実関係（裁判所が認定したもの）

　(1)　原告らは、本願発明の特許を受ける権利の共有者であるが、平成15年2月26日、本願発明について特許出願をした。……いずれも日本国内に営業所又は住所若しくは居所を有しない。

　(2)　平成16年8月24日、弁理士Xは、国内書面を提出したが、同書面の【特許出願人】欄には、原告Cの名称のみを記載し、他の原告らの氏名を記載しなかった。特許庁は、同年12月8日付けで、特許出願人代理人である弁理士Xあてに、原告A及び原告Bは発明者であると共に出願人でもあるとして、国内書面の特許出願人の欄を補正するよう手続補正を指令し、弁理士Xは、同月21日、錯誤により出願人を間違えた旨を付記した上、原告A及び原告Bを国内書面の特許出願人に追加する旨の手続補正を行った。

　(3)　弁理士Xは、特許庁に対し、平成18年1月31日、本件出願につき審査

請求をしたが、同審査請求書には、請求人として原告ら3名の名称、代理人として弁理士Xの氏名を記載した。

(4)　特許庁は、本件出願については、平成22年2月22日付けで本件拒絶査定をしたが、本件拒絶査定書では、特許出願人として「C（外2名）」と記載し、代理人に弁理士Xの氏名を記載した。

(5)　弁理士Xは、平成22年6月23日、代理人として本件審判を請求したが、……審判請求人欄には原告Cとその識別番号が、代理人欄には弁理士Xの氏名が、……記載されていた。

◇裁判所の判断

(1)　上記規定によれば、審判請求書には審判請求人全員の氏名を記載しなければならないのであるが、他方、共有に係る権利の共有者全員の代理人から審判請求書が提出された場合において、共有者全員が「共同して請求した」といえるかどうかについては、単に審判請求書の請求人欄の記載のみによって判断すべきものではなく、その請求書の全趣旨や当該出願について特許庁が知り得た事情を勘案して、総合的に判断すべきである。

ところで、……、代理人が、共有者全員から拒絶査定不服審判請求について委任を受けているにもかかわらず、共有者の一部の者のみを代理して拒絶査定不服審判を請求することは、あえて不適法な審判請求をすることとなり、そのような行為は、不自然かつ不合理であるといえるから、代理人がそのような共有者全員の利益を害するような行為を行うことは、通常考えられない。……特許庁としては、代理人がこのような不合理な行為を行うやむを得ない特段の事情が推認される場合はさておき、そのような事情がない限り、審判請求書の記載上、共有者の一部の者のためにのみする旨の表示となっている場合があったとしても、そのような審判請求書は、誤記に基づくものであると判断するのが合理的である。

(2)　以上の事実を総合すれば、弁理士Xが本件審判請求書を提出することによってした審判請求は、審判請求書の記載上、原告Cの名称のみ表記され、原告A及び原告Bの氏名は表記されていないが、弁理士Xに原告ら全員のためにする意思があることは明らかであり、しかも、特許庁においても、その意思は、十分に知り得たものというべきである。したがって、本件審判請求は請求人が原告ら3名であるにもかかわらず、本件審判請求書には請求人として原告Cのみが記載されている場合であるから、同法131条1項の定める方式につ

いて不備があることとなる。このような場合、審判長は、同法133条1項に基づき、原告らの代理人たる弁理士Xに対して、相当の期間を定めてその補正をすべきことを命じなければならなかったといえる。

◇**考　察**

　判決は、132条3項に規定する要件を満たしているかどうかは、形式的に審判請求書の請求人欄の記載から判断するのではなく、さまざまな事実を総合して実質的に判断すべきとした。

　この判決は、132条3項につき一般的規範を示した点で意義を有するが、通常であれば、代理人は審判請求書に特許を受ける権利を有する複数の者全員の氏名・名称を記載するであろうから、この判決の実務的な影響は審判請求書に全員の氏名・名称を誤って記載しなかった場合に限られる。

　判決は事実を総合して判断すべきとしているから、特許を受ける権利を有する複数の者の一部に審判請求する意思がないのが明らかであるにもかかわらず、その意思に反し代理人がその一部の者の氏名・名称を審判請求書に記載していた事実が明らかとなった場合は、132条3項に規定する要件を満たさないものと判断されよう。

判決例8-3　冒認出願の審理

平成20年（行ケ）第10427号「基板処理装置及び基板処理方法及び基板の製造方法」（知財高裁平成21.6.29）（飯村敏明裁判長）

冒認出願を理由として請求された特許無効審判においては、その具体的な争点の内容、性質に照らすと、口頭審理によるべきであるが、それにもかかわらず、職権で、口頭審理から書面審理に変更した点において、著しく公正を欠く審理であるというべきであり、審判手続の進行や審理の方式については審判体に合理的な裁量があることを考慮してもなお、その裁量を逸脱しているといえ、このような手続上の瑕疵は、結論に影響を及ぼす誤りということができるとして、書面審理による審決が取り消された事例。

◇**審決の内容**

　審判官は、職権で、口頭審理から書面審理に変更し、審決は、無効審判請求

人である原告が提出した各証拠、および原告が主張する無効にすべき理由によっては、本件特許が冒認出願に対してされたものであるとすることはできないと判断した。

◇裁判所の判断

冒認出願を理由として請求された特許無効審判においては、「特許出願がその特許に係る発明の発明者自身又は発明者から特許を受ける権利を承継した者によりされたこと」を、出願人ないしその承継者である特許権者において主張立証しなければならないものというべきであり、原告は、冒認を疑わせる事情を具体的に主張し、その主張に沿う証拠を提出していたものと認められるが、被告は「特許出願がその特許に係る発明の発明者自身又は発明者から特許を受ける権利を承継した者によりされたこと」について、具体的な主張立証活動を何等行っていない。上記の審理経緯及び証拠内容を総合すると、審決には、冒認出願に係る事実についての主張立証責任の所在の判断の誤り及び冒認出願か否かについての判断の誤りがある。

本件審判手続は、①原告は冒認を疑わせる事情を具体的に主張していた、②被告は、「特許出願がその特許に係る発明の発明者自身又は発明者から特許を受ける権利を承継した者によりされたこと」について、具体的な主張立証活動を何ら行っていなかった、③審判官は書面審理の方式に変更した、④原告は、口頭審理を開催し、主張立証責任の原則に則り、被告等の当事者本人尋問、証人尋問を行い、冒認出願であることの真理究明を尽くすことなどを求めた、⑤しかし、審判体は、審理を終結して、本件審決をした、という経過であり、その具体的な争点の内容、性質に照らすと、口頭審理によるべきであるが、それにもかかわらず、職権で、口頭審理から書面審理に変更した点において、著しく公正を欠く審理であるというべきである。審判手続の進行や審理の方式については審判体に合理的な裁量があることを考慮してもなお、その裁量を逸脱しているといえ、このような手続上の瑕疵は、結論に影響を及ぼす誤りということができる。

◇考　察

(1)　本件は、冒認の主張立証責任の所在について（一般的規範について）、次のように判示している。

(2)　特許法123条1項6号の規定を形式的にみると「その特許が発明者でない

者……に対してされたとき」との事実につき、無効審判請求人において、主張立証責任を負担すると読む余地がないわけではないが、このような規定ぶりは、あくまでも同条の立法技術的な理由に由来するものであって、同規定から、29条 1 項等所定の発明者主義の原則を、変更したものと解することは妥当でない。したがって、冒認出願（123条 1 項 6 号）を理由として請求された特許無効審判において「特許出願がその特許に係る発明の発明者自身又は、発明者から特許を受ける権利を承継した者によりされたこと」についての主張立証責任は、特許権者が負担すると解すべきである。

(3)　もっとも、そのような解釈は、すべての事案において、特許権者において、発明の経緯等を個別的、具体的に主張立証しなければならないことを意味するものではない（むしろ、先に出願したという事実は、出願人が発明者または発明者から特許を受ける権利を承継した者であるとの事実を推認する重要な間接事実である）。

(4)　特許権者の行うべき主張、立証の内容、程度は、冒認出願を疑わせる具体的な事情の内容および無効審判請求人の主張立証活動の内容、程度がどのようなものかによって大きく左右される。仮に無効審判請求人が、冒認を疑わせる具体的な事情を何ら指摘することなく、かつ、その裏づけ証拠を提出していないような場合は、特許権者が行う主張立証の程度は比較的簡易なもので足りる。これに対して、無効審判請求人が冒認を裏づける事情を具体的詳細に指摘し、その裏づけ証拠を提出するような場合は、特許権者において、これを凌ぐ主張立証をしない限り、主張立証責任が尽くされたと判断されることはないといえる。そして、冒認を疑わせる具体的な事情の内容は、発明の属する技術分野が先端的な技術分野か否か、発明が専門的な技術、知識、経験を有することを前提とするか否か、実施例の検証等に大規模な設備や長い時間を要する性質のものであるか否か、発明者とされている者が発明の属する技術分野についてどの程度の知見を有しているか、発明者と主張する者が複数存在する場合に、その間の具体的実情や相互関係がどのようなものであったか等、事案ごとの個別的な事情により異なるものと解される。

(5)　この判決は、どのような場合に、職権での書面審理が裁量の逸脱にあたるのかにつき、参考になる判決である。

判決例8-4　国内優先権1

平成14年（行ケ）第539号「人工乳首」（東京高裁平成15.10.8）（篠原勝美裁判長）

基礎出願の明細書等に記載されていなかった実施形態を加えた国内優先権主張の出願について、基礎出願の明細書等に記載された技術的事項の範囲を超えた部分については優先権主張の効果は認められないとして、基礎出願後の他人の出願に基づく特許法29条の2の拒絶の理由を適用した審決を維持した事例。

◇先の出願（基礎出願）

（1）　特許請求の範囲

【請求項1】　乳首胴部と、この乳首胴部から突出して形成されている乳頭部とを有する人工乳首であって、上記乳頭部及び／又は上記乳首胴部の少なくとも一部に伸長する<u>伸長部が備わっている</u>ことを特徴とする人工乳首。

【請求項2】　上記伸長部に隣接して、この伸長部より剛性のある剛性部が設けられていることを特徴とする請求項1に記載の人工乳首。

【請求項3】　<u>上記伸長部と上記剛性部が交互に配置されている</u>ことを特徴とする請求項2に記載の人工乳首。

【請求項4】　上記人工乳首がシリコンゴムにより形成されていると共に、このシリコンゴムの厚みが、上記伸長部では比較的薄く、<u>上記剛性部では比較的厚い</u>ことを特徴とする請求項2又は請求項3に記載の人工乳首。

（2）　実施形態

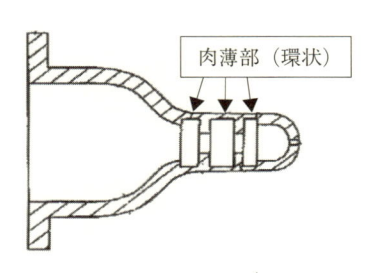

肉薄部（環状）

◇本件発明（後の出願の発明）

（1）　特許請求の範囲

【請求項1】　乳幼児の哺乳窩に当接可能な先端部を有する乳頭部と、乳幼児

が舌により蠕動運動を行う際に舌を波うつように移動させることができる表面を有する乳頭部及び乳首胴部と、哺乳瓶と接続するためのベース部と、を有する人工乳首であって、前記乳頭部及び乳首胴部のシリコンゴムから成る壁面の内側に、この壁面より肉厚の薄い伸長部が形成され、この伸長部に隣接して、この伸長部より肉厚が厚い剛性部が交互に形成されていることを特徴とする人工乳首。

(2)　追加された実施形態

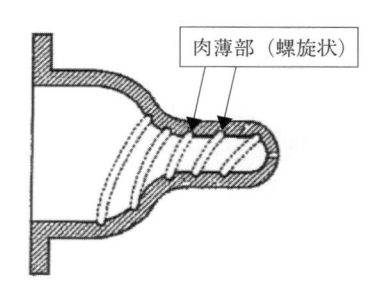

肉薄部（螺旋状）

◆他人の出願（基礎出願と本願出願との間の時期の出願）

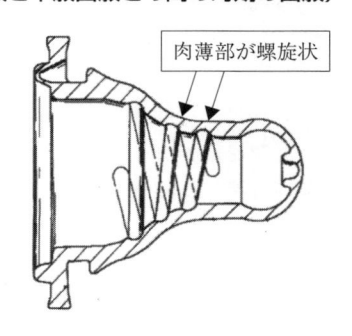

肉薄部が螺旋状

◆審決の内容

　本願発明は、先の出願の当初明細書等に記載されていない図11の実施例を包含するから、図11実施例発明の出願は現実の出願日となり、本件出願日前の他の出願の当初明細書等に記載された発明と同一であり、図11実施例発明を含む本願発明は、特許法29条の2により特許を受けることができない。

◆裁判所の判断

(1)　特許法41条2項は、同法29条の2の適用に係る優先権主張の効果について「……優先権の主張を伴う特許出願に係る発明のうち、当該優先権の主張の

基礎とされた先の出願の願書に最初に添付した明細書又は図面……に記載された発明……についての……第29条の2本文……の規定の適用については、当該特許出願は、当該先の出願の時にされたものとみなす」と規定し、後の出願に係る発明のうち、先の出願の当初明細書等に記載された発明に限り、その出願時を同法29条の2の適用につき限定的に遡及させることを定めている。

　後の出願の特許請求の範囲の文言が、先の出願の当初明細書等に記載されたものといえる場合であっても、後の出願の明細書の発明の詳細な説明に、先の出願の当初明細書等に記載されていなかった技術的事項を記載することにより、後の出願の特許請求の範囲に記載された発明の要旨となる技術的事項が、先の出願の当初明細書等に記載された技術的事項の範囲を超えることになる場合には、その超えた部分については優先権主張の効果は認められないというべきである。

　(2)　後の出願の当初明細書等に本願発明の実施例として記載された、伸長部である肉薄部を螺旋形状に形成した図11実施例に係る人工乳首は、先の出願の当初明細書等に明記されていなかったばかりでなく、先の出願の当初明細書等に現実に記載されていた、伸長部である肉薄部を環状に形成した「図1」の実施例に係る人工乳首の奏する効果とは異なる螺旋形状特有の効果を奏するものである。したがって、当該伸長部である肉薄部を螺旋形状にした人工乳首の実施例（図11実施例）を後の出願の明細書に加えることによって、後の出願の特許請求の範囲に記載された発明の要旨となる技術的事項が、先の出願の当初明細書等に記載された技術的事項の範囲を超えることになることは明らかであるから、その超えた部分については優先権主張の効果は認められないというべきである。

◇考　察

(1)　本件は、優先権の基礎出願の明細書等には、実施形態（実施例）としては、肉薄部が環状のものだけが記載されていたところ、優先権主張をした本願の明細書等では、さらに肉薄部が螺旋状の実施形態を追加した事例である。審決は、追加された螺旋状の実施形態については優先権主張の効果は認められず、これを包含する本願発明は、基礎出願と本願との間の期間である優先期間内に出願された他人の出願の当初明細書に記載の発明と同一であることから特許法29条の2の規定によって特許を受けることができないとした。本願

の特許請求の範囲の文言は、基礎出願の特許請求の範囲等に記載されたものと実質的に同じであり、この本願発明に優先権主張の効果が認められるか否かが争われた。

(2)　判決は、本願の特許請求の範囲の文言が基礎出願の当初明細書等に記載されたものであっても、基礎出願に記載されていなかった技術的事項を記載することによって、本願発明の要旨となる技術的事項が、基礎出願の当初明細書等に記載された技術的事項の範囲を超えることになる場合には、その超えた部分については優先権主張の効果は認められないと判示して、審決の考え方を支持した。

(3)　実施形態（実施例）を追加した場合には常に優先権主張の効果が認められないともいえず、本判決の後に同じ東京高裁で出された平成16年㈱1563号「レンズ付きフィルムユニット及びその製造方法」では、優先権主張の効果を認めている。その事例では、追加された技術的事項が発明の課題等に関する部分ではなく、追加された実施例によって基礎出願に記載された発明の範囲を超えているとはいえない旨を判示している。

(4)　優先権主張の効果についての判断は、国内優先権とパリ条約の優先権とで同様であり、審査基準では、「パリ条約による優先権」において詳しく説明をし、本判決もそこに参考判決として記載されている。優先権に関する審査基準は、本判決の確定を待って、策定、公表された経緯もあり、本判決は優先権主張の効果についての重要判決といえる。

　　　審査基準では、本事例と同様な仮想事例を「例 3 」として記載している。そこでは、第一国出願（先の出願）の実施形態がねじによりミラー角度を調整する光走査装置であったところ、日本出願（後の出願である本願）では、請求項の文言は同じであって圧電素子でミラー角度を自動調整する光走査装置の実施形態を追加した事例において、追加した実施形態に係る部分については優先権主張の効果を認めないとしている。

(5)　本件や審査基準の光走査装置などの事例において、追加した実施形態のために、優先期間内の先行技術によって、特許法29条 1 ・ 2 項、29条の 2 または39条の拒絶理由または無効理由が生じた場合には、追加した実施形態を削除することによって、拒絶理由または無効理由は解消する。ただし、訂正の場合には、そのような削除が訂正要件を満たすか否かは事例により異なる。また、削除した実施形態と同じ他人の製品等に対して特許権侵害が認められ

るか否かは別問題である。

判決例8−5　国内優先権2

平成18年（行ケ）第10449号「無アルカリガラス、液晶ディスプレイパネル及びガラス板」（知財高裁平成19.12.26）（飯村敏明裁判長）

先願に優先権主張の効果を認めて、本件発明は特許法29条の2の規定により特許を受けることができないとした審決に対し、先願には優先権主張の効果は認められないとして審決を取り消した事例。

◇本件発明

【請求項1】　モル％表示で実質的に、SiO_2：60〜72％、Al_2O_3：9〜14％、B_2O_3：5〜10％未満、MgO：1〜5％、CaO：0〜1.5％、SrO：1〜7％、BaO：1〜5％、$MgO + CaO + SrO + BaO$：7〜18％からなり、歪点が640℃以上、密度が2.70g/cc以下である無アルカリガラス。

◇先願の優先権主張の基礎となる出願に係る明細書（優先権基礎出願明細書）

【請求項1】　重量百分率で、SiO_2 58.0〜68.0％、Al_2O_3 10.0〜25.0％、B_2O_3 3.0〜15.0％、MgO 0〜2.9％、<u>CaO 0〜10.0％</u>、BaO 0.1〜5.0％、SrO 0〜10.0％、ZnO 0〜5.0％、ZrO_2 0〜5.0％、TiO_2 0〜5.0％の組成を有し、実質的にアルカリ金属酸化物を含有しないことを特徴とする無アルカリガラス基板。

◇先願明細書の特許請求の範囲

1．重量百分率で、SiO_2 58.0〜68.0％、Al_2O_3 10.0〜25.0％、B_2O_3 3.0〜15.0％、MgO 0〜2.9％、<u>CaO 0〜8.0％</u>、BaO 0.1〜5.0％、SrO 0.1〜10.0％、ZnO 0〜5.0％、ZrO_2 0〜5.0％、TiO_2 0〜5.0％の組成を有し、実質的にアルカリ金属酸化物を含有しないことを特徴とする無アルカリガラス基板。

◇審決の内容

（1）　本願発明は、適法な優先権主張の出願とは認められないから、国内優先の利益を享受できず、現実の出願日が基準日となる。

（2）　先願は、適法な優先権主張の出願であるから、先願の出願日は、優先権基礎出願の出願日となる。

(3)　本願発明と、優先権基礎出願の願書に最初に添付した明細書に記載された発明とを対比すると、両者の発明は実質同一であるから、特許法29条の2の規定により特許を受けることができない。

◇裁判所の判断

(1)　優先権基礎出願と先願について、各特許請求の範囲の記載を対比すると、CaO 含有量については、前者が「0〜10.0%」であるのに対し、後者が「0〜8.0%」であり、先願における含有量は、優先権基礎出願における含有量の範囲に含まれる。

しかし、優先権基礎出願明細書には、「10.0%より多いと、ガラスの耐バッファードフッ酸性が著しく悪化するため好ましくない」と記載され、同記載部分によれば、優先権基礎出願明細書においては、「10.0%」なる数値に上限としての技術的意義を有するものとして開示されているといえるが、「0〜8.0%」の範囲の数値については、何ら技術的な意味を示唆する記載はない。そして、優先権基礎出願明細書の実施例及び比較例によれば、CaO の含有量は、2.1〜7.5%の範囲にあることが示されており、CaO を「8.0%」含有させたガラス組成物についての開示はない。

そうすると、優先権基礎出願明細書には、「8%」を上限とする「0〜8%」の CaO 含有量範囲について、何らかの技術的意義を示した記述はないと理解するのが自然である。

(2)　先願発明は、優先権基礎出願明細書に記載されているということができないから、審決が、本願との関係で、先願発明を特許法29条の2所定の発明として同条の規定を適用したことは誤りである。

◇考　察

(1)　本件は、特許法29条の2における他の出願（先願）について、CaO の含有の数値範囲が「0〜8.0%」であるところ、その優先権主張の基礎出願の当初明細書等には「0〜10.0%」の範囲と7.5%等の実施例の記載があるのみで、上限値が8.0%であることについての記載がなかった事例であり、判決は、先願に優先権の効果を認めなかった。

(2)　「優先権」に関する審査基準では、優先権主張の効果が認められるには、後の出願の請求項に係る発明が先の出願（基礎出願）の願書に最初に添付した明細書等に記載した事項の範囲内のものである必要があり、その判断は新

規事項の例によるとされている。

　また、本件の例のように、特許法29条の2における他の出願が優先権主張を伴う出願の場合については、「特許法29条の2」に関する審査基準において、優先権主張を伴う出願と基礎出願の双方の当初明細書等に記載された発明について、基礎出願の出願日によって特許法29条の2の規定を適用することとされている。

(3)　本件では、基礎出願の数値範囲が「0〜10.0%」であって、それを優先権主張の基礎とする先願の数値範囲が「0〜8.0%」であるから、基礎出願の数値の範囲内ではあるが、基礎出願の当初明細書には上限値の「8.0%」という数値についての記載はされていない。「新規事項」に関する審査基準では、この場合のように当初明細書に記載された数値範囲内であっても、当初明細書に記載のない数値を上限値や下限値とする補正は新規事項であるとしており、本件の判決は、この考え方とも一致している。

(4)　ただし、本書中の「新規事項の追加（数値限定）」での事例「平成22年（行ケ）第10234号」のように、明示的に記載のない数値を上限値とした訂正を新たな技術事項を導入するものでないとして新規事項追加に当たらないとした判決も存在し、まったく異なる結論のようにも受け取られる。

　しかし、その判決では、訂正した上限値について技術的意義がないことを理由として新たな技術事項を導入するものでないとしており、一方、本件の判決でも、基礎出願には、「10.0%」についての技術的意義の記載がある一方で先願の上限値「8.0%」についての技術的意義の記載がないことを理由として優先権の効果を認めておらず、考え方は共通しているともいえる。

第 9 章

選択発明

概　説

1　背　景

　「選択発明」との用語や定義は特許法にはない。しかし、選択発明は、現在では半ば慣行的に、当然にその物が存在するとの暗黙の了解のうちに、定義や意義が厳密に問われることもなく、新規性および進歩性判断の際の例外として認められ、実務処理が行われている。

　本章では、わが国における「選択発明」の発生、「選択発明」という概念が特許法の明文とは別に存在するとする法源自体が争点とされた事件をはじめ、選択発明成立のための要件等を示した判決について、特許庁の審査基準との関係を合わせ見ながら紹介する。

2　特許庁の審査基準における選択発明の取扱い

　(1)　特許庁の審査基準では、「選択発明」の項は、第Ⅲ部第2章「新規性・進歩性」第4節「特定の表現を有する請求項についての取扱い」の「7」の欄に設けられている。

　審査基準では、選択発明について、次のように定義している。

　選択発明とは、物の構造に基づく効果の予測が困難な技術分野に属する発明であって、以下の①又は②に該当するものをいう。

①刊行物等において上位概念で表現された発明(a)から選択された、その上位概念に包含される下位概念で表現された発明(b)であって、刊行物等において上位概念で表現された発明(a)により新規性が否定されないもの。

②刊行物等において選択肢で表現された発明(a)から選択された、その選択肢の一部を発明特定事項と仮定したときの発明(b)であって、刊行物等において選択肢で表現された発明(a)により新規性が否定されないもの、したがって、刊行物等に記載又は掲載された発明とはいえないものは、選択発明になり得る。

　そして、進歩性の判断については、請求項に係る発明の引用発明と比較した効果が以下の①から③までの全てを満たす場合は、審査官は、その選択発明が進歩性を有しているものと判断するとしている。

①その効果が刊行物等に記載又は掲載されていない有利なものであること。

②その効果が刊行物等において上位概念又は選択肢で表現された発明が有す

る効果とは異質なもの、又は同質であるが際立って優れたものであること。

③その効果が出願時の技術水準から当業者が予測できたものでないこと。

審査基準では、選択発明の新規性については、「……刊行物等において上位概念で表現された発明(a)により新規性が否定されないもの」というにとどまり、新規性肯定の要件は詳述されていない。しかし、選択発明の新規性の判断過程には、進歩性類似の判断手法が繰り込まれることから（判決例 9 - 1 ：昭和34年（行ナ）第13号）、選択発明の新規性についての判断手法も、進歩性の場合と同様と考えてよい。

(2)　審査基準における選択発明についての判断手法は、同基準が制定された平成 5 年当時までの判決、特に、判決と審査基準との文言上の類似性からみて、昭和51年（行ケ）第19号の「作用効果は先行発明と異つた種類のものであるかまたは同種のものでも際立つて優れたもの」との判示、および、昭和60年（行ケ）第51号の「異質の効果、又は同質の効果であるが際立つて優れた効果を奏する場合」との判示によるところが大きいといえる。

上記昭和60年（行ケ）第51号は、選択発明の新規性についての判決であるが、審査基準では選択発明の進歩性についての判断基準の文言として採用されている。

判決紹介

判決例 9 - 1　選択発明の存在を認めた嚆矢となる判決

昭和34年（行ナ）第13号「温血動物に対し毒性のきわめて少ない殺虫剤」（東京高裁昭和38.10.31）（原増司裁判長）

先行する上位発明の構成に包含される下位の発明群の中に、所謂「選択発明」という概念が存在し、上位発明とは別個の発明として成立することを認めた最初の判決。

◇事件の経緯

①昭和28年 4 月30日：特許出願

②昭和31年 1 月13日：拒絶査定

③昭和33年10月31日：審決（請求不成立→拒絶査定支持）

④昭和38年10月31日：判決（審決取消）

⑤昭和39年8月19日：出願許公告（特公昭39-17191）

◇本件発明

O-O-ジメチル-O-4-ニトロ-3-クロルフェニル-チオフォスフェートを含有せしめたことを特徴とする温血動物に対し毒性の極めて少ない殺虫剤。

O-O-ジメチル-O-4-ニトロ-3-クロルフェニル-チオフォスフェート
（慣用名：Chlorthion、クロルチオン）

◇被告（特許庁）の主張

（1）原告は本件殺虫剤の毒性の少ないことを強調しているが……殺虫剤として実施した場合に附随して得られる効果に過ぎない。附随的でも優秀な効果のあることは、製品の利用価値を高め、発明の高度性を立証するに役立つことがあるが、それは発明の新規性を確立するための要素ではない。

（2）毒性の減少があつたとしても、それは既知の物の単なる性質の発見に止まり、それだけで使用すること自体を新規なりとするには足りない。

（3）既知のそれと全く同じ目的、すなわち殺虫剤に使用することについての独占権を要求することは、既に公表され公衆の所有となつているものを奪わんとするに等しく、独占の代償として公衆に飛躍的な新知識を提供することにはならないので、これを特許することは立法の趣旨に反する。

◇裁判所の判断

（1）引用明細書を仔細に検討しても、本件発明における特定の化合物 O-O-ジメチル-O-4-ニトロ-3-クロルフエニル-チオフオスフエートなる化合物は見当らず、引用特許の発明者が具体的に右化合物を発見したものとは認められず、またこれが右引用特許公報によつて公表されているものとも解されない。

（2）殺虫活性をほぼ同一にする殺虫剤について、温血動物に対する毒性の低下の要請への解決は……附随的の効果の発見というべきではなく、それ自体独立した重要な技術的課題を構成するものと解せられ……引用特許のうちに一般

式で示された上位概念のうちに包含される化合物を含有せしめたことを特徴とするものであつても、具体的には、この化合物を記載せず、いわんや殺虫活性がほぼ同一であるのに、他面温血動物に対する毒性は極めて少ないという、前述の重要な課題の解明については全然触れるところがない前記引用特許明細書の記載からは、容易に想到されるものとは解し難く、旧特許法第1条にいう新規な工業的発明を構成するものと解するを相当とする。

(3)　本件出願の発明は……特定の構造を有する化合物を含有することを特徴とする、特定の効果を有する殺虫剤であつて、発明の範疇を異にするものであるから、これを特許しても二重特許となるおそれがあるものとは解されない。

(4)　本件出願の発明の殺虫剤が含有する化合物は……独立の技術的課題を解決した別個の発明と解すべきものであるから……特許法第72条にいう利用関係が成立するとしても、同一発明に対する二重特許のおそれがあるものとはいわれない。

◇考　察

(1)　有機リン系殺虫剤として「スミチオン」と並んで著名な「クロルチオン」を世に送り出した特許についての拒絶審決取消訴訟であり、先行する上位発明の構成に包含される下位の発明群の中に、所謂「選択発明」という概念が存在し、上位発明とは別個の発明として成立することを認めた最初の判決である。

(2)　本発明の背景をみてみると、本件出願当時、本発明化合物の上位化合物群である4-ニトロフェニル-チオフォスフェート類には、殺虫効果があることは知られていたものの、哺乳動物に対する毒性が強いと認識されていたため、殺虫剤として実用化に至らなかったことが挙げられる。

本発明は、一群の同類化合物の中に、他の化合物と同等の殺虫効果を有する一方、哺乳動物に対する毒性が著しく僅少な特定の化合物が存在することを発見したことに基づくものである。

本件特許の明細書の記載によれば、本件特許の化合物（式4）は、他の同類化合物（式1～3）に比較して、同一の殺虫効果を示す一方、ラットの致死量が数分の1から1/100と僅少であることが示されている。判決は、この効果を顕著なものとして重視し、発明に新規性があると認めたものである。

(1) $(C_2H_5O)(C_2H_5O)P(=S)-O-\langle benzene \rangle-NO_2$

(2) $(CH_3O)(CH_3O)P(=S)-O-\langle benzene \rangle-NO_2$

(3) $(CH_3O)(CH_3O)P\sim O-\langle benzene \rangle-NO_2$ （環にCl置換）

(4) $(CH_3O)(CH_3O)P(=S)-O-\langle benzene \rangle-NO_2$ （環にCl置換）

(3)　本判決では、たとえ、本発明が引用発明である上位概念に包含されていて
も、本発明の具体性、および課題解明の重要性の点からみて、単なる「付随
的効果の発見」とはいえず、それ自体独立した重要な技術的課題を構成する
別個の発明（注：選択発明）であり、新規性を有すると判断した。

(4)　本判決の判断手法をみると、「優れた作用効果を有する本件発明の殺虫剤
は……容易に想到されるものとは解し難く、旧特許法第1条にいう新規な工
業的発明を構成する」として、進歩性におけると同様に、効果の顕著性を認
めた上で、新規性があると判断している。

　　本判決以後、選択発明としての新規性の判断過程に、効果の顕著性、容易
想到性という進歩性類似の判断手法が繰り込まれ、新規性と進歩性との境界
が混然一体化することになった。

　　ただ、判決が言う「それ自体独立した重要な技術的課題を構成する」とま
で言えるためには、効果の顕著性が、通常の進歩性の場合よりも、さらに高
いレベルで達成されることが必要とは考えられる。

(5)　なお、本判決では、争点でない利用関係の成立性の判断はなされてはいな
いものの、「利用関係が成立するとしても……」と注記され、利用関係の成
立／不成立は、二重特許の該当性とは別個の問題であり、新規性有無の判断
を左右しないとの見方がなされている。

(6)　余談だが、本件特許の代理人の弁理士：長井亜歴山（アレキサンダー）氏は、

喘息薬エフェドリンの発見者、日本薬学会初代会頭の長井長義氏の長男である。日独混血で、第二次大戦時のドイツ大使館参事官。戦後、長井・野口法律事務所を設立。著書に『技術援助契約の実際』等があり、一高寮歌の作曲者でもある。

　氏の業績は、たまたま取り扱った事件が選択発明の嚆矢であったというのではなく、特許請求の範囲には"発明の必須構成要件のみ"を記載するとした旧法（平成6年改正前）時代初期に、特許請求の範囲中に発明の「効果」を取り込んだクレーム作りとし、選択発明特許を成立させたことにあるといえる。

判決例9-2　選択発明の存在自体が争点とされた事例

昭和54年（行ケ）第107号「新規ペニシリンおよびその塩の製造法」（東京高裁昭和56.11.5）（杉本良吉裁判長）

「先行発明には具体的には開示されていない選択肢を選び出し、これを結合することにより先行発明では豫期できなかつた特段の効果を奏する発明に特許を与えることは、発明を奨励し、産業の発達に寄与することを目的とする特許法の精神に合致するから、形式的に二重特許になる場合であつても、右のような選択発明に特許を与えることを否定すべき理由はない」として選択発明の存在を肯定。

◇事件の経緯

　①昭和38年11月2日：特許出願

　②昭和42年11月7日：特許権設定登録

　③昭和52年3月8日：無効審判請求

　④昭和54年2月26日：無効審決

　⑤昭和56年11月5日：判決（請求棄却→無効審決支持）

◇本件発明

（1）　6-アミノペニシラン酸……と、一般式……で表わされるカルボン酸の反応性誘導体と反応させることを特徴とする、

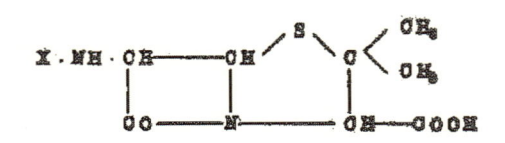

で表わされる新規ペニシリン……の製造法。

◆引用発明

「保護されたアミノ基を有するカルボン酸……と 6-アミノペニシラン酸とを反応させ、しかるのち保護基を……除去することを特徴とする一般式

$$X \cdot NH \cdot CH—CH \quad S \quad C < \quad CH_3 \atop CH_3$$
$$CO—N \quad CH—COOH$$

（式中 X は……アミノ置換アシル基であり、その炭素鎖
は……一部は……芳香族……系として存在しうる）

を有するペニシリン誘導体……の製造法。」

◆原告（無効審判請求人）の主張

(1)　審決の前提は、概念的包含関係＋優れた効果の不存在→公知発明ということであるが、何故そうであるかについては何の説明もない。あたかもそれが動かし難い公理であるかのようである。

大体、効果の有無が新規性の一つの判断基準になるということは原告には理解のできないことである。

(2)　公知になつたものは式だけである。……式が公知になつたからといつて、その中に含まれるが、具体的開示のなかつた、性質も不明の厖大な化合物が全て公知になるはずがない。

(3)　そもそも同一性を判断するのに効果を検討する意味があるであろうか。

◆裁判所の判断

(1)　先行発明には具体的には開示されていない選択肢を選び出し、これを結合することにより先行発明では豫期できなかつた特段の効果を奏する発明に特許を与えることは、発明を奨励し、産業の発達に寄与することを目的とする特許法の精神に合致するから、形式的に二重特許になる場合であつても、右のような選択発明に特許を与えることを否定すべき理由はない。

(2)　審決は……本件発明が引用例により公知となつたと判断したものではな

く……本件発明には選択発明として特許を与えるべきものではなく、結局本件発明は引用例の発明と同一であるといわねばならないとしたものである。

(3)　先行発明の下位概念に属するものでありながら、上位概念に属する発明からは期待することのできなかつた効果を生ずるものに特許を与えようとするのが選択発明の問題であるから、本件発明が右のような効果を生ずるものであるかどうかを論ずるのは当然のことである。

◇考　察

(1)　「選択発明」との用語や定義は特許法にはなく、本事件は、「選択発明」という概念が、特許法の明文とは別に存在するとする法源について、あらためて争われた事件である。

　　なお、本特許が物の製造法のクレームとなっているのは、物質特許が認められた昭和50年法前の出願であるからであり、発明の実体は物（化合物）自体にあり、製造方法には特徴はない。

(2)　判決では、特許法29条1項の規定の解釈に触れず、「発明を奨励し、産業の発達に寄与することを目的とする特許法の精神に合致する」として、特許法1条の目的規定に、選択発明を認める根拠があると判示した。

(3)　本判決では、選択発明の該当性として、「先行発明には具体的には開示されていない選択肢を選び出し、これを結合することにより先行発明では豫期できなかつた特段の効果を奏する発明」を挙げ、本件に適用している。

　　しかし、「選択発明」とはいかなる発明を指称するのか、および、選択発明が成立するための要件についてまでは示されてはいない。

(4)　特許庁の審査基準では、「選択発明における考え方」（第Ⅱ部第2章）欄に、選択発明の新規性に関し、「選択発明とは……新規性が否定されない発明をいう」と記載する一方、選択発明の進歩性に関して、「異質な効果、又は同質であるが際立って優れた効果を有し……進歩性を有する」と記載して、選択発明の新規性および進歩性の個々について指針が説明されている。

　　しかし、審査基準では、選択発明における新規性および進歩性を含む総括的な特許要件が示されているとはいえず、まして、本判決のように、特許法1条の目的規定を選択発明の根拠条文とすること、および、これによる選択発明の成立性との関係については記載されてはいない。

　　審査基準に示された効果のタイプ（異質効果、同質顕著効果）の外に、たと

えば、効果の発見の困難性（たとえば、平成16年（行ケ）第427号）など、別タイプの選択発明が存在する可能性がないともいえず、特許法の立法の趣旨を踏まえた、選択発明についての統一した定義が必要とは考えられる。

判決例9-3　混合物発明に対する選択発明の適用性
平成17年（行ケ）第10438号「ヒアルロン酸とデルマタン硫酸を含有する健康食品」（知財高裁平成18.1.25）（中野哲弘裁判長）
「発明が常に格別顕著な効果を奏するものであることを裏付けるためには、……任意の配合比の態様と比較しても、また、……単独に含有する態様と比較しても、……常に格別顕著な効果を奏するものであることを証明する必要がある。」として、選択発明の成立性について厳しく判断すべきことを判示。

◇事件の経緯
　①平成15年10月20日：特許出願
　②平成16年6月10日：拒絶査定
　③平成17年3月11日：審決（請求不成立→拒絶査定支持）
　④平成18年1月25日：判決（請求棄却→拒絶査定支持）

◇本件発明
　【請求項1】　少なくともヒアルロン酸とデルマタン硫酸を含有することを特徴とする健康食品。

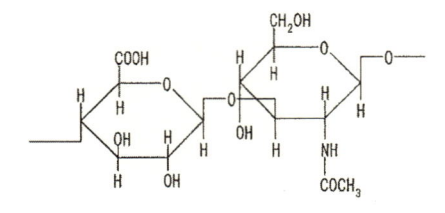

ヒアルロン酸

デルマタン硫酸

◇裁判所の判断

(1)　本願発明1は、成分の組合せとしては、ヒアルロン酸とデルマタン硫酸を含む16通り又は8通りの組合せの態様を包含するものであり、それぞれの態様における配合比率は任意であるから、このような発明が、常に格別顕著な効果を奏するものであることを裏付けるためには、……任意の配合比の態様と比較しても、また、……単独に含有する態様と比較しても、常に格別顕著な効果を奏するものであることを証明する必要がある。

(2)　本願発明1の健康食品は……含有量、配合比率について何ら特定するものではなく、少くとも両成分を含有していれば、他の成分として何がどれ程の量含まれているかを問わないものであるから、そのような発明の効果の格別顕著性を証明するためには、例えば、……含有量ないし比率をどのように変化させても格別顕著な効果を奏することに変わりがないことを示すとか、あるいは、……デルマタン硫酸をわずかでも添加すると格別顕著な効果を奏することになることを示す必要があるというべきところ……効果の格別顕著性が両成分の含有量の多少に依存しないことを示すデータは見当たらない。

したがって……本願発明1の効果の格別顕著性が……含有量、配合比率の多少によらないことを示す根拠を見いだせず……任意の含有量において、格別顕著な効果を奏するものであると認めることはできない。

(3)　特許庁の審査基準によれば、選択発明とは……異質な効果、又は同質であるが際だって優れた効果を有し、これらが技術水準から当業者が予測できたものでないときは進歩性を有するとされる。

しかし、本願発明1は格別顕著な効果を奏するものであるということはできないことは上記のとおりであり……選択発明として進歩性を有するということはできない。

◇考　察

(1)　選択発明を、混合物にまで拡張したケースである。

　　配合成分の含有量および配合比を特定しない本発明に対し、本判決では、如何なる任意の含有量および配合比でも、「常に格別顕著な効果を奏するもの」である必要があると判示し、これを証明するデータが見当たらない以上、選択発明は成立しないと判断した。

(2)　特許庁の審査基準によれば、請求項の記載要件について、「発明の詳細な説明に記載した範囲を超えるものであってはならない」（第Ⅰ部第1章2.2.1.1）と記載して、クレームの外枠が規定される一方、逆に、「具体例にとらわれて、必要以上に特許請求の範囲の減縮を求めないようにする」（第Ⅰ部第1章2.2.1.2）、および、「複数の具体例に対して拡張ないし一般化した記載とすることができる」（第Ⅰ部第1章2.2.1.2～3）と記載されて、一定の拡張・一般化が許容されている。

　　しかし、本判決では、「どのように変化させても」、および「わずかでも添加すると」等と制限的に記載されて、顕著な効果を有さない唯一つの例外も許されないとの立場をとっている。

　　このことは、選択発明では、先行発明の技術的範囲の中に、構成上重複する別個の特許権を設定することから、その成立について、より厳格に判断すべきものと考えられることに基づくといえる。

判決例9-4　クレーム中に発明の効果を明示することの有効性

平成14年（行ケ）第342号「防汚塗料組成物」（東京高裁平成15.9.24）（篠原勝美裁判長）

「引用例には、この性質について何らの記載も示唆もない……。したがって、このような判断過程を経ることなく……当然に得られる結果にほかならず、両発明が相違することにはならないとした本件決定の判断手法は、選択発明の成立の余地を否定するもの」として、クレーム中に発明の効果の記載がある場合は、選択発明の成立性の是非を判断するため、当該効果についての判断を欠かすことはできないと判示。

◆**事件の経緯**

①平成 4 年 7 月 8 日：特許出願

②平成 9 年 9 月19日：設定登録

③平成10年 6 月29日：異議申立

④平成14年 5 月24日：特許取消決定

⑤平成15年 9 月24日：判決（決定取消→特許維持）

◆**本件発明**

【請求項 1 】 亜酸化銅と化 1

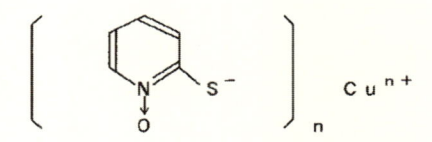

……で表される2-ピリジンチオール-1-オキシドの銅塩を有効成分として含有することを特徴とするゲル化せず長期保存が可能な防汚塗料組成物。

◆**裁判所の判断**

「ゲル化せず長期保存が可能」という性質は、本件訂正発明の構成要件となっているのに対し、引用例には、この性質について何らの記載も示唆もない以上、少なくとも、この要件の有無を相違点として認定した上で……判断すべきものである。したがって、このような判断過程を経ることなく……当然に得られる結果にほかならず、両発明が相違することにはならないとした本件決定の判断手法は、選択発明の成立の余地を否定するものであって、誤りといわざるを得ない。

◆**考　察**

(1)　請求の範囲に選択発明の効果（ゲル化せず長期保存が可能）を明示して記載した場合における判断手法を判示した判決である。本判決では、発明の性質（効果）を構成要件として認めたうえで、引用例に当該性質の記載がない以上、当該発明の効果を相違点として認定し、選択発明が成立する余地につき新規性・進歩性を判断すべきものとした。

(2)　選択発明では、発明の効果の顕著性についての審理・判断が必須であるほか、本件のように、特許請求の範囲中に選択発明の効果を直接記載した場合は、効果について、別段の検討が必要とされ、これを欠如することはできな

いと考えられる。

　したがって、選択発明を主張する場合は、特許請求の範囲中に、発明の効果を明示して記載することが、出願人にとって有利に働く場合があると考えられる。

(3)　請求項中に選択発明の効果を明示して記載することは、既に、前掲昭和34年（行ナ）第13号（判決例9‑1）において、明細書の請求項中に「……温血動物に対し毒性の極めて少ない殺虫剤」と明示されるとおり、発明の効果を挿入・記載して試みられた手法である。

　このように発明の効果の記載を含むクレーム造りが、すでに、特許請求の範囲には、「発明の構成に欠くことができない事項のみ」を記載する（旧36条）と規定され、発明の効果等、必須構成要件以外の記載が請求項から排除された旧法（平成6年法前）時代になされ、これが認められたことは驚くべきことである。これは、選択発明においては、その特異な効果が、黎明当初から、一種の構成として把握すべきとされたことに基づくとも解される。

第10章

その他

　以下の判決紹介では、一事不再理に関する事例（判決例10-1）、拒絶査定不服審判請求と同時にする補正の却下に当たり、拒絶理由を通知しなかったことが手続違背であると判断された事例（判決例10-2）、審決の予告をしなければならない場合に関する事例（判決例10-3）を紹介する。

判決紹介

判決例10-1　一事不再理

平成27年（行ケ）第10260号「ロータリーディスクタンブラー錠及び鍵」（知財高裁平成28.9.28）（高部眞規子裁判長）

確定した前件審決と主引用例が同一であり、多数の副引用例も共通し、証拠を一部追加したにすぎない本件審判の請求は、「同一の事実及び同一の証拠」に基づくものと解するのが、特許法167条の趣旨にかなうものというべきであるとして、請求不成立とした審決を維持した事例。

◇事件の経緯

　①特許権設定登録（特許第4008302号）：平成19年9月7日

　②特許無効審判請求（前件審判）：平成22年1月20日（無効2010-800013号）

　③訂正審判請求：平成23年10月27日（訂正2011-390118号）

　④上記③の審決（請求を認める）：平成23年12月20日

　⑤上記②の審決（前件審決：請求不成立）：平成24年8月21日

　⑥上記⑤に対する審決取消訴訟（平成24年（行ケ）第10339号）

　⑦上記⑥の判決（前件判決：請求棄却）：平成25年5月23日→確定

　⑧特許無効審判請求（本件審判）：平成27年3月20日（無効2015-800069号）

　⑨上記⑧の審決（本件審決：請求不成立）：平成27年11月25日

　⑩上記⑨に対する審決取消訴訟（本件訴訟）：平成27年12月28日

◇審決の内容

　原告は、本件発明（注：請求項2に係る発明）を含む本件特許の特許請求の範囲請求項1から3に係る各発明についての特許無効審判を請求し、特許庁は、請求不成立の審決（前件審決）をした。前件審決は、引用例（甲2）を主引用例として、本件審決が認定した引用発明と同一の引用発明を認定し、本件発明と引用発明との一致点及び相違点についても、本件審決と同一の認定をした上、相違点3につき、甲第2、6から18号証及び前件判決記載の引用例15から24に基づいて当業者が容易に想到し得たものではない旨の判断をした。

　原告は、前件審決の取消しを求める訴訟を提起したが、知的財産高等裁判所は、請求棄却の判決（前件判決）をし、同判決は、確定した。これによって、前件審決も確定した。

◇裁判所の判断

　特許法167条は、特許無効審判の審決が確定したときは、当事者及び参加人は、同一の事実及び同一の証拠に基づいてその審判を請求することができないと規定している。同条の趣旨は、排他的独占的権利である特許権（同法68条）の有効性について複数の異なる判断が下されるという事態及び紛争の蒸し返しが生じないように特許無効審判の一回的紛争解決を図るために、当事者及び参加人に対して一事不再理効を及ぼすものと解される。

　先の特許無効審判の当事者及び参加人は、同審判手続において無効理由の存否につき攻撃防御をし、また、特許無効審判の審決の取消訴訟が提起された場合には、同訴訟手続において当該審決の取消事由の存否につき攻撃防御をする機会を与えられていたのであるから、「同一の事実及び同一の証拠」について狭義に解するのは、紛争の蒸し返し防止の観点から相当ではない。

　この点に関し、平成23年法律第63号による改正前の特許法167条においては、一事不再理効の及ぶ範囲が「何人も」とされており、先の審判に全く関与していない第三者による審判請求の権利まで制限するものであったことから、「同一の事実及び同一の証拠」の意義を拡張的に解釈することについては、第三者との関係で問題があったということができる。しかし、上記改正によって第三者効が廃止され、一事不再理効の及ぶ範囲が先の審判の手続に関与して主張立証を尽くすことができた当事者及び参加人に限定されたのであるから、「同一の事実及び同一の証拠」の意義については、前記アのとおり、特許無効審判の一回的紛争解決を図るという趣旨をより重視して解するのが相当である。

原告は、本件審判において、本件発明につき、引用例（甲2）を主引用例とし、これに記載された発明及び甲第1、4から11、13から18号証に記載された発明又は周知技術に基づいて当業者が容易に発明をすることができたものである旨を主張した。

　しかし、確定した前件審決においても、引用例（甲2）が主引用例とされており、また、甲第6から18号証が副引用例とされていた。したがって、<u>本件審判における原告の前記主張は、確定した前件審決と同一の主引用例に基づいて本件発明の容易想到性を主張するものであり、主引用例以外の証拠についても、上記のとおり前件審決において副引用例とされていた甲第6から18号証に加え、甲第1、4及び5号証を追加したにすぎない。</u>

　<u>このように、確定した前件審決と主引用例が同一であり、まして、多数の副引用例も共通し、証拠を一部追加したにすぎない本件審判の請求は、「同一の事実及び同一の証拠」に基づくものと解するのが、特許法167条の趣旨にかなうものというべきである。</u>

　以上によれば、本件審判における原告の前記主張は、確定した前件審決と「同一の事実及び同一の証拠」に基づくものであるから、特許法167条に該当し、許されない（この点に関し、<u>本件審決が、本件審判において前件審判時に証拠として提出されなかった甲第4、5号証が提出され、前件審判時に主張されなかった回動するタンブラー錠用の鍵において摺り鉢形の窪みを有した鍵が周知であることが主張されたことをもって、前件審判と同一の証拠に基づく審判請求とはいえない旨判断したことは、誤りである。</u>）。

◇考　察

　特許法167条でいう「同一事実」、「同一証拠」について、審判便覧（第17版）の30-02には、複数の裁判例を引用しつつ次のように説明されている。

　①同一事実

　　同一事実とは、無効、取消審判において無効、取消事由として主張する事実が同一であることをいう。例えば、確定審決が、本件考案が刊行物記載の考案と同一であるとの請求理由についてされたものであるのに対し、本件考案が同じ刊行物記載の考案からきわめて容易に考案をすることができたものであるという請求理由による審判の請求は、異なる事実に基づく審判の請求とされる。

②同一証拠

　同一証拠とは、同一性のある証拠の意味である。したがって、証拠自体が異なっていても、内容が実質的に同一である場合には同一証拠と解される。また、同一刊行物であっても、引用部分を異にし、立証しようとする技術内容が異なる場合には同一証拠であるとはいえない。なお、特§167に関する審決又は裁判例のうち、後の無効審判請求で初めて提出された証拠を新証拠と認めなかったものがある。

　本判決もこの審判便覧の考え方に沿ったものと解されるが、平成23年法律第63号による改正の前後で「同一事実」、「同一証拠」に該当する範囲が異なり得ることを明示的に示した点に特徴がある。そして、その考え方自体にはあまり異論はないものと思われる。

　なお、平成23年法律第63号の附則2条22項により、「この法律の施行の日（平成24年4月1日）前に確定審決の登録があった審判と同一の事実及び同一の証拠に基づく審判については、なお従前の例による。」とされているので、平成24年4月1日よりも前に確定審決の登録があった特許について新たな無効審判を提起する際には、注意が必要である。

判決例10-2　手続違背

平成29年（行ケ）第10213号「スロットマシン」（知財高裁平成30.9.10）（森義之裁判長）
拒絶査定不服審判請求と同時にする補正の却下に当たり、拒絶理由を通知しなかったことが手続違背であると判断された事例。

◇本件補正発明（下線部が補正箇所である）

　識別情報を変動表示可能な可変表示部を備え、該表示結果に応じて入賞が発生可能なスロットマシンにおいて、有利量付与決定手段と、有利状態制御手段と、前記有利量付与決定手段により決定された有利量の付与を前記有利状態中において報知可能な特定演出を実行する特定演出実行手段と、前記有利量付与決定手段により決定された有利量の付与を前記特定演出とは異なる特別演出を実行することで報知する有利量付与報知手段とを備え、前記有利量付与報知手段は、……当該特定演出の終了後に前記特別演出を実行することが可能であり、

有利量の付与を報知する前記特定演出の実行中に前記有利量付与決定手段により有利量を付与することが決定されたときには、当該特定演出を実行することで有利量の付与を報知し、当該特定演出の実行中に付与することが決定された有利量の付与を当該特定演出終了後に前記特別演出を実行することで報知する、スロットマシン。

◇審決の内容

本件補正発明は、引用発明1又は引用発明2と同一であるから、特許法29条1項3号に該当し、また、仮に相違する点があるとしても、本件補正発明は、引用発明1又は引用発明2から当業者が容易に想到し得たものであるから、特許法29条2項により特許出願の際独立して特許を受けることができない。

以上のとおり、本件補正は、……同法53条1項により却下すべきものである。

◇裁判所の判断

平成5年改正は、審判請求時補正〔限定的減縮〕においては、審査段階における先行技術調査の結果を利用することを想定していたことが明らかであり、審判請求時補正〔限定的減縮〕を却下する際に、独立特許要件の判断において、審査段階において提示されていなかった新規引用文献を主たる引用例とするなど、審査段階において全く想定されていなかった判断をすることは、平成5年改正の本来の趣旨に沿わないものということができ、そのような場合に、同法159条2項により読み替えて準用される同法50条ただし書をそのまま適用することについては、慎重な検討を要するものということができる。

平成5年改正により、同法50条ただし書（同法159条2項により読み替えて準用される場合を含む。）において、同法53条1項により3号補正及び審判請求時補正を却下する決定をするときは拒絶理由通知を要しない旨が定められたのは、再度拒絶理由が通知され、審理が繰り返し行われることを回避する点にあると解される。……新規引用文献に基づく独立特許要件違反を理由として審判請求時補正を却下せずに、この新規引用文献に基づく拒絶理由を通知したとしても、限定的減縮である審判請求時補正による補正後クレームについて、特許法17条の2第3項〜6項による制限の範囲内で補正することができるにすぎないから、審理の対象が大きく変更されることは考え難く、そのような審理の繰返しを避けるべき強い理由があるということはできない。他方、新規引用文献に基づく独立特許要件違反を理由として、審判請求時補正が却下されて、補正前クレームに基づいて拒絶査定不服審判請求不成立審決がされた場合には、

新規引用文献に基づく独立特許要件違反を理由として、審査段階における3号補正が却下されて、補正前クレームに基づいて拒絶査定がされた場合とは異なり、新規引用文献に基づく拒絶理由を回避するための補正の機会が残されていない点において、出願人にはより過酷であり、この補正の機会の有無により、最終的に特許査定を得られるか否かが左右されるという重大な結果を招く可能性もある。

　以上の諸点を考慮すると、特許法159条2項により読み替えて準用される同法50条ただし書に当たる場合であっても、特許出願に対する審査・審判手続の具体的経過に照らし、出願人の防御の機会が実質的に保障されていないと認められるようなときには、同法159条2項により準用される同法50条本文に基づき拒絶理由通知をしなければならず、しないことが違法になる場合もあり得るというべきである。

　本件においては、本件拒絶査定の理由は、本件先願を理由とする拡大先願（特許法29条の2）であるのに対し、審決が本件補正を却下した理由は、刊行物1を理由とする新規性欠如（同法29条1項3号）及び進歩性欠如（同条2項）であって、適用法条も、引用文献も異なるものである。刊行物1は、本件補正を受けた前置報告書において初めて原告に示されたものであるが、刊行物1に基づく拒絶理由通知はされていないことから、原告には、刊行物1に基づく拒絶理由を回避するための補正をする機会はなかった。

　以上の本願に対する審査・審判手続の具体的経過に照らすと、刊行物1に基づく拒絶理由通知がされていない審決時において、原告の防御の機会が実質的に保障されていないと認められるから、審判合議体は、同法159条2項により準用される同法50条本文に基づき、新拒絶理由に当たる刊行物1に基づく拒絶理由を通知すべきであったということができる。それにもかかわらず、上記拒絶理由通知をすることなく本件補正を却下した審決には、同法159条2項により準用される同法50条本文所定の手続を怠った違法があり、この違法は審決の結論に影響を及ぼすものと認められる。

　以上によると、拒絶理由通知欠缺による手続違背をいう取消事由は、理由がある。

◇考　察
(1)　特許法50条には、「審査官は、拒絶をすべき旨の査定をしようとするとき

341

は、……拒絶の理由を通知し、……意見書を提出する機会を与えなければならない。ただし、第17条の2第1項第1号又は第3号に掲げる場合……において、第53条第1項の規定による却下の決定をするときは、この限りでない。」と規定されている。そして、同法159条2項には、「第50条……の規定は、拒絶査定不服審判において査定の理由と異なる拒絶の理由を発見した場合に準用する。この場合において、第50条ただし書中『第17条の2第1項第1号又は第3号に掲げる場合（……）』とあるのは、『第17条の2第1項第1号……又は第4号に掲げる場合』と読み替えるものとする。」と規定されている。

(2) したがって、特許法53条1項の規定による却下の決定を行うに当たっては、同法159条2項により読み替えて準用する同法50条ただし書の規定により、拒絶の理由を通知することは必ずしも必要とされていないため、特許庁審判部は、審判請求時補正〔限定的減縮〕による補正後の発明につき、新拒絶理由が発見された場合には、同法159条1項で準用する同法53条の補正却下の規定を優先して適用し、拒絶理由を通知しない運用を行ってきた。

この運用は、従来から裁判所においても認められてきたところである。

・平成22年（行ケ）第10358号判決（知財高裁平成23.9.7）他

(3) そもそも、平成5年改正法における補正の適正化の趣旨は、出願の取扱いの公平性及び迅速な権利付与等の観点から、一つの出願について新たな審査・審理を何回も行うことを回避するために、審査・審理の対象を変更する補正を何回も繰り返さないようにすることにあり、この趣旨に沿い、最後の拒絶理由通知に応答する補正又は審判請求時の補正は、特許請求の範囲について審査・審理の対象を大きく変更するものであってはならないとともに、独立特許要件等を満たすものでなければならないとされ、これに違反する補正は却下される法制となっている。

(4) このような判決例は他に、平成22年（行ケ）第10298号「逆転洗濯方法および伝動機」（知財高裁平成23.10.4）（塩月秀平裁判長）があり、このような判決が続いて出されると、特許庁審判部の上記運用は変更されるかもしれない。

判決例10-3　審決の予告をしなければならない場合についての判断

平成30年（行ケ）第10034号「ピリミジン誘導体」（知財高裁平成31.3.20）（髙

部眞規子裁判長）

審決の予告の後さらに審決の予告をしなければならない場合には当たらないとして、審決を維持した事例。

◇**事件の経緯**

　無効審判請求：平成26年4月11日（無効2014-800056号）

　審決の予告（2回目。第2予告）：平成28年12月13日

　訂正請求：平成29年3月21日

　審決：平成29年11月6日

◇**本件訂正発明**

　訂正後の特許請求の範囲【請求項14】

　ホメオトロピック分子配向または傾斜したホメオトロピック分子配向を有する少なくとも1つのアニソトロピックポリマー層を含む補償膜の調製に用いられるための重合性メソゲン物質の混合物であって、

　　a）　式I……で表される化合物から選択される、少なくとも1個の重合性官能基を有する少なくとも1種のメソゲン、

　　b）　開始剤

　　c）　必要に応じて、2個または3個以上の重合性官能基を有する非メソゲン化合物、および

　　d）　必要に応じて、安定剤

を含む、前記混合物。

◇**第2予告の内容**

　（1）　サポート要件

　本件訂正発明……の解決しようとする課題は、「補償膜において、広い視野範囲にわたり、例えば輝度の増大といった光学的性質を改善すること」、及び「補償膜を構成する重合性液晶組成物を製造するにあたり、配向、及び重合に高温を要しないものとすること」にあり、……と認められる。

　（2）　新規性及び進歩性

　①甲第1号証の2発明（甲1の2発明）

　　　甲第1号証には、次の発明（以下「甲第1号証の2発明」という。）が記載されているものと認められる。

　　　「偏光板と液晶セルとの間に光学補償板として使用できる光学異方フィ

ルムを配置する液晶表示素子であって、前記光学異方フィルムは、下記の
式（Ⅰ）の化合物25重量部

……

$$CH_2=CH-COOCH_2CH_2-\bigcirc-OCO-\bigcirc-C_5H_{11} \quad (Ⅰ)$$

下記の式（m）の化合物25重量部、

……

$$CH_2=CH-COOCH_2CH_2-\bigcirc-OCO-\bigcirc-\langle H \rangle-C_3H_7 \quad (m)$$

及び下記の式（a）の化合物50重量部

$$CH_2=CHCOO-\bigcirc-\langle H \rangle-C_3H_7 \quad (a)$$

からなる重合性液晶組成物99重量部と光重合開始剤1重量部からなる重合
性液晶組成物を光重合させて得られた、ホモジニアス配向の光学異方フィ
ルムである、前記液晶表示素子。」

②甲1の2発明との対比

　　本件訂正発明14と甲第1号証の2発明とを対比する。

　　後者の……は、前者の……に相当し、両者に相違点はない。

　　……。

　　したがって、本件訂正発明14は、本願の優先日前に頒布された甲第1号
証の2発明である。

◇審決の内容

（1）　サポート要件

　本件訂正発明……の解決しようとする課題は、……発明の詳細な説明全体の
記載からみて「偏光板の光学的性質を広い視角範囲にわたり増強させ、組み立
てが容易であり、重合性液晶組成物が高融点を示し配向および重合に高温を要
するという欠点を有していないホメオトロピック配向または傾斜したホメオト
ロピック配向を有する補償膜の提供、……」にあるものと認められる。

（2）　新規性及び進歩性

①甲第1号証の2発明（引用発明1A）

　　甲第1号証には、次の発明（以下「甲第1号証の2発明」という。）が
記載されているものと認められる。

344

「偏光板と、……、下記の式（Ｉ）の化合物15重量部、
……

$$CH_2=CH-COOCH_2CH_2-\langle\bigcirc\rangle-OCO-\langle\bigcirc\rangle-C_5H_{11} \qquad (I)$$

下記の式（ｍ）の化合物15重量部、
……

$$CH_2=CH-COOCH_2CH_2-\langle\bigcirc\rangle-OCO-\langle\bigcirc\rangle-\langle H\rangle-C_3H_7 \qquad (m)$$

下記の式（ａ）の化合物30重量部、

$$CH_2=CHCOO-\langle\bigcirc\rangle-\langle H\rangle-C_3H_7 \qquad (a)$$

及び下記の式（Ｎ-ａ)の化合物40重量部、

$$CH_2=CH-COO-CH_2CH_2-\langle\bigcirc\rangle-OCO-\langle\bigcirc\bigcirc\rangle-C_3H_7 \qquad (N-a)$$

からなる重合性液晶組成物99重量部と光重合開始剤１重量部からなる重合性液晶組成物を光重合させて得られた、ツイステッドネマチック配向の光学異方フィルムである、前記液晶表示素子。」

②引用発明１Ａとの対比

本件訂正発明14と甲第１号証の２発明とを対比すると、両者は、……との点で一致し、両者は以下の点で相違する。

［相違点15］

本件訂正発明14は……の重合性メソゲン物質の混合物であるのに対し、甲第１号証の２発明は……の混合物である点。

甲第１号証には、……にすることが記載されている。

してみると、……といえるから、……相違点15について、実質的な差異があるとは認められない。

◇裁判所の判断

（1）　特許法施行規則50条の６の２の解釈

審判長は、特許無効審判の事件が審決をするのに熟した場合、審判の請求に理由があると認めるときその他の経済産業省令で定めるときは、審決の予告を当事者等にしなければならない（特許法164条の２第１項）。上記「経済産業省

令で定めるとき」として、特許法施行規則50条の6の2が規定されている。同条3号は、同条1号又は2号に掲げる審決の予告をした後であって事件が審決をするのに熟した場合にあっては、「当該審決の予告をしたときまでに当事者……が申し立てた理由又は特許法153条第2項の規定により審理の結果が通知された理由（当該理由により審判の請求を理由があるとする審決の予告をしていないものに限る。）によって、審判官が審判の請求に理由があると認めるとき」は、審決の予告をしなければならない旨規定する。

この規定によれば、先に行われた審決の予告までに当事者が申し立てた理由のうち、当該予告において判断が留保され又は有効と判断された理由につき特許を無効にすべきものと判断する場合のように、「当該理由により審判の請求を理由があるとする審決の予告をしていない」場合は、実質的に訂正の機会が与えられなかったものであり、再度の審決の予告をしなければならない。他方、そうでない場合、すなわち、先に行われた審決の予告と実質的に同じ内容の理由により特許を無効にすべきものと判断する場合のように、実質的に訂正の機会が与えられていた場合は、審判長は、更に審決の予告をする必要はないものと解される。審決予告の制度は、特許無効審判の審決に対する審決取消訴訟提起後の訂正審判の請求につき、それに起因する特許庁と裁判所との間の事件の往復による審理の遅延ひいては審決の確定の遅延を解消する一方で、特許無効審判の審判合議体が審決において示した特許の有効性の判断を踏まえた訂正の機会を得られるという利点を確保するために、審決取消訴訟提起後の訂正審判の請求を禁止することと併せて設けられたものであるところ、上記の解釈は、この制度趣旨にかなうものである。

(2)　手続違背の有無について

①サポート要件

　本件審決と第2予告がそれぞれ認定した本件訂正発明の解決しようとする課題は、表現こそ異なるものの、実質的には同じ内容を意味するものと理解される。

　以上によれば、サポート要件との関係では、サポート要件違反により審判の請求を理由があるとする第2予告の後、原告には実質的に訂正の機会が与えられたものといえるから、更に審決の予告をすべき場合には当たらない。

②新規性及び進歩性

……。他方、引用発明１Ａと甲１の２発明については、本件審決では式（N-a）の化合物を含むのに対し、第２予告ではこれを含まない点その他の点で、液晶表示素子に係る混合物を構成する重合性液晶組成物の一部が相違する。

しかし、甲１を主引用例として認定された引用発明に基づき、新規性又は進歩性が欠如するとの無効理由により審判の請求を理由があるとする第２予告により、上記無効理由に関しては、実質的に見て原告に訂正の機会が与えられたものといえる。

よって、新規性及び進歩性との関係では、第２予告の後更に審決の予告をすべき場合には当たらない。

③まとめ

以上のとおり、本件審決は、第２予告をしたときまでに当事者が申し立てた理由で、当該理由により審判の請求を理由があるとする審決の予告をしたものを判断の対象としたものであり、「当該理由により審判の請求を理由があるとする審決の予告をしていないとき」に該当しないから、第２予告の後更に審決の予告をしなければならない場合には当たらない。

したがって、再度の審決の予告をしないまま審決をしたことにつき、本件審決に違法はない。

◇考　察

(1)　裁判所は、審決と審決の予告がそれぞれ認定した本件訂正発明の解決しようとする課題は、表現こそ異なるものの、実質的には同じ内容を意味し、また、甲１を主引用例として認定された引用発明に基づき、新規性又は進歩性が欠如するとの無効理由により審判の請求を理由があるとする第２予告により、上記無効理由に関しては、実質的に見て原告に訂正の機会が与えられたとして、「更に審決の予告をしなければならない場合には当たらない」とした。

(2)　審決の予告をする段階で審判官は最適な引用発明を認定するので、審決の予告で示される引用発明と審決で示される引用発明は同じことが多い。これに対し、本件では、第２予告の引用発明が任意成分である式（N-a）の化合物を含まず、一方で審決の引用発明は式（N-a）の化合物を含んでいる点で相違していたが、裁判所は「更に審決の予告をすべき場合には当たらない」とし

た。審決の予告を受けた際には、引用発明だけでなく、引用例の他の記載にも一応留意しておく必要があると思われる。

テーマ別 重要特許判例解説 [第3版]

2010年12月15日　第1版第1刷発行
2013年6月10日　第2版第1刷発行
2019年9月20日　第3版第1刷発行

編著者──一般財団法人　創英IPラボ
発行所──株式会社　日本評論社
　　　　　〒170-8474　東京都豊島区南大塚3-12-4
　　　　　電話　03-3987-8621（販売）8601（編集）
　　　　　振替　00100-3-16
　　　　　https://www.nippyo.co.jp/
印刷所──精文堂印刷株式会社
製本所──井上製本所

ⓒ Soei 2019　Printed in Japan
装幀／山崎　登
ISBN978-4-535-52445-3